环境诉权初探

蔡维力◎著

中国政法大学出版社

2010·北京

近十年来，我主要从事诉讼法学的教学和研究工作，但一直对环境法学也很感兴趣，看了一些环境法学的书。2005年我考上了环境法学博士研究生，方向是"权利救济"。这时，我一下子就想到最好把环境诉讼作为自己的研究专题。我的导师陈刚教授深受日本著名诉讼法学家中村宗雄和中村英郎的影响，十分注重"法学方法论"，强调熟练掌握外语和锻炼思辨能力的重要性。在陈老师的指导下，我用将近两年的时间来学习德语、研读海德格尔的哲学著作，并越来越喜欢海德格尔的哲学思想，特别是他那诗化的语言。海德格尔著作的汉译本保留了一些海德格尔常用词语的德语原文，而我借助半懂不懂的德语读起海德格尔的著作竟有几分得意，并有了一些收获。

随着学习的深入，我有了一些思想感悟。这似有似无的思想感悟使我萌生了一种跃跃欲试的表达欲望。对于一个理论研究工作者来说，这是很自然的事情。但以什么为话题来表达呢？这时环境诉讼问题再次映入我的脑海。我恍然大悟，当初我学习德语和哲学不就是为了更好地言说环境诉讼这个话题吗？但如此一来就把德语和海德格尔作为"手段"了，好在我还有"学以致用"这句老生常谈可以为自己开脱。

　　法学研究领域都不是什么私人园地，研究者能够形成并想要表达的真正意思实际上乃是公意。研究者表达通过研究而形成的意思，实际上只是把略显凌乱和模糊低沉的社会公意声音加以整理和放大并传输出去而已。但为了确保这种表达的真理性，表达者必须确信自己所传达的确实是公意的声音。法学是人的生存样式，从事法学就是以追寻法学真理的样式去生活，而人的生存是极其复杂的事情，其真理必然受各种各样因素的遮蔽。如果说自然科学的真理是要去揭示，则法学的真理则是要去说明。说明之为说明，必含有说服的意味。人们往往容易接受自然科学的真理，然而当一个法学理论认识摆在人们面前时，对其真理性的考量就不会是简单的，争论在所难免。所以，在法学园地中进行劳作，就特别需要追求真理、献身于真理的精神。真理乃是某种神圣的东西，所以人们有时会说"真理女神"。真理往往和良善、美好是难解难分的。真理之中自有美的闪现，因为真在即美；真理之中自有善的流溢，因为赤诚即善。所以，真理女神是值得追寻的。

　　作者对环境诉权这个专题展开研究，不仅是出于对真理的热爱与追求，更是出于对人类生存环境的挂怀，以之为谋划我国环境纠纷司法解决制度作理论探寻。

蔡维力

2009 年 9 月 20 日于重庆

目录
Contents

导 论 研究环境诉权之语境、意义、方法和思路

　　环境诉权问题是在我国环境保护法律制度发展和环境纠纷的司法救济机制的实践探索过程中所必然凸显的核心问题之一。它不仅是一个亟待回答的法学理论问题，而且还是个迫在眉睫的现实法律生活问题。因此，研究环境诉权具有重要的理论价值和现实意义。然而，探讨环境诉权问题必须在合适的语境中进行。环境诉讼就是环境诉权研究的合适语境，而这一语境必须首先被寻视到，并且进行理论透视和解剖。相反，如果我们不加分析地站在刑事诉讼、民事诉讼或者行政诉讼领域中来探讨环境诉权问题，那就必然发生话语的混乱。因此，应从作为环境诉权的语境的环境诉讼概念处入手，展开本专题的研究。但是，使话题在合适的语境中被谈论，只是为话题的展开提供了恰当的基础，而谈论的话题要想成为富有建设性的科学研究，就必须确定研究的方法和思路，这样才不至于使科学研究成为毫无实际意义的清谈。环境诉权应该在环境诉讼这个适宜的语境中被探讨，并且通过适宜的方法、在恰当的思路的指引下被探讨。

第一节　环境诉权研究之语境探究：
环境诉讼概念的提出

一、环境诉讼概念与相关用语的界划

环境诉权研究是环境法学理论研究的题中应有之义。而环境法学理论研究与一切法学理论研究一样，乃是为解决现实的法律问题。环境诉权研究要解决的现实法律问题就是环境权益的司法救济问题，而所谓司法救济无非就是指诉讼。确切地说，环境诉权研究就是为了解决"因何可以提起环境诉讼"这个现实的法律问题而展开的。因此，我们在研究环境诉权时，首先遇到的问题就是环境诉讼问题。

目前，在谈论环境纠纷的司法救济问题时，环境诉讼并不是法学理论研究中普遍使用的概念；人们一般不说"环境诉讼"，通常人们使用的是"有关环境的诉讼"的术语。那么，什么是"有关环境的诉讼"呢？这个问题，对于从事相关专业的人们来说并不陌生。如今，法学理论界、司法实务部门以及新闻媒体在其业务中都经常使用环境公益诉讼、环境公益诉讼主体资格、环境民事公益诉讼、环境行政公益诉讼、环境刑事诉讼等术语。而上述所有术语都属于"有关环境的诉讼"。毫无疑问，在这些术语中，"环境公益诉讼"是当前使用频率最高的。但是，尽管具有法学专业素养的人们常常用到这样一些概念术语，但不见得已明确如此这般使用这些概念是否合适。而普通群众根本说不出"有关环境的诉讼"的那些术语。在谈论对环境纠纷如何救济的时候，普通群众也许会模糊地说出"环境诉讼"这个术语来。因为一般人是熟悉"诉讼"的，现在要在"环境"纠纷领域中谈论诉讼，于是他们很容易作简单的勾连：

因环境纠纷而在法官面前争讼并请求法院审判不就是环境诉讼吗？作者以为，在这种场合使用"环境诉讼"反倒比使用"环境民事公益诉讼"等概念更准确与合适。真理往往是很简单的。我们的法学理论研究绝不应该轻视群众的意见和说法，应改变长期以来形成的"向外看"和"向上看"的法学理论研究的习惯眼光，扎扎实实地从本土实际出发，虚心向人民群众学习。对于本专题研究来说，那些"有关环境的诉讼"的概念对环境诉权研究这个主题并无多大直接帮助，因为研究的课题是"环境诉权"，与之对应的应当是"环境诉讼"。换句话说，环境诉权显而易见是"环境诉讼"的诉权，而不可能是"有关环境的诉讼"的诉权。所以，环境诉权研究所遇到的第一个真正的问题实际上应该是"环境诉讼"问题；研究环境诉权，应该首先弄清楚"何为环境诉讼"这个问题。当然，在解决这个问题的时候，不时会用到上述那些"有关环境的诉讼"的概念，但除了"环境公益诉讼"这个概念以外，作者不是正面把它作为准确的概念来使用，而是把他们作为对比概念，以突出"环境诉讼"概念的恰当。

何为环境诉讼呢？首先，环境诉讼是诉讼；其次，环境诉讼是环境的诉讼，亦即环境诉讼是"有关环境的诉讼"，或者环境诉讼归属于"有关环境的诉讼"；然而，"有关环境的诉讼"包括各种各样的诉讼，比如环境民事诉讼、环境行政诉讼、环境刑事诉讼、环境公益诉讼、环境诉讼等等。为了明确"环境诉讼"的确切含义，我们必须进行概念比较，并弄清楚各相关概念之间的相互关系。

如前所述，在谈论环境保护和环境维权时，人们使用频率最高的词语乃是"环境公益诉讼"。但学者们有时也用"环境诉讼"这个词语，比如我国著名法学家蔡守秋教授早在 20 世纪 80

年代初就已经使用了"环境诉讼"这个词语。[1] 又如著名环境
法学专家别涛指出:"环境诉讼,其实包括环境刑事诉讼、环境
民事诉讼和环境行政诉讼三种形式。"[2] 再比如,著名法学家
吕忠梅教授在其著作中指出:"以 1979 年《环境保护法(试
行)》的颁布实施为标志,中国的环境诉讼开始发展。"[3] 不过
学者们使用"环境诉讼"这个词语时却没有把它纯化为一个专
有概念。作者认为,人们如果在就环境纠纷的司法救济展开话
题的时候,把环境诉讼与环境民事诉讼、环境行政诉讼等混淆
使用,其语境就是游移不定的。而理论研究却是在某种确定的
语境下展开对某个话题的专业探讨。要想使我们关于某个话题
的理论研究成为有所领悟的言谈,在着手谈论任何话题之前,
我们都应事先限定谈论话题的语境,以便获得一个开展话题的
基础。否则,话题就无法有效地展开。在对环境诉权进行理论
研究时,"环境诉讼"就是这一研究的语境。现在,摆在我们面
前的有这样一些术语:环境诉讼、环境民事诉讼、环境刑事诉
讼、环境行政诉讼、环境公益诉讼。另外,还有作为"大全"
的"有关环境的诉讼"。但如果我们不加分析地混淆使用这些术
语,就必然造成思想的混乱,这样一来,进行富有成效的环境
诉权研究也就没有了指望。所以首先必须清理上述这些术语之
间的关系,确定使用它们的界限,最终实现对环境诉讼这一概
念的纯化。为了使环境诉权的理论研究成为确定的和具有现实
意义的科学探索,必须首先完成这项清理工作。

　　环境诉讼、环境民事诉讼、环境刑事诉讼、环境行政诉讼、
环境公益诉讼、有关环境的诉讼这些术语之间究竟是什么关系

〔1〕 蔡守秋:"环境权初探",载《法学评论》1982 年第 2 期。
〔2〕 别涛主编:《环境公益诉讼》,法律出版社 2007 年版,第 3 页。
〔3〕 吕忠梅:《环境法学》,法律出版社 2008 年版,第 182 页。

呢？为找到问题的答案，最好能够先找到一些线索，看看人们对这件事情是如何解释的。恰好，别涛先生在提到了环境诉讼与环境公益诉讼之间的关系时指出："环境诉讼，是环境公益诉讼的新发展。"[1] 乍看起来，这一论断似乎说反了。如果有人说"民事公益诉讼，是民事诉讼的新发展"，我们就会一下子认同。相反，如果有人告诉我们说"民事诉讼，是民事公益诉讼的新发展"，我们就会断言他说错了、说反了。因为，一方面，"民事公益诉讼"是对"民事诉讼"加上限制性修饰语而构成的概念，显然前者是下位概念，后者是上位概念，它们之间是包含关系；另一方面，传统的民事诉讼从其救济的法益角度看，突出地呈现为"私益诉讼"。"民事公益诉讼"是在反思"自由放任"之后突出的诉讼，它是与"民事私益诉讼"并列的概念，它们共同构成现代的民事诉讼。但细究起来，别涛先生的上述论断恰恰说出了真理，因为事情本身就是：随着环境公益诉讼的发展，一种崭新的诉讼——环境诉讼——出现了。这件事情是令人诧异的：从逻辑关系上说，环境公益诉讼归属于环境诉讼；而从历史发展的顺序和关系上看，环境公益诉讼"发展出了"环境诉讼。"部分归属于整体，整体由部分产生。"这乃是一个十分古怪的哲学论断。它似乎应被冠以"非理性主义"或者"非逻辑主义"之名。然而，这一论断决不是"反逻辑"的；相反，它也许比人们通常认识的逻辑更加符合逻辑，因而更加理性。因为没有"部分"的奠基，就绝对不会有"整体"的存在；正是部分向整体遣送了"有"，整体才得以"有"起来。如此，我们则可以说，部分造就了整体。当然，整体之为整体一旦"有起来"，它就会反过来包含部分，把部分收归自己

---

〔1〕　别涛主编：《环境公益诉讼》，法律出版社 2007 年版，第 3 页。

的统辖之下，并为部分提供庇护之所。这样，整体又以向部分遣送居家之所作为回报，使得部分得以继续稳固地并且"有名分"地存在。如此，我们则说：部分归属于整体。不仅如此，整体之为整体一旦"有起来"时，它就会"更加地有"，即它可以把"有"不断地遣送出去，使原来没有的部分"有起来"；也就是说，整体还可以"无中生有"，产生出新的部分，这种情形该叫做"整体自身的成长"。当然，整体在遣送"有"而造就部分的时候，它同时永远保留着"有"。这"有"绝不会因为遣送而贬损分毫；否则，就不会有不断遣送"有"这件事情。所以，上述乍看起来十分古怪的论断，其实一点也不古怪。它是令人惊讶的，而思想的火焰往往在人们惊讶之中熊熊燃烧。

环境诉讼，是由环境公益诉讼发展出来的。其发展过程是这样的：在还没有环境诉讼并且也没有环境公益诉讼的时候，由于现代工业和经济的发展，社会化进程加速，于是纠纷就不仅在个体与个体之间发生，而且出现了群体纠纷。在群体纠纷中，某种"公共利益"浮现出来，于是出现了对公益进行救济的所谓现代型诉讼，即公益诉讼。而公益诉讼所涉及的社会生活领域可能是消费，也可能是经济竞争，当然也可能是环境。于是环境公益诉讼就进入了人们的视线。由于环境公益诉讼的实体法权利基础是环境权益，而环境权益呈现为某种"公益"。由于人们日益认识到环境权与环境权益当属于基本人权，并且绝不同于传统民商法中的民事权利与利益。因而，如果给环境公益诉讼寻找个归属之所的话，人们隐约感到把它规划到民事诉讼或者行政诉讼之下均有欠妥当。随着环境公益诉讼的进一步发展，上述问题日益突出，于是人们把眼光投向另外一个陌生的领域，而随着这眼光的转向，一个崭新的诉讼领域——环境诉讼——就应运而生了。

　　这样我们就为解决本研究专题所遇到的第一个问题——在清理诸如环境诉讼、环境民事诉讼、环境刑事诉讼、环境行政诉讼、环境公益诉讼等术语之间的关系以确定使用它们的界限的基础上弄清楚"何为环境诉讼"的问题——寻找到一块可靠的基地。为进一步纯化环境诉讼概念，这里需要再次使用那个人们一般不用的词语——"有关环境的诉讼"。"有关环境的诉讼"实际上是个大口袋，无论是环境诉讼，还是环境公益诉讼，抑或是环境民事诉讼、环境行政诉讼和环境刑事诉讼，都可装入其中。但我们运用这个词语并不是把它当作称手的杂货柜，好把上述种种诉讼往里装。在这里，使用这个词语带有某种贬义，意图指出某些诉讼仅仅可以被称为是"有关"环境的诉讼，而绝不可以被称为"环境诉讼"。或者不如说，是为了显示"有关环境的诉讼"这个词语的无能：尽管它能够容纳环境刑事诉讼、环境民事诉讼、环境行政诉讼、环境公益诉讼甚至是环境诉讼本身，但它无法确切地道说环境诉讼。如果某种诉讼样式只是与环境有关、仅仅与环境沾上了边，此外无他，那它就没有资格居住在"环境诉讼"的家中。这样，我们暂先断定上述种种"有关环境的诉讼"的术语之间是这样的关系：环境公益诉讼属于环境诉讼，而环境民事诉讼、环境行政诉讼和环境刑事诉讼都不是环境诉讼，它们分别归属于民事诉讼、行政诉讼和刑事诉讼。除此之外，作者认为，环境诉讼并不仅仅是为庇护环境公益诉讼而建立的家；环境公益诉讼不能独占环境诉讼这个居家之所。除了容纳环境公益诉讼之外，环境诉讼还应该为"环境私益诉讼"提供存在的空间。这也就是说，如果从环境诉讼所救济的环境利益是公益还是私益这个角度来划分环境诉讼的话，环境诉讼就划分为环境公益诉讼和环境私益诉讼两个部分。然而，环境私益诉讼还没有进入人们的视野，即使是环境公益诉讼和环境诉讼本身，也还都游离于法律制度之外，它们只在法学理论和司法实践中存在着，尚处于理论研究和实践探索阶段。但不管如何，经过上述分析，我们得到的最重要的成果是："环境诉讼"作为一个独立的概念被提了出来。它乃是与民事诉讼、行政诉讼、刑事诉讼并列的一个概念，而不是它们的下位概念。这也就是说，在环境问题突出的现代社会，诉讼的家族中又添新的成员，那就是环境诉讼。我想，也许有朝一日，在环境诉讼制度成熟的情况下，法院系统中也许还会出现新的成员，那就是环境法院。

二、环境诉讼概念尚处于理论探索的初始阶段

经过上面的简短论述，环境诉讼的概念已经得到纯化，它从有关环境的诉讼、环境公益诉讼、环境民事诉讼、环境行政诉讼、环境刑事诉讼中脱颖而出，乃是指包含环境公益诉讼和环境私益诉讼在内的，不同于民事诉讼、刑事诉讼和行政诉讼的一种崭新的诉讼样式。然而，环境诉讼目前尚未成为实在法上的概念，它甚至没有作为一个普遍使用的法学理论概念而存在。从我国法律的现行规定来看，环境诉讼并不是法律上的术语，根本原因在于我国还没有建立环境诉讼制度。我国《民事诉讼法》规定了"因环境污染引起的损害赔偿诉讼"，但这仅仅是"有关环境的诉讼"，其性质是民事诉讼。我国《环境保护法》第6条规定："一切单位和个人都有保护环境的义务，并有权对污染和破坏环境的单位和个人进行检举和控告。"该条规定的内容从某种角度可以被解释为我国法律上对环境诉权的认可，但法律没有明确"控告"是向行政机关控告还是向人民法院提起诉讼。即使可以认为两者兼而有之，它是指提起行政诉讼、民事诉讼还是刑事诉讼抑或环境诉讼，也不明确。而由于我国

目前没有建立环境诉讼制度，故而作者确信该条规定的"控告"如果是诉讼的话，则只能或者是民事诉讼或者是行政诉讼或者是刑事诉讼。然而，该条规定留有巨大的解释空间，将来如果我国真的建立起环境诉讼制度，则它又可以解释为提起环境诉讼。但目前我们只能得出实在法并没有订定环境诉讼概念的结论。

从我国环境法学理论研究现状来看，环境诉讼也没有成为法学上普遍接受的概念。这表明我国法学理论界还没有对环境诉讼展开深入的理论探索。在我国环境法学理论研究中，学术理论界对有关环境侵权的司法救济谈论的热门话题是"环境公益诉讼"，包括环境民事公益诉讼、环境行政公益诉讼和环境刑事公益诉讼。这些概念术语除了环境公益诉讼之外，也都仅仅是"有关环境的诉讼"，其性质分别是民事诉讼、行政诉讼和刑事诉讼，绝非环境诉讼。

环境诉讼也不是我国诉讼实务中使用的概念。尽管我国在法律上没有确认环境权，也没有建立环境诉讼制度，但人民检察院、环境保护行政部门和人民法院已经展开了环境诉讼的有益探索，很多人民法院甚至已经建立了环境保护审判庭以专门受理环境公益诉讼案件。在法学理论研究和司法实践探索的推动下，环境公益诉讼制度和环境公益诉讼诉权大有呼之欲出之势。然而，综观我国诉讼实践中对环境诉讼的探索，其注意力集中在环境公益诉讼上，并没有全面展开环境诉讼的探索。因此，诉讼实践中运用的概念都是环境公益诉讼，诸如"贵州省环境公益诉讼第一案"、"某某人民检察院提起环境公益诉讼"等，而没有广泛认可和使用环境诉讼的概念。同时，新闻媒体在报道中也都使用环境公益诉讼概念而没有提及环境诉讼。这种情况也是很正常的，因为毕竟环境公益诉讼是环境诉讼的主体部分。但我们决不能误认环境公益诉讼就是环境诉讼的全部，以致眼中只有环境公益诉讼而无视环境私益诉讼和环境诉讼本身。

总而言之，无论是在我国的法律制度中，还是在诉讼实践中，环境诉讼都还没有成为被专门讨论的话题。但在新近出版的一些学术论著中，学者们已经开始把环境诉讼作为专门的话题加以讨论。比如，我国著名法学家吕忠梅教授在其著作中专门分析了"环境诉讼难"的原因，并对如何完善我国环境诉讼机制进行了详尽而有益的探讨。[1] 正如环境权至今尚未为我国法律所明确认可并不妨碍我们从理论上阐释环境权一样，环境诉讼并未为我国法律所认可和法学理论界所普遍接受也不妨碍我们对环境诉讼本身进行专题的理论研究。如果说法律制度是刚性的生活规范，人们的自然公正的观念是柔性的生活规范，法学理论研究就是自然公正的观念的刚性化向法律制度转化的力量。换句话说，如果我们把法律制度比喻为刚性生活规范的结晶体，把人们的自然公正的观念比喻为法律制度这个结晶体从之析出的溶液，则法学理论研究就是促成这种结晶体析出的力量。当然，作者不能担保本专题研究就一定能够产生一种转化力量或者析出力量，也不能够担保一定就会使环境诉讼和环境诉权作为晶莹剔透的法律制度结晶体析出。但促成法律制度的结晶体析出毕竟是一切真正的法学研究者美妙的梦想和神圣的使命。这就是法学研究的价值和魅力。

目前环境诉讼还不是法律明确规定的概念。当我们这样说的时候，我们显然是抱着这样一种信念：环境诉讼将来必然会成为实在法上的概念。让环境诉讼从在法学理论上没有被普遍

---

〔1〕 吕忠梅：《环境法学》，法律出版社 2008 年版，第 182～206 页。

接受的概念变为在法学理论上被普遍接受的概念并进而转变为法律明确规定的概念，这正是本研究孜孜以求的目标之一。如果说法律是最终的裁判者的话，则一切都还没有最终定论。在我国建立环境诉讼制度，成立环境法院还是很有可能的，因为已经有环境公益诉讼案件立案法院也作出了判决，各地人民法院也纷纷建立环境保护法庭，而所有这些都是在没有法律明确规定的情况下出现的。所有这些讯息，都呈现出一种现实的可能性：环境诉讼正走在向实在法上的概念生长与转换的途中。

第二节 环境诉权研究之语境透视：环境诉讼概念辨析

一、环境诉讼是独立的诉讼种类

要对环境诉讼概念进行辨析，就要做这样两件事情：一是弄清楚环境诉讼概念的内涵；二是弄清楚环境诉讼概念的外延。第一件事情就是追溯环境诉讼的本源，以揭示环境诉讼的性质与特征；第二件事情就是廓清环境诉讼的边界，以识别各个具体诉讼是否属于环境诉讼。换句话说，第一件事情就是要寻找环境诉讼之"本"或者"源"；第二件事情就是要识别环境诉讼之"末"或者"流"。

我们首先来做第一件事情，即探寻环境诉讼之本源，揭示环境诉讼的性质和特征。我们知道，环境诉讼肯定不是什么终极的东西，因此我们在探寻它的本源时，实际上是把它看做渊源于某种东西的"流"或者"末"的。为了追寻环境诉讼之本源，就要首先恰当地提出问题来。提出什么问题呢？我们一下子就会想到首先要提出这样一个问题：环境诉讼是什么呢？这一问题并不复杂：它无非就是寻求环境诉讼何所归属的问题。

因此，这个问题也可以这样提出：环境诉讼属于什么？经此一问，我们已然踏上了追问环境诉讼性质与特征的道路。环境诉讼是什么？环境诉讼当然是诉讼。这个答案如此简单明了，以至于任何人都不会提出反对意见。然而，仔细推敲，这个答案似乎什么都没说，因为谁都知道环境诉讼，就如同民事诉讼、行政诉讼、刑事诉讼那样都是诉讼。因此，这个答案并没有给我们弄清楚环境诉讼的性质与特征提供任何实质的帮助。答案的正确性是毫无疑问的，然而答案却没有用处。是不是问题提得不对头呢？的确如此，因为环境诉讼是诉讼这是不言自明的，无需追问。

"环境诉讼是什么"这一问题的方向是对的，问题可能出在提法上。细究起来，环境诉讼就不适合如此这般被追问，因为环境诉讼根本就不是"什么"而是"如何"。当我们以"什么"进行追问的时候，我们所追问的是某种存在者；而当我们提出"如何"问题的时候，我们想知道的则是存在者的存在，或者更确切地说是想弄清楚存在者的存在样式或者存在状态。根据海德格尔的存在论，我们可以说诉讼是人的"如何"，是人的生存样式。人的生存就是去存在。这也就是说，人的存在就是生存。因此，环境诉讼作为人的生存的具体样式，就是指人的存在。既然环境诉讼是存在而非存在者，它就不适合用"什么"来提问，而只适合用"如何"来提问。这样，为了追寻环境诉讼的本源，揭示其性质和特征，我们就可以把前面的问题变换一下问法，改为这样的问题：环境诉讼是什么样的诉讼？这个问题就不是什么简单的问题，而是必须经过一番艰苦的思想过程才能找到答案的问题。而环境诉讼的性质和特征就深深掩藏在这个问题之中。

环境诉讼是什么样的诉讼呢？循着这个问题的指示，我们首先遇到环境诉讼的"地位"问题，而性质与地位问题往往是不可分的。从某种意义上说，某事物的地位和性质问题是一而二、二而一的问题，因为性质一旦确定，地位也会随之确定；反之亦然。环境诉讼在所有诉讼中处于什么样的地位、具有什么样的性质呢？关于诉讼，我们知道很多，比如合同纠纷诉讼、离婚诉讼、损害赔偿诉讼、民事诉讼、刑事诉讼、公益诉讼、环境行政公益诉讼、刑事附带民事诉讼、行政诉讼、集团诉讼、代表人诉讼、环境诉讼等。如此众多的诉讼必定是可以分门别类的，它们之间要么是并列关系，要么是从属关系。我们知道其中的刑事诉讼、民事诉讼和行政诉讼是并列的关系，它们是各自独立、互不隶属的。虽然有刑事附带民事诉讼这样的诉讼，但本质上它属于民事诉讼，只是在刑事诉讼程序中附带解决民事纠纷而已。比较难以界定的是所谓"公益诉讼"。作者认为，公益诉讼不是独立的诉讼种类，人们只是从其所救济的利益性质如此称呼而已。因而它要么属于行政诉讼，要么属于民事诉讼。环境民事诉讼、环境行政诉讼、环境刑事诉讼并不属于环境诉讼，它们分别归属于民事诉讼、行政诉讼和刑事诉讼。

关于环境诉讼的地位，前文已经指出它是与民事诉讼、行政诉讼和刑事诉讼并列存在的独立的诉讼种类，从而从性质上说是独立的。然而，对于环境诉讼作为独立的诉讼种类的独立性问题前文没有展开充分的论证。在这里我们应该深入探讨环境诉讼的独立地位问题，使其独立性真实地展现在我们面前，而不仅仅是某种未经充分论证的赤裸裸的断言。所谓"独立"，首先说明它并不依附于讨论中的任何目标。在学术研究和思想认识上，我们必须始终坚持环境诉讼具有独立性的立场，在这个问题上来不得半点含糊。如果我们在讨论环境诉讼的时候，总是意指环境民事公益诉讼、环境行政公益诉讼、环境刑事公

益诉讼等，则我们就根本不让环境诉讼独立存在。或者，如果
我们在一些场合认为环境诉讼是独立的，在另一些场合又避而
不谈其独立性或者用所谓的"双重性"来解释环境诉讼的性质，
则我们同样是不让环境诉讼存在。例如，吕忠梅教授指出：就
其特性而言，环境纠纷诉讼具有双重性，它"既不是单纯的民
事诉讼，也不是单纯的行政诉讼，而是行政诉讼与民事诉讼相
互联系、相互依存、不可分割，其中行政诉讼的解决是民事诉
讼解决的前提，而民事诉讼对行政诉讼的要求又绝非仅仅是行
政行为的合法性审查。"[1] 吕忠梅教授进一步指出：环境纠纷
诉讼另一方面又具有"专门性"，因为"在传统的行政诉讼与民
事诉讼之外，还存在着既不同于传统行政诉讼也不同于传统民
事诉讼的诉讼形式，或者说的确存在传统的行政诉讼程序和民
事诉讼程序法理论和制度所无法解决的权利保障问题。因为以
环境法为代表的社会法领域是以社会本位、国家干预、公私法
融合为特征的新型法律，这类法律远远超越了传统行政法、民
法的理论与制度，具有全新的理念和制度，也赋予了其法律关
系主体许多新的权利，这些新的权利的行使具有公私法交融的
特性，对这些权利的保护也需要有公私法手段的结合"[2]。如
此说来，所谓环境诉讼就什么都是，因而什么也不是，就根本
没有独立性可言了。所谓"独立"，说明它是特立独行的，具有
自身的特质。而且，正因为一个事物有自身的特质，它特立独
行地存在着，它最终才能是不依附于一定语境中的任何其他东
西。所以，弄清楚环境诉讼的独立地位及其性质，最终归结为
展露它的特质。

---

〔1〕 吕忠梅：《环境法学》，法律出版社 2008 年版，第 200 页。
〔2〕 吕忠梅：《环境法学》，法律出版社 2008 年版，第 201~202 页。

二、独立的环境诉讼自身展现为一种别具一格的诉讼

在研究环境诉讼的独立性的时候，作者暂先断定环境诉讼是一种别具一格的诉讼，然后以此为出发点探讨它的特质。经过探讨，当环境诉讼的特质真实而充分地展现在我们面前的时候，我们就会发现它的确是一种别具一格的诉讼：除了诉讼本身之外，它不归属于任何具体的诉讼种类和样式。环境诉讼的别具一格之处体现在以下几个方面：

（一）环境诉讼有特定的诉讼标的

诉讼标的是区分诉讼种类的重要指标。因此，环境诉讼的独立性必然从其特定的诉讼标的方面展现出来。作者认为，并非一切针对导致环境污染或者环境恶化的行为而提起的诉讼都是环境诉讼。为弄清楚这个问题，我们首先来看看两个环境污染引起的诉讼的事例。一个事例是：某化工厂向某湖泊中超标排放工业废水，导致该湖区内水产养殖经营人放养的鱼类大面积中毒死亡，造成严重的经济损失。于是，湖区水产养殖经营人提起诉讼，要求法院判决化工厂赔偿经济损失并停止其污染环境的行为。另一个事例是：某化工厂向某河流中超标排放工业废水，导致该河流水体污染，河流中鱼类大量死亡，死亡的鱼类腐烂后产生恶臭气味，河流沿岸的居民的清洁饮水权和呼吸清洁空气的权利受到侵害，健康生活受到威胁，于是河流沿岸的居民向法院起诉，要求判决该化工厂停止破坏环境的行为，责令其尽快治理被污染的河道，并赔偿居民的损失。上述两个事例中所进行的诉讼是否都属于环境诉讼呢？作者认为，从法律性质上分析，只有后面一个事例可以称得上环境诉讼，而前一个事例只能算做民事诉讼。其原因就在于两个案件的诉讼标的不同。

　　由于诉讼标的与诉权联系紧密，这里有必要对其作一概要介绍。诉讼标的是由原告在诉状中向法院提示的，它构成诉讼当事人争讼的对象和法院审判的对象。诉讼标的之核心内容在诉讼中具体化为诉讼请求。一切诉讼行为都是围绕诉讼标的这个中心展开的。关于什么是诉讼标的，以及如何识别诉讼标的之单复以禁止重复起诉，德国法学界先后出现了传统诉讼标的理论（旧实体法说）、新诉讼标的理论（诉讼法说）与新实体法学说。其中，传统诉讼标的理论由德国法学教授阿道夫·瓦哈（Adolf Wach，1843～1926 年）首创。该理论认为，诉讼标的是原告在诉讼中提出的实体法上的权利或者法律关系的主张，因此识别诉讼标的单复的标准就是原告起诉时所享有的实体请求权。由于旧实体法说在实体请求权竞合的场合无法禁止重复起诉，新诉讼标的理论即诉讼法说应运而生。诉讼法说前后经历了“二分支说”（又称为二节诉讼标的理论）和“一分支说”（又称一节诉讼标的理论）。1931 年德国著名诉讼法学者罗森贝克（Rosenberg）在其《民事诉讼法教科书》、《诉讼标的论》等著作中首创“二分支说”。“二分支说”认为，识别诉讼标的的依据不能是实体请求权，而只能是原告陈述的“事实理由”和“诉的声明”。这就是说，诉讼标的由原告提出的事实理由和诉的声明这两个分支确定，二者之中任何一个为复数，诉讼标的即为复数。由于“二分支说”在原告用几个事实理由追加证明一个诉的声明的场合无法禁止重复起诉，于是出现了“一分支说”。1949 年德国学者伯特赫尔（Botticher）首创婚姻诉讼之诉讼标的是诉的声明之说。1954 年施瓦本（Schwab）将伯特赫尔倡导的学说推广应用于所有诉讼类型。“一分支说”认为，诉讼标的之识别，不必借助事实关系，只需单独依据诉的声明即可。“一分支说”很好地解决了“二分支说”的难题，在禁止重复起诉方面比较彻底，但又有侵犯当事人诉权的危险。于是，实体法说东山再起，变形出现，产生了新实体法说。新实体法说由德国学者尼克逊（Nikisch）所倡导。他从重新阐释"请求权竞合"开始，认为确定实体请求权的标准不是实体法规定的实体法律关系，而是"事实关系"。基于一个事实关系而产生具有相同给付目的的几个实体法上的请求权，并不构成"实体请求权竞合"，这实际上是"请求权基础竞合"，只有一个实体请求权存在。只有基于不同的事实关系而产生几个实体法上的请求权，才会真正发生请求权竞合。一旦发生请求权竞合，一个请求权的行使，便意味着另一个请求权的消灭。这样，就从两个方面克服了传统诉讼标的理论的缺陷。尼克逊的观点甚至导致民法学界对请求权竞合理论的反思，彻底修正了过去的观点。然而，由于各个请求权在责任范围、责任抵销、消灭时效、举证责任等方面性质不同，因此，认为在出现请求权竞合的场合，一个请求权的行使便意味着另外的请求权消灭，这不免有些武断。

在上述各种诉讼标的理论中，并无孰优孰劣之分，不可能以一种学说取代其他学说。作者认为，它们之间的关系应该是：旧实体法说是诉讼标的理论的根基，或者说它是诉讼标的理论的"原始系统"，而其他学说都是随着时代的发展而出现的"补丁"，它们一起构成一张强大的程序理念之网，在保障当事人诉权的前提下共同完成禁止重复起诉和相异主张、禁止重复审判和矛盾判决的使命，实现"一事不再理"的诉讼最高理念。目前并没有任何一个完善的学说可以独自完成上述任务。当然，如果非要说有完善的诉讼标的理论学说的可能性，作者认为它应该是一种介于"一分支说"和"二分支说"之间的一种学说，因为它们正好处于两个极端："二分支说"太重视事实理由了，以至于把它与诉的声明等量齐观，共同作为识别诉讼标的的标准；相反，"一分支说"又太不重视事实理由了，以至于无视事实理由的存在，仅仅以诉的声明作为识别诉讼标的之唯一标准。两者都不完美。以作者之见，诉的声明犹如植物，事实理由犹如大地。诉的声明必须连根从事实理由的大地中生长，为的是能够伸向天空去迎受阳光的照临、雨露的滋润和风的吹拂，并在天空中像百合花那样静静开放，而这绽放的花朵就是诉讼标的。诉讼标的是由诉的声明开放出来的，然而诉的声明只有扎根在事实理由的大地中才能有诉讼标的的生长；离开事实理由就根本不会有诉讼标的的花儿一样吐艳。诉的声明在嘈杂喧闹中高傲地呈现着诉讼标的；而事实理由则在寂静沉默中慈爱地庇护着诉讼标的。两者之中哪一方都无法单独奠基诉讼标的之生命。作者猜想，在"一分支"说与"二分支说"二者之间必然有个"中庸之道"，那将是真正有资格担当起完善的诉讼标的的学说之名的理论。然而，事实上并不存在这样的理论，因此，我们还必须满足于继续使用现有的各种学说所共同编织的那张网，以推行"一事不再理"之诉讼理念。

经过上面对诉讼标的的理论的简短引介，我们对环境诉讼的诉讼标的的想必已经有了一个比较清楚的认识。所谓环境诉讼的诉讼标的，就是环境诉讼的原告在诉状中向人民法院提出的，基于环境破坏或者环境侵害或者环境破坏与侵害之危险的事实理由而提出的诉的声明。它是环境诉讼当事人争讼的对象和人民法院审判的对象。其核心内容具体化为环境诉讼原告提出的诉讼请求。而环境诉讼在诉讼标的方面的别具一格之处就在诉讼请求中集中展现出来。

诉讼请求与诉的类型有密切关联：诉讼请求是确定诉的类型的指向标，不同的诉讼请求归属于不同的诉的类型；而诉的类型是对诉讼请求本质属性的概括，不同的诉讼类型包含着不同的诉讼请求。在刑事诉讼中，只有一种诉的类型，那就是给付之诉，因为无论是人民检察院提起公诉还是被害人或者其近亲属、法定代理人提起刑事自诉，其目标无非是追究被告人或者被告单位的刑事责任。在民事诉讼和行政诉讼中，诉的类型有给付之诉、确认之诉和变更之诉三种。环境诉讼也同样如此。这就很容易把环境诉讼与刑事诉讼界划开来，因为一方面环境诉讼有三种诉的类型，而刑事诉讼只有给付之诉一种；另一方面，即使对于给付之诉这个环境诉讼与刑事诉讼的共有诉的类型来说，它们各自的内容也是明显有别的。环境诉讼与民事诉讼、行政诉讼一样，都同样有给付之诉、确认之诉和变更之诉（形成之诉）三种诉的类型，这就产生了这样一个问题：环境诉讼之于民事诉讼和行政诉讼是特殊与一般的关系呢？抑或它们之间是并列的关系呢？在这一点上，人们很容易误以为环境诉讼包括在民事诉讼之中和行政诉讼之中，或者认为环境诉讼就是民事诉讼或者行政诉讼的一种特例，这种认识在不知不觉中左右着人们的思想和眼光，而且相当顽固，导致人们迟迟不肯承认还有所谓独立的环境诉讼存在，使环境诉讼的独立存在价值处于灰暗之中，不为人知。事实上正是如此，所谓"环境民事公益诉讼"和"环境行政公益诉讼"不是恰恰说明了这一点吗？所以，着眼于诉讼请求，将环境诉讼与民事诉讼、行政诉讼泾渭分明地区划开来并不是轻而易举的。

也正因为它们如此地难解难分，因而，如果我们最终能够将它们区分开来，环境诉讼就会突出地以一种"别具一格"的面貌呈现在我们面前。

也许人们会认为，由于环境诉讼的最终目的在于保护环境，而保护环境关键在于付诸行动而不是确认和变更某种法律关系，所以，环境诉讼中原告提出的诉讼请求主要是给付请求，而单独提出确认或者变更请求并不是主要的。这一点与民事诉讼和行政诉讼是有区别的，因此，以此为根据，就可以将环境诉讼与民事诉讼和行政诉讼界划开来。但环境诉讼还是有变更之诉和确认之诉的，因此我们无法从诉的类型的构成角度令人信服地说明环境诉讼与民事诉讼、行政诉讼的区别。在三种诉的类型中，无论对于什么样的诉讼种类，给付之诉无疑具有突出重要的地位。因此，如果我们能够在给付之诉上把环境诉讼与民事诉讼、行政诉讼泾渭分明地区分开来，就能够令人信服地说明环境诉讼是别具一格的诉讼。所以，问题的关键在于从给付之诉上凸显环境诉讼的独立地位。如果环境诉讼在给付之诉上不能独立于民事诉讼和行政诉讼，则环境诉讼就有沦落为民事诉讼或者行政诉讼特例的危险，从而就根本谈不上其独立存在。单纯对三者的诉讼请求进行正面分析，无法实现把它们区分开来的目标。比如，在因环境污染而引起的侵权民事诉讼中，原告可以提出经济赔偿的诉讼请求，而在环境诉讼中，原告同样可以提出损害赔偿的诉求，这根本无法把它们二者区别开来。如果我们深入分析民事诉讼与环境诉讼中诉讼请求的排序与结构问题，这会对揭示环境诉讼的独立性有一定意义。比方说，在因环境污染引起的民事诉讼中，如果已经发生了实际的损害而不仅仅是损害的危险，原告可以提出赔偿损失的诉讼请求，而且如果还有其他的请求事项，赔偿损失的诉讼请求一般排列在第一位。因为在人们的思想认识中，正如"欠债还钱，天经地义"和"杀人偿命，天经地义"一样，损害赔偿也是天经地义的。这是人类古老而朴素的法律正义观念。同时，为了防止损害的再次发生，原告还可能提出请求法院判决被告停止侵害并采取补救措施的诉的声请。如果没有发生实际损害而只是有发生实际损害的危险，原告一般提出停止侵害的诉讼请求。而在针对导致环境污染或者环境恶化的行为而提起的环境诉讼中，原告一般更突出强调停止侵害和采取补救措施的诉求，可能没有损害赔偿的诉讼请求，也可能不提出赔礼道歉的诉求。但从这个角度论证环境诉讼的独立性只具有相对的意义，无论如何也无法令人信服地把环境诉讼与民事诉讼界划清楚。环境诉讼与行政诉讼之间的情形也与此相仿。这样，关于环境诉讼与民事诉讼和行政诉讼之间在诉讼请求上的区分，到此为止已经走进一团迷雾之中，似乎我们应该放弃认为环境诉讼是独立的诉讼的观点，回到环境诉讼什么都是又什么都不是的起点。然而，环境诉讼确实是一种独立的诉讼，它绝不会淹没在民事诉讼和行政诉讼之中。因此，它在诉讼请求上必然与民事诉讼和行政诉讼中的给付之诉有根本区别，只是我们暂时还无法把这种区别摆到明处罢了。然而，如果我们的从诉讼请求方面区分环境诉讼与民事诉讼、行政诉讼的工作仅仅以这样一个假设的结论草草收场，就意味着承认失败。分析工作还要进行下去，只是前方已经无路可走了。思想的道路毕竟与现实生活中的道路有所不同，那就是可以走回头路。而在思想上回过头来走路并不一定意味着倒退，相反，却很有可能是真正的前进。

　　踏上分析环境诉讼与民事诉讼、行政诉讼中原告的诉讼请求的具体内容及其构成和排序的这条道路，已经被证明不可能达到使环境诉讼别具一格地独立出来的预定目标。因此，我们必须回来，回到诉讼请求本身。诉讼请求是由原告提出来的，它是原告所提示的诉讼标的所包括的核心内容。根据被普遍接受的公法诉权论，诉权是相对于审判权的公法上的权利。而提出诉讼请求是行使诉权的具体样式。因而，诉讼请求只能向法院提出，其形式是"请求人民法院如何、如何"。然而，在给付之诉中，原告所提出的"请求人民法院如何、如何"之中的"如何、如何"并不仅仅由法院独自完成，它连带提出了对方当事人"如何、如何"。比如"请求人民法院判令被告登报公开向原告道歉"就不仅包括要求人民法院判决被告应该登报公开道歉，还包括被告应该登报公开道歉。这实际上是原告借助国家公权力向向对方当事人主张权利。而权利与义务是对等的：一方当事人的权利，就是另一方当事人的义务；反之亦然。由于环境诉讼一般是环境侵害纠纷引发的诉讼，而在侵权诉讼中原告提出的给付诉求就是追究被告的侵权责任，而不是范围更广的"义务"，因而，着眼于诉讼请求，环境诉讼与民事诉讼、行政诉讼的区别就集中在被告承担什么责任这个焦点之上。如果我们通过分析，能够令人信服地展示出环境诉讼中原告要求被告承担的责任与民事诉讼、行政诉讼在实际上是泾渭分明的，则环境诉讼的独立性这件事情就是毫无疑问的。这样，我们就找到了"被告承担的责任"这个前进的路标。其实，不用多说，这问题的答案已经露出了它的冰山一角：在民事诉讼中，被告承担的是民事责任；在行政诉讼中，被告承担的是行政责任；而在环境诉讼中，被告承担的是环境责任。

　　之所以在法律上有"民事责任"、"行政责任"和"环境责任"如此之称呼，就是因为它们三者是各自独立地存在着的。然而，上述三种不同的法律责任形式的区别并不在于它们之间毫无共同之处；相反它们之间有相互交叉的内容，比如无论在民事责任、行政责任还是在环境责任之中，都有金钱赔偿这种责任形式。区别的关键在于它们都有各自独特的责任形式以及共有的责任形式的构成要件及其在责任体系中的位次。从我国现行法律规定来看，行政诉讼中的被告承担行政责任的具体方式包括下列 10 种：①国家赔偿；②停止违法行为；③撤销违法的行政行为；④纠正不适当的行政行为；⑤履行职务；⑥返还权益；⑦恢复原状；⑧恢复名誉，消除影响；⑨赔礼道歉，承认错误；⑩通报批评。我国《民法通则》第 134 条规定的承担民事责任的 10 种方式为：①停止侵害；②排除妨碍；③消除危险；④返还财产；⑤恢复原状；⑥修理、重作、更换；⑦赔偿损失；⑧支付违约金；⑨消除影响、恢复名誉；⑩赔礼道歉。提起承担环境责任的方式，人们一般就会到民法中找根据，其实，环境责任的承担方式在我国的环境保护法律、法规之中，而不在民法之中。《中华人民共和国环境保护法》第五章赫然写着"法律责任"的标题，表明环境责任的承担方式不在别的法律之中，而正在环境保护法之中。然而，由于我国环境保护法中还没有十分明确地使用"环境责任"概念，只有笼统的"法律责任"概念，而众所周知，在传统的法律观念中，所谓法律责任无非就是指民事责任、行政责任、刑事责任三种类型。不过，有的学者在理论研究中已经敏锐地洞悉到了环境责任的特殊性，比如吕忠梅教授明确指出，随着环境保护法律制度的发展，"专门环境法律责任"的产生具有必要性与可能性。在此基础上，吕忠梅教授从污染者负担责任、生产者责任延伸制度和环境保护问责制度等方面深刻阐释了"专门环境法律责任"的具体形态，为环境责任制度的发展完善提供了有力的理论支撑。[1] 吕忠梅教授所说的"专门环境法律责任"实际上就是指环境责任。从我国《环境保护法》第五章所规定的内容以及近年来环境公益诉讼的司法实践来看，在环境诉讼中被告承担承担环境责任的方式可以大体概括为如下几种：①停止侵害行为，比如建设项目的防治污染设施没有建成或者没有达到国家规定

---

〔1〕　吕忠梅：《环境法学》，法律出版社 2008 年版，第 172～176 页。

的要求，投入生产使用的，则应该停止生产或者使用；②停止危险行为，比如停止有可能导致环境恶化的建设工程的施工；③排除环境污染和破坏的危险，比如安装或者重新安装防治污染的设施；④采取补救措施恢复和治理环境，比如补种并养护树木等；⑤撤销行政审批或者许可，比如收回排污许可证，撤销对某影响环境的建设项目的行政批文；⑥赔偿损失；⑦赔礼道歉。

由此可见，在环境诉讼、民事诉讼和行政诉讼中，原告要求被告承担的责任方式是不同的，它们之间只有交叉关系，不存在一个包含在另一个之中的现象，因而是各自独立的。环境诉讼中原告要求被告承担的法律责任具有自身的特质，即它既不同于行政责任也不同于民事责任，而是独立的"专门的环境法律责任"即环境责任，这恰恰说明了环境诉讼本身具有独立存在的价值。

（二）环境诉讼中针对同一个诉讼标的有资格的原告范围广泛

在讨论环境公益诉讼的原告主体资格的时候，法学理论界和司法实务界往往有一种误解，认为环境公益诉讼的原告主体资格应该没有严格限制，即所谓原告主体资格的"宽容性"。作者认为，任何诉讼，包括环境公益诉讼都必须有明确而严格的诉讼主体资格的限制。人们之所以大声疾呼要"突破""直接利害关系"、"法律上的利害关系"的限制以推动环境纠纷案件进入司法程序，关键在于我国还没有建立环境法上的"利害关系"。说穿了，根本原因在于我国法律还没有赋予公民环境权。一旦法律上明确规定公民享有环境权，一切问题就都会迎刃而解。假设我国法律明确规定公民有环境权，则一切受到侵害环境行为影响的个人都有原告主体资格，因为他们与本案必然存在"直接利害关系"或者"法律上的利害关系"。比如，一项工程的建设有可能影响自然景观，则凡是景区周边的居民甚至是外地人都有资格起诉，因为法律赋予他们的景观权受到了侵害，怎么与本案没有直接利害关系呢？再比如，工厂向江河湖泊超标排污，则相关环保组织和环境行政管理部门必然具有原告主体资格，因为从事环境保护就是他们的业务或职权，怎么能够认为环保非政府组织（NGO）和环保行政部门与本案没有法律上的利害关系呢？因此，原告主体资格的条件是不能降低的，决不能解构我国诉讼主体资格的法律制度；否则程序法治就无从谈起，滥诉现象就会一发不可收拾。所以，如果要"突破"，也不能突破原告必须与本案有直接利害关系或者法律上的利害关系的限制，而是要突破我国现有法律框架的限制，说到底就是要从法律上承认居民享有环境权；要"破冰"只能是破我国法律还没有赋予公民以环境权这块坚冰；要"破土"只能是我国法律上的环境权破土而出！

与民事诉讼、行政诉讼和刑事诉讼相比，具有环境诉讼主体资格的原告范围非常广泛。在刑事诉讼中，公诉机关和自诉人的地位相当于其他种类诉讼的原告。我国《刑事诉讼法》第3条规定："对刑事案件的侦查、拘留、执行逮捕、预审，由公安机关负责。检察、批准逮捕、检察机关直接受理的案件的侦查、提起公诉，由人民检察院负责。审判由人民法院负责。除法律特别规定的以外，其他任何机关、团体和个人都无权行使这些权力。"第88条规定："对于自诉案件，被害人有权向人民法院直接起诉。被害人死亡或者丧失行为能力的，被害人的法定代理人、近亲属有权向人民法院起诉。人民法院应当依法受理。"可见，在刑事诉讼中，针对某个具体诉讼标的，有资格提起刑事诉讼的在公诉案件中只能是特定的人民检察院，而在自诉案件中，自诉人只能是刑事案件的被害人，在被害人死亡的情况下自诉主体资格转移给其法定代理人、近亲属承受，除此之外，任何个人和组织都无权提起刑事诉讼。我国《行政诉讼法》第2条明确规定："公民、法人或其他组织认为行政机关和行政机关工作人员的具体行政行为侵犯其合法权益，有权依照本法向人民法院提起行政诉讼。"第41条第1项规定："原告是认为具体行政行为侵犯其合法权益的公民、法人或其他组织。"从这两条规定我们可以看出，针对某个行政诉讼标的，判断行政诉讼的原告主体资格的关键标准是其合法权益受到被诉具体行政行为的侵犯。这也就是说，行政诉讼中的原告一般只能是具体行政行为的相对人。除此之外，《最高人民法院关于执行〈中华人民共和国行政诉讼法〉若干问题的解释》第12条规定："与具体行政行为有法律上利害关系的公民、法人或其他组织对该行为不服的，可以依法提起行政诉讼。"这一规定从某种程度上放宽了行政诉讼的原告主体资格限制，使与具体行政行为有法律上利害关系的第三人也有资格提起行政诉讼。但总体来说，具有提起行政诉讼资格的原告范围是特定的，仅限于具体行政行为的相对人和第三人。在民事诉讼中，针对具体诉讼标的具有原告资格的自然人、法人或其他组织的范围也是特定的。根据《民事诉讼法》第108条的规定，原告必须是与本案有直接利害关系的公民、法人或者其他组织。与本案没有直接利害关系的个人或者组织提起民事诉讼将被人民法院以原告不合格为由裁定不予受理，受理后发现原告不适格的，裁定驳回起诉。相反，在环境诉讼中，针对同一个诉讼标的，有资格起诉的原告范围就相当广泛。一切受到环境污染和环境破坏侵害的居民都有权发动环境诉讼程序；除此之外，相关的环保非政府组织和负责环境保护的政府部门也有资格提起环境诉讼。很多人甚至认为，为了维护环境公益，作为国家法律监督机关的人民检

察院也可以原告身份提起环境公益诉讼。当然，作者不建议过
分扩大环境诉讼的原告主体范围，比如一般从事生产经营的企
事业组织不得参与环境诉讼，不能像美国那样把环境公益诉讼
诉权赋予所有公司、合伙组织。因为环境权益不是经济权益，
我们不能把环境仅仅看做可以获取资源的仓库；应当将环境权
益看做人的生存权，而环境是人赖以生息繁衍的场所。而由于
环境诉讼不是"公诉"，也不宜赋予人民检察院以原告资格。

（三）环境诉讼的当事人诉讼地位及其相互关系特殊

从诉讼当事人各自的诉讼地位及其相互关系角度着眼，也
能够看出环境诉讼的独立性。首先，环境诉讼不同于刑事诉讼。
因为在刑事诉讼中，公诉案件是"官告民"的诉讼，被告人或
者被告单位与公诉机关处于不平等的诉讼地位，表现为出庭支
持公诉的检察官可以"讯问"被告人。而环境诉讼中当事人之
间的诉讼地位是平等的。而在"民告民"自诉案件中当事人之
间的诉讼地位是平等的。尽管环境诉讼中也包含"官告民"和
"民告民"的诉讼，但它还有"民告官"的当事人结构，这是
刑事诉讼所没有的。此外，对于同属于"民告民"的诉讼，在
环境诉讼中不可能存在反诉，而刑事诉讼中自诉案件的被告人
却可以对自诉人提出反诉。这样，环境诉讼与刑事诉讼还是可
以大体界划开来的。其次，环境诉讼不同于民事诉讼。民事诉
讼只有"民告民"一种当事人构造，尽管国家机关可以原告或
者被告身份参加民事诉讼，但在民事诉讼中却并不存在"官"，
双方当事人都是以平等的民事法律关系主体身份出现在诉讼中
的。而环境诉讼可以是"民告民"的诉讼，也可以是"民告
官"的诉讼，还可以是"官告民"的诉讼。这就把民事诉讼与
环境诉讼清楚地区分开来。虽然民事诉讼与环境诉讼都有一个
共同的形式即"民告民"，但在环境诉讼中并不存在反诉，尽管

在诉讼中当事人的诉讼地位是平等的，但不存在贯彻彻底的诉讼权利平等、对应的基础。再次，环境诉讼不同于行政诉讼。一是环境诉讼有"民告民"、"民告官"、"官告民"三种形式，而行政诉讼只有"民告官"这样一种形式。二是就二者共有的"民告官"形式而言，也存在区别。因为在行政诉讼中，原告必须是具体行政行为的行政相对人或者第三人，而在环境诉讼中，原告不是具体行政行为的相对人，也不是一般所说的具体行政行为的第三人，而是只要其环境权受到行政主体的相关具体行政行为的侵害，任何人都有权提起环境诉讼。这样，从当事人的诉讼地位及其相互关系着眼，我们也可清楚地把环境诉讼与民事诉讼、刑事诉讼、行政诉讼区别开来，从而展现出环境诉讼的独立性。

由上分析可知，着眼于当事人在诉讼中的地位及其相互关系，不仅环境诉讼的特质分别超出刑事诉讼、民事诉讼、行政诉讼各自的特质之外，而且也超出民事诉讼、行政诉讼和刑事诉讼的特质之总和之外。这说明，环境诉讼彻底超越了民事诉讼、行政诉讼和刑事诉讼及其总和，它既在民事诉讼之外，又在刑事诉讼之外，同时还在行政诉讼之外，完完全全是一种独立的诉讼形态。因此，我们不可再用"环境刑事诉讼"、"环境公益行政诉讼"、"环境公益民事诉讼"等之类的名号称呼它的具体样式，所有这一切统统应该称为"环境诉讼"。环境诉讼之中决不应有民事诉讼、行政诉讼和刑事诉讼的立身之所，它也不会投宿在它们之中的任何一种之中。它是特立独行的，与民事诉讼、刑事诉讼、行政诉讼并行的一种别具一格的诉讼。如果要称谓环境诉讼的具体样式，也不应该掺杂任何"民事"、"刑事"和"行政"字样，而应该是环境诉讼内部的分野，比如我们可以说"环境公益诉讼"、"环境私益诉讼"。

　　环境诉讼的别具一格之处主要从上述三个方面体现出来。此外，环境诉讼一般是群体性诉讼，实行特殊的举证责任规则，环境公益诉讼往往承认作为"诉讼参与人"的志愿者拥有部分环境诉权等为依据说明环境诉讼的独立性，也具有一定的意义，也能够从某种程度上摆明环境诉讼的别具一格之处。

第三节　研究环境诉权的重要意义

一、环境纠纷解决机制的发展必然导致环境诉权问题的凸显

　　环境问题是各国现代化过程中普遍面临的严重社会问题。环境污染、环境破坏、生态危机甚至环境灾难已然成为影响人类健康、幸福生活的"现代社会病"。因此，环境问题已经引起了世界各个国家和全人类的普遍关注。在国际上，为保护环境，成立了专门的环境保护国际组织，并且国际社会已经基本达成共识，认为享受健康、舒适的生活环境乃是基本人权。要保障人类享有健康而舒适的生存环境，就必须加强环境保护，就必须防范和制止一切侵害环境权益、破坏生态环境的行为。而要推进环境保护事业的发展，防范和制止环境侵害和环境破坏行为，就必须建立和健全环境纠纷的解决机制，特别是建立和完善环境纠纷的司法救济制度。为此，很多国家纷纷通过立法对环境诉权加以确认。例如：美国建立了环境公民诉讼制度，赋予个人、公司、合伙、其他社会组织以及除美国联邦政府以外的政府部门针对任何个人或者组织所实施的环境侵害和环境破坏行为提起环境诉讼的原告主体资格；德国建立环保非政府组织环境公益诉讼制度，赋予依法成立的环境保护组织以提起环境公益诉讼的原告主体资格；日本建立了公害审判和环境保护

诉讼制度,并广泛开展环境民众运动,有力地推动了环境保护事业的发展和环境公害、环境保护纠纷的解决。

诉讼程序发动的起点是诉权的动用。无诉权,便无诉讼;没有环境诉权,也就根本不会有真正的环境诉讼。环境诉权问题是解决人们因何可以提起环境诉讼的问题,即环境纠纷的司法解决之根据问题。随着各国环境纠纷解决机制的形成和不断发展、完善,建立和健全环境纠纷的司法救济制度即环境诉讼制度已成为加强环境保护的必由之路。而建立和发展环境诉讼制度就必然面临和提出环境诉权问题,必然要解决环境纠纷的司法解决请求权的根据问题。

我国正处在由发展中国家向发达国家转变的历史时期。然而,由于对环境要素的不当开发和利用,致使我国出现严重的生态危机。环境污染、环境破坏、环境恶化现象时有发生,甚至爆发环境灾难。如松花江水污染、圆明园湖底防渗工程事件、沱江污染、贵州省"两湖一库"污染等,严重地阻碍了我国现代化发展进程,影响人民群众的安居乐业。"聚精会神谋发展,一心一意搞建设"是中华民族精神在现代的体现。但是,如果任由环境污染和侵害行为继续发生、发展,则我们经过千辛万苦而建成的社会主义现代化最终却很有可能与增进全体人民福祉的初衷南辕北辙。那样的话,我们的社会主义现代化建设就失去了意义,那就恰恰说明我们的现代化是失败的现代化。因此,党和国家在全面推进社会主义现代化建设过程中,及时调整思路,提出了"科学发展观",作出了统筹城乡发展的重大决策,更加重视环境保护工作,加大政府环境执法力度,并于2009年3月11日将国家环保总局升格为中华人民共和国环境保护部。同时,在全体人民中间深入开展环境保护宣传,以提高人民群众环境保护和维权意识。所有这一切对于推动环境诉权意识的觉醒具有重要的指导意义。目前，我国全体人民的环境保护意识已经得到了很大提高。

在现今法学理论研究中，环境公益诉讼问题已成为法学理论界关注的热点和焦点问题。学者们围绕建立我国环境公益诉讼制度问题撰写了大量的学术论文。据作者不完全统计，最近10年，学者们发表论述环境公益诉讼方面的文章有500篇左右，在近几年全国环境资源法学研讨会上发表会议论文50多篇。其中直接论述环境诉讼诉权的文章有吴建军在《金卡工程（经济与法）》2009年第3期发表的学术论文"浅析环境诉讼权"和彭利本在《环境经济》2008年第12期发表的学术论文"论环境诉讼诉权的社会化"，此外许多学术论文虽未直接探讨环境诉讼诉权，但具体从环境公益诉讼原告资格入手展开论述，其实也是探讨环境诉讼诉权问题，比如吴金荣等于2007年12月在《晋中学院学报》上发表的"环境公益诉讼原告主体资格认定标准的理论与实践架构"，邹颖超在《法治与社会》2007年第7期发表的学术论文"环境公益诉讼原告主体资格探讨"，刘文燕、顾尧在《黑龙江教育学院学报》2009年第5期上发表的学术论文"论环境公益诉讼主体资格的赋予"，张祖妍在《环境科学与管理》2009年第3期发表的学术论文"环境公益诉讼原告的立法缺陷与完善"，高美艳在《法治与社会》2009年第5期发表的学术论文"论环境公益诉讼的原告资格"，等等。可见，环境公益诉讼的诉权问题已经引起学术界的关注，特别是最近一两年，更是学术界关注的热点。与此同时，还出版了一大批环境法学教科书和一批有分量的关于环境公益诉讼的著作，如2005年厦门大学出版社出版的《环境纠纷解决机制研究》、2005年科学出版社出版的《环境法系列专题研究（第1辑）》、2006年科学出版社出版的《环境法系列专题研究（第2辑）》、

2007 年法律出版社出版的《环境公益诉讼》、2008 年法律出版社出版的《环境法学》，等等。此外，武汉大学蔡守秋教授指导的博士生张式军在 2005 年完成了题为"环境公益诉讼原告资格研究"的博士论文撰写工作，该文面世以后，引起法学理论界的广泛关注，推动了环境公益诉讼研究的进一步升温，有力地催进了我国环境诉权理论积淀。

对环境法学的研究已经成为我国目前法学理论研究的一个热点，环境纠纷解决机制问题的研究又是环境法学研究的一个热点，而环境纠纷解决机制研究的热点在环境公益诉讼，最终对环境公益诉讼的研究又聚焦在原告主体资格问题上。因为原告主体资格问题属于诉权问题，并且是环境诉权的关键问题。所有这一切，无可置疑地展示了提出环境诉权问题的重要理论价值。

为了使环境纠纷真正进入司法程序，人大代表、法律专家、学者、律师以及社会各界人士利用新闻媒体进行广泛讨论，提出各种各样的思路和建议。比如，在 2005 年全国"两会"上，全国政协委员梁从诫在其提交的《关于尽快建立健全环境公益诉讼制度的提案》中呼吁尽快建立环境民事公益诉讼制度，形成民事责任、行政责任、刑事责任"三责并举"的环境违法制裁机制，以便更加有效地保护公众的环境权利，维护社会公共利益和国家利益。2005 年 10 月 28 日，中华环保联合会名誉主席、两院院士宋健在谈到经济快速发展与环保问题时，也强烈呼吁建立环境公益诉讼制度。2005 年 10 月 31 日，全国律协环境与资源法专业委员会第五届年会专门就我国如何开展环境公益诉讼问题展开了讨论。北京大学法学院教授、博士生导师汪劲分析说，目前我国环境公益诉讼卡壳在能不能告的资格问题上。因为，尽管《环境保护法》明确规定"一切组织和个人"

都有权对环境污染和破坏环境的单位和个人进行检举和控告，但无论是民事诉讼法还是行政诉讼法，都规定起诉者必须与所诉内容具有关联性，也就是说被诉行为必须侵犯了起诉者的权利和合法权益。因此，法院将环境公益诉讼拒之门外也是"依法而为"。对于在新的法律出台之前，如何使以个人为原告的环境公益诉讼能够为人民法院所受理的问题，与会代表纷纷献计献策。全国律协环资委委员、北京中咨律师事务所律师夏军提出的办法是：以行政行为为突破口，通过行政诉讼达到环境公益诉讼的目的。夏军律师以圆明园防渗工程破坏环境为例，指出个人可以先行向行政机关提出控告，如果行政机关不处理或者不予答复，则以行政不作为为诉因提起行政诉讼。然而，如果行政机关给予答复，个人就不能以行政机关不作为提起公益诉讼，这就使个人提起环境公益诉讼的意图落空。遇到这种情况如何处理呢？夏律师指出，在这种情况下，个人可以在圆明园附近租个房子，因为按照行政诉讼法的司法解释，被诉的具体行政行为如果涉及相邻权的，法院应该受理。[1] 这可算作对兵法上"明修栈道，暗度陈仓"之计在环境公益诉讼中的灵活运用。由此可以想见，专家们为了能够使个人作为原告的环境公益诉讼真正进入司法的门槛可谓挖空心思、绞尽脑汁。这也从一个侧面说明，环境公益诉讼登上历史舞台是人心所向、大势所趋，我国现有的法律框架已经到了必须突破的历史关头。

　　在法学理论研究和公众舆论的推动下，我国人民法院在审判实践中也积极探寻有效解决环境纠纷的具体程序。比如 2003 年 4 月山东省乐陵市人民法院受理了山东省乐陵市人民检察院诉范金河污染案，该案被称为我国第一个著名的环境公益诉讼

---

〔1〕 张鑫："环境公益诉讼启动钥匙该谁拿"，载《法制日报》2005 年 11 月 3 日，第 5 版。

案例；2007 年 12 月 27 日公开开庭审理并当庭作出判决的贵阳市"两湖一库"管理局诉天峰化工有限公司环境侵权损害纠纷一案被誉为"贵州省环境公益诉讼第一案"；2009 年 6 月 18 日上午，锡山区人民法院在东北塘法庭公开开庭审理了原告江苏省无锡市锡山区人民检察院诉被告李华荣、刘士密盗伐林木破坏高速公路公共环境一案；2009 年 7 月 6 日，江苏省无锡市中级人民法院下达案件受理通知书，正式对中华环保联合会诉江苏省江阴港集装箱有限公司环境污染侵权纠纷一案立案审理，这是我国人民法院第一次认可环保非政府组织原告主体资格的案例，等等。与此同时，继贵阳之后，无锡、玉溪等地纷纷建立环境保护审判庭，为环境公益诉讼制度的建立准备物质条件。而人民检察院也积极投入环境公益诉讼探索之中，比如 2004 年 4 月 20 日，四川省资阳市雁江区人民检察院对污染环境的石材加工厂发出了"雁检民行建字〔2004〕6 号"和"雁检民行建字〔2004〕10 号"检察建议书；2008 年 12 月 5 日，江西省新余市渝水区人民检察院以原告身份向江西省新余市渝水区人民法院提起公益诉讼，状告下河镇仙女湖花园山庄和鹿洲发展有限公司违反《水污染防治法》，污染仙女湖水源。

从以上我国司法实务界对环境公益诉讼的探索过程来看，我国部分人民法院已经在司法实务上认可了环保行政部门、环保非政府组织和人民检察院作为环境公益诉讼原告的主体资格。原告主体资格卡壳问题是全部环境公益诉讼问题的症结所在。而环境公益诉讼的原告主体资格问题实际上属于环境公益诉讼的诉权问题。当然，原告主体资格问题决不是诉权问题的全部甚至也不是其主要内容，但它却构成了诉权问题的最为关键的部分。这也表明我国环境公益诉讼的司法实务探索与环境公益诉讼的理论研究是亦步亦趋的，它们共同指向了环境公益诉讼制度的一个关键领域——环境公益诉讼的诉权。这充分说明，环境诉权问题的凸显是环境纠纷解决机制建立和发展的必然结局，说明对环境诉权进行专题研究具有重大的理论价值和现实意义。

二、环境诉权及其理论缺位是制约环境保护理论和实践发展的瓶颈

由上可见，我国相关理论和实务部门正在进行环境公益诉讼的可行性分析并提出了许多很有建树的立法和司法建议。法学理论研究贡献突出，已出版的学术文献有的从扩大民事诉讼机能的理念出发来论证建立公益诉讼的合理性，有的则具体深入到环境公益诉讼的原告主体资格来探索建立环境公益诉讼制度的理论基础，也有许多论著特别涉及到诉权问题来考察建立环境公益诉讼的理论基础，可谓百花齐放，百家争鸣，同心戮力来构建环境公益诉讼制度。而司法实务界也对我国环境公益诉讼制度进行了富有成效的探索，对有关环境公益诉讼的法学理论向制度层面的转化起着关键的推动作用。从已有的学术论文与著作所表达的观点和人民法院、人民检察院的司法实践探索以及社会各界的意见来看，建立公益诉讼制度特别是环境公益诉讼制度已经成为人们的共识，可以想见，我国环境公益诉讼将在不久的将来正式载入法律条文。

然而，深入分析现有的关于建立环境公益诉讼制度的法学理论研究和司法实践探索后，我们将会发现，人们在思想认识上存在很大的缺陷，具体体现为下列几个方面：

（一）研究的眼界在很大程度上囿于现有的法律框架

在法律实务中，一旦出现了法律问题，人们总是习惯于在现有的法律条文中寻求解决问题的答案。这是符合人们思维规律的，也是与现代法治理念相融洽的。然而，法学研究绝不应该总是跑在法律的后头，像个随从。成文法律总是具有相对的滞后性，因为法律一直处于不断生长之中。已经生成的法律在实践中的具体适用这件事情应交给法律专家，包括律师、法官、仲裁员等，而法学研究者应该主要致力于发现现有法律的不完善之处以为立法者修改法律提供学理上的论证。法学研究的真正精神应该是批判的而不是尚古的。环境纠纷的司法解决问题本是一个新生的社会问题，决不可奢望在现有的法律框架之内能够合乎正义地解决它。然而，我国法学理论界在探讨如何通过诉讼途径解决环境纠纷问题时，多是从现有的法律规定出发，用已经存在的法律眼光看待这个新问题。一提到环境纠纷如何解决、环境维权的司法机制问题，大家一下子就想到可能是现有的民事诉讼纠纷解决机能限制了环境纠纷案件进入诉讼程序，于是便从扩大民事诉讼机能的层次论证建立公益诉讼制度和环境公益诉讼制度的理论；一提到环境纠纷诉讼，大家一下子就想到民事诉讼、行政诉讼和刑事诉讼，并且由于大家想到环境纠纷所涉及的环境权益具有公共性，于是就一下子想到环境纠纷诉讼必定是环境公益诉讼，于是就在学者们的著述中出现了"环境民事公益诉讼"、"环境行政公益诉讼"、"环境刑事公益诉讼"等学术用语；一提到环境公益诉讼，人们一下子就想到它一般要采用集团诉讼、团体诉讼、选定代表人诉讼、代表人诉讼等群体诉讼样式这样来加以解决；一提到环境公益诉讼，大家一下子就想到由人民检察院作为原告来提起这种诉讼最为合适，并且一提到人民检察院提起环境公益诉讼，人们又联想到人民检察院在刑事诉讼中是国家公诉机关，于是就又发明了"环境公诉"这个含义可疑的概念；一提到环境公益诉讼中被告应该承担什么样的责任，人们就一下子想到刑事责任、行政责任和民事责任这个"三位一体"的法律责任体系，并且更关注民事责任以及民事责任的归责原则等等之类的问题。如此囿于现有的法律框架来思考问题,富有成效地研究环境纠纷的司法解决机制是很难达到预期的目标的。

(二) 过多地滞留于实证和技术层面导致理论分析深度不够

大多数研究环境公益诉讼的文章和书籍只是从现实需要的立场出发,泛泛而谈建立我国环境公益诉讼制度的必要性和迫切性,不作深入的理论分析,仅仅停留于接受现实需求的刺激而发出立法上的呼吁,似乎现实需要就是一切。当然,法律制度和理论就是为了解决现实法律问题而存在的;服务于现实法律问题的解决是法律制度和理论的根本价值。因此,法学理论研究决不能离开现实需要而高飞在半空中。但是,重视现实问题的研究是一码事,仅仅根据现实问题本身来寻求其解决的途径和方案则是另一码事。法学理论研究要想成为解决实际法律问题的思想指导,必须进行深入的思辨,上升到理论高度。因此,必须花大力气论证环境诉讼制度,包括环境公益诉讼制度的合理价值,这样才能为建立我国的环境诉讼制度提供切实有力的理论论证。

许多学者在探讨环境公益诉讼问题时,深入开展比较法研究,大量引介发达国家的环境公益诉讼制度,以期为构建我国的环境公益诉讼制度提供可资借鉴的蓝本和实证根据。这项工作是卓有成效的,也是研究环境纠纷司法救济机制不可或缺的一个重要环节。完全可以也应当借鉴外国的环境诉讼制度及其理念。但问题是,我们不能不加分析地简单移植外国的制度和经验。我们并不能仅仅以别的国家已经有环境公益诉讼制度这个事实来说服国人认可环境公益诉讼制度,来建议国家制定环境公益诉讼制度。决不能简单地认为"凡是存在的,都是合理的"。我们要拿出更有说服力的理论根据来推进我国环境公益诉讼法制的发展。

　　最成问题的事情是法学理论界对所谓环境公益诉讼原告主体资格的理论研究。从原告主体资格的层次对环境公益诉讼制度进行理论探索是很有理论和实践价值的。这实际上已经是在谈论环境诉讼最根本的理论问题——环境诉权问题。事实上，已经有一些学者在论及环境公益诉讼制度的时候，注意到了诉权问题的重要性，直接谈到了诉权问题，这就使得对环境公益诉讼的原告主体资格的研究得到了理论的深化，是很有价值的尝试，必将为环境公益诉讼制度的建立提供很有说服力的理论支撑。比如，段欢欢、魏慧贤在其发表的学术论文中就把诉权理论作为"环境公益诉讼的法理基础"的重要内容加以讨论。[1]

　　在研究环境公益诉讼特别是原告主体资格的时候，虽然有些学者涉及诉权问题，但于此往往只是一笔带过，并没有深入探讨环境诉权问题本身。更多的是从在司法实务中赋予人民检察院、行政机关、环保非政府组织和个人环境公益诉讼原告主体资格的必要性和迫切性角度，仅仅就如何突破或者绕开现有法律关于原告主体资格的限制而展开讨论。所以，从总体上看，现有的学术文章和著作对于环境公益诉讼原告主体资格的探讨仅仅局限于技术层面。人们正确地认识到环境纠纷案件应该进入司法程序，但人们发现现有的民事诉讼和行政诉讼制度对原告主体资格都有严格的限制。于是，人们便在技术上动脑筋，比如不问结果如何，先向行政机关控告环境侵害人或者环境破坏者，如果行政机关不予理睬，则以行政不作为为由提起行政诉讼。又比如，抓住司法解释允许因相邻权提起行政诉讼这个

---

　　[1]　段欢欢、魏慧贤："论环境公益诉讼的理论基础及其构建"，载《成都行政学院学报》2009 年第 1 期。

法律依据，建议准备起诉的原告在环境侵害地租用住房，打"擦边球"。再比如有的学者为使环境纠纷能够顺利立案，建议法院灵活适用法律条文，模糊语言，把《民事诉讼法》第108条规定的"直接利害关系"转变为"利害关系"。但更多的人主张应"放宽"环境公益诉讼的起诉条件，直接"突破"民事诉讼法和行政诉讼法对原告主体资格的严格限制，把手术刀直接伸向运行良好的现行法律制度，似乎只要能够让环境公益诉讼登堂入室，就可以不顾一切了，就有理由置依法治国的基本国策和社会主义法治原则于不顾了。这是很不负责任的观点，必然陷入实用主义的泥潭，与现代法治国家的理念格格不入。

之所以出现这些情况，症结就在于现有的环境公益诉讼理论研究过分倚重技术，而理论分析深度不够。研究环境公益诉讼决不能仅仅在技术层面上做文章，应加深理论分析。应该对环境公益诉讼的诉权问题展开充分的理论探讨，只有这样才能为立法和司法实践提供稳固的理论基础。诉权是一切诉讼运行的第一道闸门，是诉讼的基石；诉权的动用，是一切诉讼的起点。诉权不明甚至绕过诉权来谈论环境公益诉讼的原告资格必将因为脚跟不稳而栽跟头。因为所谓环境公益诉讼的原告主体资格问题实际上就是当事人适格问题，而当事人适格问题的根源在诉权之中。没有诉权何谈当事人适格？撇开正当当事人问题何谈原告主体资格？因此，如果不解决环境公益诉讼的诉权问题，而仅仅从环境公益诉讼的原告主体资格层次来进行技术处理，所谓原告主体资格也不过是学者一厢情愿的强加之词。作者认为，建立我国环境公益诉讼制度固然要全方位、多层次进行理论探讨，但环境公益诉讼制度之所以千呼万唤不出来，关键在于其诉权的根据没有找到。任何诉讼都是需要有诉权的。没有诉权就没有原告，就没有法官，就没有诉讼本身。因此，探索构建我国环境公益诉讼制度的第一要点就是要解决环境公益诉讼的诉权问题。环境公益诉讼的生存需要适宜的大地和土壤，我们要想让环境公益诉讼成为生长良好的生命体，最起码是能够存活的植物，就必须首先为它开辟基地、提供土壤。而诉权就是环境公益诉讼的大地和土壤。我们要使环境公益诉讼成为一块真实存在的园地并在其中劳作，就必须首先找到园地本身，就必须找到环境公益诉讼之根得以深扎于彼的大地和能够为环境公益诉讼源源不断提供养分的土壤。承载环境公益诉讼的基地就是环境公益诉讼的诉权，滋养环境公益诉讼使其能够具有骄傲地伸向天空之活力的母体就是环境公益诉讼的诉权。环境公益诉讼之诉权君临天下之时，就是环境公益诉讼制度确立之日。我国环境保护的理论和实践发展到今天，就必然面临解决环境诉权的重大理论课题。只有深入探析环境诉权问题，才能突破环境公益诉讼理论和实践的瓶颈，使我国的环境保护和环境维权更上一层楼。

第四节　研究环境诉权的方法与思路

一、专题研究环境诉权的方法

"学问始于方法，终于方法。"[1] "方法不是科学的各种装备之一，而是一个基本成分，这个基本成分才规定着什么能够成为对象以及它如何成为对象。"[2] 研究方法之于研究的重要性是不言而喻的。

---

〔1〕〔日〕中村宗雄：《学问的方法与诉讼理论》，成文堂1976年版，第1页。
〔2〕〔德〕海德格尔著，孙周兴选编：《海德格尔选集》，三联书店1996年版，第879页。

为完成本专题研究，在哲学方法的层面上，作者拟采用 20
世纪德国哲学大师胡塞尔和海德格尔所发展的现象学。"现象
学"说的是"让人从显现的东西本身那里如它从其本身所显现
那样来看它。这就是取名为现象学的那门研究的形式上的意义。
然而，这里表述出来的东西无非就是前面曾表述过的座右铭：
'面向事情本身！'"〔1〕运用现象学方法研究环境诉权，就是要
像环境诉权本身向我们显现出来那样来看待它、对它进行言说。
同时，在行文上，作者尝试运用自己对海德格尔的存在论和语
言观的领会来进行表述，以期探索法学研究学术话语的另一种
表达样式。在一般科学方法的层面上，作者拟采用历史分析和
逻辑分析的方法，特别是以法系传统为视角，借以把握环境诉
权理论的深层次机理，深刻揭示环境诉权的法系传统之根。具
体到法学研究通常的方法，作者将采用实证分析、价值分析、
比较法研究等研究方法，展开对环境诉权的理论探讨，希望为
我国环境诉讼制度的建立和环境诉权及其具体内容的确立提供
坚实的理论基础。本专题的研究对象是环境诉权，一方面环境
诉权存在于诉讼法之中，另一方面又与实体法有不可割断的联
系。这样，把实体法与程序法结合起来研究环境诉权就尤其地
重要。因此，作者将采用实体法与程序法相结合的研究方法展
开本专题的探讨，展露环境诉权的实体法之渊源，揭示环境诉
权与环境权的相互奠基的关系，以期为我国环境诉权制度的建
立和完善提供真理性的认识。

当然，研究方法的筹划比较容易，而具体贯彻则很可能困
难重重，特别是我国环境诉权研究尚处于初始阶段，没有系统
而成熟的理论作为指引，这就决定了本专题研究带有某种探索

---

〔1〕 ［德］马丁·海德格尔著，陈嘉映、王庆节译：《存在与时间》，三联书店
2006 年版，第 41 页。

性，彷徨迷途甚至误入歧途的危险相当大，故将其取名为《环境诉权初探》。

二、专题研究环境诉权的思路

如前所述，我国环境公益诉讼制度（乃至整个公益诉讼制度）的研究已经面临突破理论瓶颈的使命，这就必然提出和解决环境诉权的问题。本专题研究的目标是弄清楚环境诉权问题。然而，研究环境诉权问题并非一件轻而易举的事，它涉及一系列重要的理论问题。因此，如果说有所谓的环境诉权的理论大厦的话，则这个理论大厦决非一朝一夕就能够建立起来，需要法学理论界和司法实务部门持续不懈的努力。但如果研究方法不对头，即使经过艰苦的思想努力和实务探索，建立环境诉权理论大厦的目标也不见得就一定能够树立起来。实现本专题的研究目标需要踏上正确的道路，而这道路实际上就是指思想的道路即思路。作者认为，应该从以下几个方面理清本专题研究的思路：

（一）全面构建环境诉权理论体系

首先，尽管环境公益诉讼是环境诉讼的主体部分，但研究环境诉权时，目光不能仅仅局限于环境公益诉讼，而应当从环境诉讼整体出发来探讨环境诉权问题。关于环境纠纷的司法救济，人们谈论最多的就是环境公益诉讼，人们在说到环境诉讼的时候，其实指的也就是环境公益诉讼。这也就是说，我国的法学理论界和司法实务界以及社会公众在探索环境纠纷的司法解决机制的时候，聚焦于环境公益诉讼及其诉权理念，而并没有注意到例如"环境私益诉讼"存在的价值。然而，仔细分析起来，环境公益诉讼并不是环境诉讼的全部，环境公益诉讼并不能与环境诉讼划等号。完整的环境诉讼是由环境公益诉讼和环境私益诉讼共同构成的。在法学理论研究和司法实务探索中，我们如果仅仅立足于环境公益诉讼这种境域，其结果必然是只见树木、不见森林，甚至否定环境诉讼的独立存在。因为仅仅看到环境公益诉讼、仅仅谈论环境公益诉讼、在思考环境诉讼诉权的时候眼中只有环境公益诉讼，就会否定环境诉讼和环境诉权的独立存在。如此一来环境公益诉讼从性质上来讲要么是刑事诉讼，要么是行政诉讼，要么是民事诉讼，怎么还会有特立独行的"环境诉讼"呢？既然环境诉讼并不独立存在，环境诉权也就不能独立成言了。因此，只有将环境公益诉讼和环境私益诉讼都收入眼界之内，才能走出眼光狭隘的限囿，从而科学地阐明环境诉权问题。其次，研究环境诉权理论同时要构建实现环境诉权的程序保障制度。作者认为，从环境诉讼特殊而又独立的地位出发，我国应该制定独立的《环境诉讼法》，或者起码先要比照《海事诉讼特别程序法》制定过渡性的《环境诉讼特别程序法》，从当事人主体资格、管辖制度、诉讼代理与志愿者参与、环境强令、证据规则、期间与送达制度、诉讼收费制度等方面全面构建环境诉权的程序保障机制。

（二）透过实体法的眼光来看待环境诉权问题

日本诉讼法学家中村宗熊和中村英郎认为，诉讼是程序法与实体法共同作用的"场域"，因此，应该结合民法和民事诉讼法来研究研究民事诉讼法学。虽然我们应该承认程序法的独立价值，改变重实体、轻程序的传统观念，但决不能因此走向另一个极端，认为"程序法乃实体法发展之母体"，是放之四海而皆准的真理。程序法毕竟是为实现实体法规定的私权提供公权力救济的法律。正如许多学者所正确认识到的那样，实体与程序是诉讼的"两个车轮"，缺一不可。从现有的关于环境公益诉讼的学术研究状况来看，学者们在探讨如何使环境纠纷案件进入司法程序的时候，根本没有就环境诉权本身展开真正的理论探索，更遑论结合环境权来探讨环境诉权了。忽视或者根本看不到从实体法和程序法相结合的立场来研究环境诉权的巨大价值，就不会使我们对环境诉权的研究获得稳固的基础。实际上，我国著名的法学家蔡守秋教授在 1982 年就明确指出：环境权是环境诉讼的基础。[1] 故而，作者认为，我们同样要结合实体法和程序法来展开对环境诉权的研究。诉权绝不是独自存在，自立自为的东西；诉权的树立本身还要有基础。是什么为环境诉权奠基呢？当然是环境权。由于我国法律至今尚未赋予公民以环境权，所以，目前所有环境公益诉讼的实践必然是根基不稳的，而环境私益诉讼的实践还根本没有进入人们的视野。但是，环境权的立法缺位并不妨碍我们根基稳固地对环境诉权进行研究。然而，在我国的法学理论界，人们虽然对环境权和环境公益诉讼以及作为环境公益诉讼诉权的重要内容的原告主体资格进行了大量而深入的研究，但并没有结合环境权来研究环境公益诉讼问题。在人们的观念中，似乎没有环境权也照样能够有环境公益诉讼和环境公益诉讼诉权。因此，在法学理论研究中，撇开环境权研究环境诉权是不会有真正结果的。我们探讨环境诉讼制度和环境诉权，必须联系环境权加以展开。

（三）协调好环境诉权与传统诉权观念之间的关系

研究环境诉权，在思想方法上应戒除一种简单激进的错误观点。这种观点认为传统的诉权理论和诉讼观念对于环境公益诉讼这种新型的诉讼已经失灵，因而必须实现对传统的某种"突破"才能真正解决环境公益诉讼的诉权问题。特别是在谈论环境公益诉讼原告主体资格的时候，随处可见"突破"、"破

---

〔1〕 蔡守秋："环境权初探"，载《法学评论》1982 年第 2 期。

冰"等字眼。作者认为,传统的诉权理论和诉讼观念的思想内容在基本点上仍然是环境诉讼和环境诉权赖以确立的基础,是环境公益诉讼诉权以及所有公益诉讼诉权、私益诉讼诉权的基础,是孕育环境公益诉讼和整个环境诉讼诉权的渊源。比如,关于诉权学说中长期处于通说地位的"权利保护请求权说"即所谓的"具体的公法诉权说"在权利保护要件问题上主张当事人必须适格,诉权行使必须具备保护的要件。这在解释诉权本质问题上就是很有说服力的。因此,研究环境公益诉讼的诉权问题恰恰不应该离开诉权理论和诉讼观念的传统、试图实现某种所谓的突破,而应该扎根于这个传统、径直投入传统之中开展自己的话题。如果一定要有某种离开或者突破的话,那也不是对诉权理论和诉讼观念传统本身的离开和突破,而是对如何看待传统的狭隘眼界的离开和突破。

(四) 科学看待外国的环境诉讼制度与环境诉权理念

美国的环境公民诉讼制度及其诉权理念、加拿大的环境保护诉讼制度及其诉权理念、德国的环保非政府组织环境公益诉讼制度及其诉权理念、日本的公害审判制度和环境保护诉讼制度及其诉权理念以及其他国家的环境诉讼制度与环境诉权理念为确立我国的环境诉讼制度和环境诉权理念提供了很好的示范。因此,我们应该学习和借鉴外国的做法。但决不能简单照搬照抄外国的做法。因为其他国家的环境诉讼制度和环境诉权理念也是在不断摸索中向前发展和完善的,并且仍然在进一步的发展之中。一切都没有最终定格。比较外国环境公益诉讼制度及其诉权理念,美国的环境公民诉讼最具影响力,因此对我们有巨大的借鉴价值。从我国目前法学理论界和司法实务界对环境公益诉讼的研究和探索状况来看,我们的环境诉讼和环境诉权更倾向于采用美国模式。但毕竟我国与美国的法律传统大相径

庭，诉讼司法理念存在重大的差别，美国的诉讼和司法以程序
正义为重心，而我们的诉讼和司法更倾向于追求实质正义；美
国诉讼遵循事实出发型理念，而我国诉讼则以法律规范为诉讼
的出发点。比如，2001 年 12 月 6 日最高人民法院审判委员会第
1201 次会议通过并于 2002 年 4 月 1 日起施行的《关于民事诉讼
证据的若干规定》是很好的民事诉讼证据规则，但在司法实践
中却很难发挥其应有的作用，原因就在于那个司法解释太注重
程序正义而忽视实体公正，不适合中国的民情、国情。相反，
我国的法律和传统与德国和日本更接近。因此，研究环境诉权
应当科学看待外国的环境诉讼制度和环境诉权理念，应从本国
国情出发，坚持"洋为中用，取其精华，弃其糟粕"的原则，
探索既符合现代环境保护和环境维权实际需要又符合我国传统
文化观念和人民大众诉讼心理的环境纠纷司法解决机制。

三、本专题研究的主要内容

基于以上研究方法和思路，本专题研究除导论而外，具体
分为四章：第一章内容是实证分析和比较法分析，概要叙述和
评析美国、加拿大、德国、日本和我国环境诉讼制度及其所折
射出的环境诉权理念。第二章立足于环境诉权与实体环境权之
间的关系阐述环境诉权的基本理论问题，在阐释德国传统诉权
理论与环境权理论的基础之上，揭示环境诉权的实体权利根源。
第三章从诉讼思维方式角度阐释环境诉权的基本理论问题，通
过对大陆法系和英美法系诉讼思维方式的特征与历史传统的探
讨，阐述环境诉权理念的法系传统根源，揭示诉讼思维方式对
环境诉权的决定性影响。第四章着眼于我国环境诉权的确立与
运行机制的制度设计，对我国环境诉权的订定及其运作进行理
论构想。在该部分，作者首先阐述确立我国环境诉权及其具体

内容的指导思想，在此基础上对我国环境诉权的内容以及环境诉权运作的程序机制进行勾画，阐明我国建立独立的环境诉讼法和设置行使环境审判权的专门人民法院的必要性与可行性。

第一章 环境诉权制度及其理念的实证透析

——国内外环境诉权及其运行现状述评

环境问题是工业化生产的伴生物。在现代化工业生产的过程中，人类为创造更多的财富以满足社会日益增长的物质文化生活需要，展开了大规模的自然资源的开发和利用。自然环境原本是一个和谐共济、生机勃勃的整体，但随着人类对自然资源的无节制的开发利用，导致许多环境要素受到破坏，打破了自然界原有的平衡，严重地破坏了人类的生存环境。越是经济和工业发达国家，环境问题也就越严峻。工业和经济最发达的国家，必然是环境问题最突出的地方；环境问题最突出的地方，也必然是环境司法救济最发达的地方；而环境司法救济制度的建立和环境纠纷司法救济的实施必然折射出相应的环境诉权理念。不知这是人类的福音还是人类的不幸。也许这种状况正应验了这样一句给人希望又令人深思的话语：哪里有危险，哪里也就有救渡。我国正由发展中国家稳步迈向发达国家的行列，在不经意之间，严峻环境问题已然来临，然而我们现在并没有深思熟虑的应对措施，特别是环境诉讼还不甚发达。为保护环境，我国已经展开了行政的和政治宣传的攻势，并且也有了粗疏的但不断生长与完善的环境保护法律制度。然而，如果环境权益不能通过诉讼加以救济，环境保护法律制度毕竟还是幼稚而浑噩的。我国现在没有环境诉讼制度，表明我们是不幸的而又是幸运的。我们没有环境诉讼制度因而是不幸的，因为在环境纠纷频繁发生、环境保护如火如荼的当今时代，我们的人民手中竟然没有环境诉权这柄尚方宝剑，因而无法通过诉讼途径寻求对环境权益的司法救济。我们没有环境诉讼制度也许是幸运的，一方面是因为也许我们的环境问题还没有如此严峻以至于迫切需要人民动用诉权来拯救的地步；另一方面是因为我们要建立自己的环境诉讼制度、设置环境诉权不需要一切都从头摸索，自有外国经验和做法可供我们学习借鉴。因此，我们最应该庆幸的是我们可以学习借鉴他人的经验教训，还有时间将战斗的武器准备好。我国的环境诉讼制度是肯定要建立的，我国的环境诉权是确定要设置的。为使我国的环境诉讼制度的设计和环境诉权的创设更加完善，需要我们向外国学习和借鉴，不仅要"睁眼看世界"，而且要"正眼看世界"。美国、加拿大、德国和日本都是当今发达国家，各国的环境诉讼制度在世界上都具有广泛的影响，其中美国、加拿大的法律制度属于英美法系，而德国、日本的法律则属于大陆法系，分别具有代表性。出于以上原因，本章选取美国、加拿大、德国和日本的环境诉讼制度与环境诉权理念做一个简介和评述，以期为我国环境诉权的设置提供有益的思路。同时，对我国实践中探索和运行的环境公益诉讼及其隐含的环境诉权理念也进行概览和评析，以为谋划我国环境诉讼制度和环境诉讼诉权提供实证的经验参考。

第一节　美国环境诉权及其运行述评

一、美国现代环境诉讼制度的建立及其对环境诉讼诉权的确认

美国的现代环境诉讼制度在世界上具有广泛的影响力和代表性，其标志性的制度就是环境公民诉讼制度。美国是法律发

达的国家，因而在美国，诉讼是解决环境纠纷的主导方式。美国密执安州《1970 年环境保护法》第 2 节第 1 条规定："为保护空气、水体和其他自然资源以及公共托管客体不受污染、损害和毁灭，任何个人、合伙、公司、社团、组织或者其他法律实体皆可在据称违法行为的发生地或可能发生地的具有管辖权的巡回上诉法院对州、州的分支机构、任何个人、合伙、公司、社团、组织或其他法律实体提起谋求宣告或衡平法救济的诉讼。"1970 年，美国颁布实施《清洁空气法》（The Clean Air Act），正式确立了环境"公民诉讼"制度。此后陆续颁行的1972 年《海洋倾废法》（The Ocean Dumping Act）和《噪声控制法》（The Noise Control Act）、1972 年和 1977 年两度修订的《联邦水污染法》即《清洁水法》（The Clean Water Act）、1973 年的《濒危物种法》（The Endangered Species Act）、1974 年的《安全饮用水法》（The Safe Drinking Water Act）和《资源保护与恢复法》（The Resource Conservation and Recovery Act）、1977 年的《有毒物质控制法》（Toxic Substances Control Act）等环境保护法律中，均有民众诉讼条款的规定。这就是著名的美国环境公益诉讼制度。这一制度同时也正式设定和确认了美国的现代环境诉讼诉权，即为了保护环境，除美国联邦政府之外，任何个人和法律实体都有资格（standing）对任何个人、法律实体包括各级政府机关和环保署长向有管辖权的法院提起环境公益诉讼。

美国的环境公益诉讼（Public Interest Environmental Litigation）被称为"环境公民诉讼（Environmental Citizen Suit）"。然而，我们不能将美国环境公民诉讼的原告仅仅理解为"美国公民"，因为美国环境保护法出于控制污染、加强环境执法和改善人类生存环境的目的，对于环境公益诉讼的起诉主体规定是相当宽容的，并不仅仅限于美国公民即美国人和美国法律实体，而是规定"any person"，即"任何人"。这就说明，不管是个人还是组织，都有权到有管辖权的美国法院提起环境公益诉讼。在美国著名的环境公益诉讼"Storm King"一案中，原告"保护哈德逊优美环境协会"在诉讼中接受来自美国 48 个州和 14 个国家 22 万人的捐款这件事，恰恰说明环境公益诉讼并不是局限于一个国家公民，而是任何人的诉讼。因此，应从广泛的意义上理解环境公民诉讼之中的"公民"一词的含义，它应该包括公民与公民的组织，这也符合渊源于日耳曼法的美国法律的历史传统。实际上，若着眼于起诉的主体，美国的环境公益诉讼可以称之为"环境群众诉讼"，或者"环境民众诉讼"。然而，"环境公民诉讼"这一术语符合美国法律的传统精神，加之它已经成为人们普遍接受的术语，因此最好还是用"美国环境公民诉讼"来表达美国的环境公益诉讼。值得注意的是，美国法院否认美国联邦政府可以成为环境诉讼的原告，这也说明美国的环境公民诉讼绝不是什么环境"公诉"。

二、美国环境公民诉讼诉权的基本内容

（一）环境公民诉讼诉权的主体

美国的《清洁空气法》、《清洁水法》、《有毒物质控制法》、《资源保护与恢复法》以及《濒危物种法》在其"民事诉讼"（"citizen suits"或者"citizens' civil actions"）条款中均规定，因发生环境侵害，任何人都可以以自己的名义提起民事诉讼（any person may commence a civil action on his own behalf）。由此可见，在美国的环境公民诉讼中，任何个人、社会团体、企业或者其他法律实体，包括州政府都可以作为原告提起环境公民诉讼，成为环境公民诉讼诉权的主体。然而，并不是任何公民、

企业组织、社会团体、州政府或者其他法律实体在任何情况下都有资格提起环境公民诉讼。美国环境公民诉讼的原告主体资格自有其法律上的限制：首先，美国法院对于联邦政府是否可以提起环境公民诉讼是持否定态度的。其次，最为重要的是，在进行一系列有关公民诉讼的判决的基础上，"最高法院逐渐确立了判定原告是否适格的'三个条件'，即原告适格必须满足实际损害、因果关系和可补偿性：首先，原告应当受有具体的、特别的、区别于一般民众的'实际损害'；其次，这种损害必须可以'合理地归因于'被告的行为，即原告所主张的违法行为和所受损害之间必须存在一定的因果关系；最后，该损害可以为法院的有利判决所救济。"[1]。

　　当然，原告适格要件中的"实际损害"或者"事实上的损害（injury in fact）"只是定性的，而不是定量的，只要损害事实存在，不管其范围大小，都不影响原告主体资格的判定。同时，所谓实际损害也并不仅仅局限于经济上的损害，它还包括美学的以及环境舒适度等非经济上的损害，等等。可见，出于对环境保护的高度重视，美国法院对于环境公民诉讼中判断原告资格的"实际损害"的条件是持宽容态度的，这意味着只要能够确定损害的存在就可以认定原告适格。

　　根据美国环境保护法律的规定，环境公民诉讼的被告可以是任何人，包括个人、企业、社会团体、政府组织及其他法律实体，只要他违法排放，成为污染源；同时，在环境公民诉讼中，被告还可以是环保署长（Administrator）或者秘书长（Secretary），只要他被指控为未能实施环境保护法所赋予的非自由裁量的行为或者职责。可见，美国的环境公民诉讼的范围也是相

---

〔1〕　别涛主编：《环境公益诉讼》，法律出版社 2007 年版，第 95 页。

当广泛的，任何个人和法律实体，包括政府部门和环保署长都可以成为适格的被告，从而成为环境公民诉讼诉权的主体。

（二）环境公民诉讼诉权行使的诉因

诉权通过诉来实现，而诉的展开必须具备合法的诉因作为前提条件。根据美国环境保护法律的规定，提起环境公民诉讼的实体上的诉因总的来说是环境妨害，具体包括两类：①违反污染防治义务的侵害行为，其主体包括任何个人、企业、社会团体、政府组织以及其他法律实体；②环保官员的不作为，即环保署长（Administrator）或者秘书长（Secretary）怠于履行法定的非自由裁量的职责的违法行为。但为了防止提起环境公民诉讼可能不当影响主管机关执法上的资源调配或者不当增加法院的负担，美国立法者对提起环境公民诉讼规定了三个方面的限制性条件：①非裁量行为。环境公民诉讼的对象如果是环保署长（Administrator），则只能针对其非自由裁量行为或者义务起诉，这就是说，法院只有在认定环保署长存在滥用裁量权的事实，才可能受理起诉。②政府疏于执法。当环保署长或者州政府已经开始并且积极诉诸联邦或者州法院采取民事或者刑事措施以迫使污染者遵守法定要求时，不得提起环境公民诉讼。③事先告知。"起诉告知"是美国环境保护法律规定的环境诉权的程序上的诉因。立法规定，民众诉讼提起前，应提前60日告知即将成为被告的污染者或者主管官员。经过60日后，如果被告知者已经改正环境违法行为或者与告知人达成和解，则无需起诉；只有被告知者继续其环境违法行为或者违反和解约定，才能正式提起民众诉讼。但有关毒性污染物或者紧急事件，为争取起诉时间，可以免除告知程序。

（三）环境公民诉讼的诉讼请求与法院的救济措施

当事人行使诉权，法院行使审判权；审判权的行使是对诉权行使的回应。根据美国环境保护法的规定，提起环境公民诉讼的，原告起诉的目的可能是谋求某种宣告或者衡平法的救济，因此，其诉讼请求可以是请求法院判令环境违法者停止环境违法行为并进行经济赔付，也可能请求法院责令环保署长（Administrator）履行其法定环保职责或者请求在宣告其滥用自由裁量的行为无效的基础上向其发出禁令，禁止其实施滥用裁量权的行为。由于保护环境关键要付诸实际行动，因此，从诉讼类型上看，原告提起的环境公民诉讼多为给付之诉，而几乎不会单单提起确认之诉或者形成之诉。与此相对应，法院在判决中使用的救济措施主要包括发布禁令（injunctions）、采取补救措施（remedies）和罚金（civil penalties）。在上述三种救济措施中，发布禁令是法院判决所采取的最严厉的措施之一，也是环境公民诉讼的判决中主要救济手段，采取补救措施是在没有必要发布禁令的场合，法院采用的补救措施，而最早的《清洁空气法》中关于民事诉讼的条款并没有规定罚款的救济措施。后来的《清洁水法》的民众诉讼中明确授权法院可以采用罚款的救济措施，但在较长的一段时间内，罚金的力度不够大，规定可以课以每日 1 万美元的民事罚金。这一状况在 1987 年《清洁水法》修正案中得到根本改善：该修正案将罚金额度提高到每日 2.5 万美元，大大增加了环境公民诉讼的威慑力。

（四）采用律师费用负担的特殊规则对环境公民诉讼诉权进行保障

在美国，进行诉讼要支付高昂的律师费用以及其他诉讼费用，而根据美国的诉讼规则，胜诉方无权向败诉方请求支付律师费用，当事人双方只能各自负责自己的律师费用。这种诉讼费用负担规则非常不利于带有公益性质的诉讼的开展。因为，在公益性诉讼中，原告运用司法程序进行救济的利益并非仅仅是原告个人的私权，而是公共利益，而高昂的诉讼成本将会使利害关系人望而却步，降低当事人进行诉讼的积极性，甚至干脆放弃进行诉讼的尝试。在环境公民诉讼中，原告进行诉讼的根本目的并不在于获得损害赔偿，而是督促环境守法和执法，保护环境，维护公共利益。因此，为了鼓励公众参与环境公民诉讼以监督环境执法，美国在《清洁水法》、《有毒物质控制法》、《濒危物种法》等多部环境保护法律中明确规定：法院在对根据民众诉讼条款提起的任何诉讼案件作出终局判决时，可以裁决败诉方给付胜诉方律师费用，以减轻原告的诉讼成本。除了律师费用之外，法院还可以酌定专家鉴定费。1986年通过的《超级基金修正与再授权法》明文规定，最高可以提供公民团体5万美元的技术支援补助款（Technical Assistance Grants），用于支付其参与评估污染场所遭受潜在危害的花费。这样，就大大降低了环境公民诉讼中原告的诉讼成本和风险，有利于调动民众参与环境保护的积极性，刺激环境公民诉讼的广泛开展。

三、美国环境公民诉讼的运作模式

美国的公民诉讼是一种现代型诉讼。所谓"现代型诉讼"，通俗地说，是指在现代社会中，随着社会化的进一步发展而产生的与传统诉讼迥然不同的诉讼类型或者诉讼样式。现代社会，随着大工业和互联网的进一步发展，社会化的进程进一步加快，整个社会在各个领域呈现出不同程度共振互动的态势，从而产生了越来越多的公共利益问题和领域。一方面，因公共利益问题或者在公共利益领域发生的纠纷及其解决，往往关系到一定范围的社会公众的福利，因此，现代型诉讼一般都具有"公益诉讼"的性质。另一方面，法院在具体处理因公共利益问题或者在公共利益领域发生的纠纷的过程中，往往缺乏可以直接适用的法律、政策，法院只能根据一般的法律正义理念进行受理，作出裁判，而法院所作出的终局裁判往往导致新的法规和政策的形成，这就是说，现代型诉讼往往又具有政策形成机能，因此，现代型诉讼又可以被称为"政策形成性诉讼"。

作为现代型诉讼的美国环境公民诉讼与美国的另一种现代型诉讼——集团诉讼有着千丝万缕的联系。因为，随着现代大工业的产生和发展，社会成员在经济上的联系越来越密切，利益的"社会性"逐步增强，各种群体性纠纷层出不穷，原有的共同诉讼制度已不能满足解决现代型纠纷之需，于是群体诉讼就应运而生。在美国，为解决群体性纠纷，在衡平法上发展出集团诉讼制度。集团诉讼最初发端于英国的"代表诉讼制度（representative proceeding）"。代表诉讼的特点是：诉讼关涉众多的具有相同利害关系的人，他们推选出诉讼代表人来进行诉讼，法院审理后作出的判决扩张于全体被代表人。对于某个诉讼是否构成集团诉讼，法院拥有审查权，经审查认定符合集团诉讼条件的，法院即发出集团诉讼的命令。集团诉讼的命令也可以由当事人向法院书面申请，法院依据当事人的申请签发集团诉讼的命令。集团诉讼的命令一旦签发，则必须进入集团登记程序。集团诉讼引入美国之后，它突破了仅仅适用于衡平法的限制，1938 年美国国会授权美国联邦最高法院制定的《联邦民事诉讼规则》将集团诉讼扩展适用于普通法救济领域。该规则将集团诉讼分为"真实的"、"混合的"和"虚假的"三种类型。1966 年，为完善集团诉讼制度，美国又对《联邦民事诉讼规则》进行了修改。关于集团诉讼的性质，美国学者玛莉·凯·凯恩认为，它是"允许一人或几人代表他们自己或那些声称受到同样侵害或者是以同样的方式被侵害的其他人起诉或被诉的制度"[1] 美国集团诉讼的构成要件是：①能够成为当事人的人数众多，以致他们不可能全部共同出庭实施诉讼，因而必须组成集团进行诉讼；②人数众多的当事人具有共同的法律或者事实问题，因而有组成集团进行诉讼的利益基础；③由集团提出的请求或者抗辩具有代表性；④代表人能够公正地和充分地维护诉讼集团成员的利益。当然，在美国，对于人数众多的一方当事人构成集团进行诉讼，实质上是法律上的拟制，并不意味着进行诉讼的"集团"就是民法上的主体，这种拟制完全是一种"诉讼程序中的技术处理"，因而，"集团"的资格是司法权所赋予的。美国建立集团诉讼制度的价值追求主要在于：①拓宽诉讼的空间容量，并通过判决效力的扩张，能够在更大范围内维护具有相同或者相似利益关系的当事人的权益，从而扩大了民事诉讼的纠纷解决机能。②避免相同的问题一再重复开庭进行口头辩论和集中审理，从而降低诉讼成本，节约司法资源，具有诉讼经济的价值。③避免因本该构成集团的成员单独提起或者被单独提起诉讼很有可能产生的以下不合理风险：其一，法院对单个成员分别作出的判决很可能相互矛盾，从而为诉讼的相对方当事人设定不相容（incompatible）的行为标准；其二，对集团的单个成员的判决，很有可能影响其他成员的利益，或者大大削弱或者妨碍其他成员保护自身利益的能力。避免了上述风险，就可以保障诉讼的公正性，符合"正当程序（due process）"的诉讼价值。

在美国，环境公民诉讼诉权的行使通过集团诉讼的形式进行；集团诉讼是环境公民诉讼诉权的程序制度保障。由于环境侵害行为往往侵害众多当事人的环境权益，而所有受到侵害的

[1] 常怡主编：《比较民事诉讼法》，中国政法大学出版社 2002 年版，第 378 页。

　　当事人都是正当的当事人，都有资格提起环境公民诉讼。不仅如此，出于"保护空气、水体和其他自然资源以及公共托管客体不受污染、损害和毁灭"的公益目的，除联邦政府之外，任何个人、合伙、公司、社团、组织或者其他法律实体也同样是适格的原告，都有提起环境公民诉讼的资格。但是，在诉讼的推进过程中，起诉的原告往往"不是一个人在战斗"；原告的起诉行为的最大作用往往在于它"登高一呼"，从而吹响了民众诉讼进军的号角，随之而投入行动（action）的将是为数众多的个人和法律实体乃至全人类。虽然在表面上，美国的环境公民诉讼是由单个的组织或者个人发起并推进的，但实际上起诉的原告不过是他身后众多的社会公众的诉讼代表人，这样的诉讼实质上就是集团诉讼。按照人们通常的理解，集团诉讼应该是先形成某个集团，而后，该集团再进行诉讼。然而，美国的集团诉讼的本质含义并不能这样刻板地加以理解。美国的集团诉讼与我国的"起诉时人数不确定的代表人诉讼"具有某种相似性，都要进行登记。可以说，美国的集团诉讼的诉讼集团是通过"集团诉讼登记"而形成的，也就是说，实施集团诉讼的集团往往不是预先就已经实实在在存在在那里的，它是在诉讼中生长出来的。当然，任何生长都要有生长的基因，集团诉讼中的诉讼集团也是这样。因而，即使在起诉时不要求诉讼集团已经现实地存在着，但它必须具有能够成为现实存在的诉讼集团的能力或者基础，也就是说，集团诉讼开始时，起码应该具有一个诉讼集团的胚胎。而法院进行集团诉讼审查主要就是判明一个能够使诉讼集团成型的集团胚胎是否已经现实地存在着。所以，不能因为美国的环境公民诉讼一般是由某个个人或者法律实体发起的就否认它是集团诉讼。

　　当然，同属"现代型诉讼"的民众诉讼与集团诉讼有一定的区别：①民众诉讼是诉的类型，而集团诉讼只是诉的样式。虽然集团诉讼的诉讼当事人具有自身的特点，即具有相同的法律或者事实问题的一方或者双方当事人人数众多，但集团诉讼的诉讼标的和诉讼理由并没有独立性，我们并不能够依据诉讼标的和诉讼理由把集团诉讼从其他样式的民事诉讼中离析开来，使其成为一种确定的诉讼种类。因此，集团诉讼并不是诉的类型，它只是诉的样式。相反，民众诉讼却是一种特具一格的诉讼类型而不仅仅是特别的诉讼样式。首先，民众诉讼当事人特殊：原告可以是除了美国联邦政府之外的任何个人与法律实体，而被告可以是作为污染源的任何人和作为执法者的环境管理机关（环保署长）；其次，民众诉讼的诉讼标的是特定的，即当事人双方发生争议的、由原告提交法院裁判的环境法律关系或者环境权益的主张，质言之，公民诉讼仅仅适用于环境侵害争议；最后，民众诉讼的诉的理由因被告的不同而分别是作为污染源的任何人违反法定的污染防治义务，或者是作为执法者的环保署长未能履行法定的非自由裁量的职责。可见，环境公民诉讼的诉的理由也是别具一格的。这说明环境公民诉讼是一种独立种类的诉而非仅仅是独特的诉的样式。②民众诉讼仅仅限于环境侵害的诉讼，而集团诉讼却没有这样的限制，凡是民事诉讼，包括因环境污染引起的诉讼，只要符合集团诉讼的要件，为了追求诉讼公正和诉讼经济价值，扩大民事诉讼制度解决纠纷的机能，就可以甚至应当采用集团诉讼的样式实施诉讼。

我们说，民众诉讼与集团诉讼之间有千丝万缕的联系，这不仅是因为二者都属于"现代型诉讼"，有着相同的历史背景，即大工业的产生与发展；而且更是因为，在实践中，美国的民众诉讼往往是通过集团诉讼的样式展开的，这就是美国环境公民诉讼的运作方式。"美国的环境公民诉讼制度执行中的一个重要特点是，由环境保护团体提起的诉讼占全部公民诉讼的绝大部分……在美国，团体被视为公民的自然延伸，因而公民诉讼就包含了团体诉讼。"[1] 发生在 1965 年的著名的"哈德逊风景保护协会诉联邦电力委员会案"在美国环境诉讼发展史上具有重要地位，被美国法律专家和环保主义者认为是美国现代环境法的奠基之作，因为它为环保组开启了一扇门，即确立了通过诉讼保护美学和其他非经济利益的司法审判标准。本案的诉讼开创了律师和非政府组织（NGO）利用诉讼来推动环保的新时代，并且直接促成了美国自然资源保护委员会（The Natural Resources Defense Council，NRDC）和环境保护基金（Environmental Defense Fund）的成立。该案进行了长达 15 年的拉锯战，诉讼双方终于在 1980 年签署了名为"哈德逊河和平条约"（Hudson River Peace Treaty）和解协议。如此持久的诉讼其所带来的诉讼成本，包括金钱、时间和精力，是任何个人所无法承受的，而本案中提起和实施诉讼的原告乃是"保护哈德逊优美环境协会"，该协会拥有 3 名专职人员和大量的志愿者，他们每月派发 24 万封邮件，并接受来自美国 48 个州和 14 个国家、22 万人的捐款[2]。发生在 1972 年的"塞拉俱乐部诉内政部长莫顿案"、发生在 20 世纪 70 年代末的"塞拉俱乐部诉美国陆军工程兵团西部通道项目环境影响案"以及发生在 1992 年的"'地球之友'诉莱德劳公司环境污染案"等环境公民诉讼都是由相关的环境保护团体提起和实施的。而上述这些著名的环境公民诉讼，实质上都是由一定的环境团体发起的集团诉讼，它属于现代型诉讼，是具有公益性质和政策导向性质的诉讼。

在法律实践中，环境公民诉讼之所以一般采取集团诉讼的

---

〔1〕 别涛主编：《环境公益诉讼》，法律出版社 2007 年版，第 32 页。

〔2〕 别涛主编：《环境公益诉讼》，法律出版社 2007 年版，第 539 ~ 544 页。

方式进行运作，主要基于以下两点理由：①普通民众实施环境公民诉讼面临不可克服的困境，进行集团诉讼是相对合理的出路。首先，环境公民诉讼能否真正实施，困难重重。环境公民诉讼的原告一般是受到环境侵害的普通民众，而且在诉讼之外尚有大量潜在的实体权益主体。单个或者少数普通民众往往缺乏独立实施环境公民诉讼的物力、财力、经验和诉讼知识，很难收集和提供相关事实证据以证明其利益的存在。同时，面对环境公民诉讼可能存在的巨大的诉讼风险，特别是胜诉前景前途未卜，普通民众一般不会贸然投入诉讼以寻求司法救济，往往经过思量与观望之后，不得已打消进行诉讼的念头。其次，已经开始的环境公民诉讼的推进面临巨大困境。即使普通民众毅然决然地实施环境公民诉讼，但由于证明权利的事实和证据多为被告方所控制，而环境诉讼同时又涉及许多专业性很强的技术与知识，从而使作为原告的普通民众勉为其难地推进已然开始的环境公民诉讼，往往导致诉讼中途陷入困境，使本来可以胜诉的诉讼以败诉收场，甚至中途夭折。这说明，在环境公民诉讼中，其浩繁的诉讼事务、巨额的诉讼经费开支、旷日持久的诉讼较量，离开集团诉讼是难以想象的，因此，在实践中美国的环境公民诉讼一般采用集团诉讼的运作方式也是不足为怪的。②环境公民诉讼的性质及其独特的诉讼标的决定了它一般应采取集团诉讼的形式开展。环境公民诉讼是由环境侵害引起的新型诉讼，而是否应该控制和禁止环境侵害的行为、如何禁止环境侵害行为以及在什么样的程度上和范围内控制环境侵害行为，直接关系到社会公共利益和国家的政治问题。环境诉讼过程实际上是国家、社会和个人利益的三者之间博弈的过程。这种国家、社会与个人三方利益博弈的诉讼，本质上就要求实施环境公民诉讼要采用集团诉讼的样式进行。

四、美国环境公民诉讼诉权的性质与特征

（一）美国环境公民诉讼诉权的性质

美国的环境诉讼有私人诉讼和公益诉讼两种。"其中私人诉讼是传统的诉讼形式，其诉因包括妨害（nuisance）、侵扰（trespass）、过失（negligence）、高度危险活动的严格责任（strict liability for abnormal dangerous activities）和河岸所有权（riparian right）原则等；公益诉讼则是从以妨害为诉因的案件中分离出来、以公妨害为起诉理由、诉讼目的是维护公共利益的一类案件的总称。"[1] 到了 20 世纪 70 年代后期，美国法院彻底放弃"法律权利"原则，不再以法律上保障的权利受到侵害作为原告享有起诉权的要件，只要求原告受到"实际上的损害（injury in fact）"，便可提起诉讼，由此美国基本确立了环境公益诉讼制度。美国的环境公民诉讼性质是公益诉讼。相应地，环境公民诉讼的诉权也属于公益性的诉权。关于公益诉讼的界定，理论界存在较大争论。争论的焦点一方面集中在公益诉讼的提起主体方面，存在"提起主体广义说"和"提起主体狭义说"两个对立的理论派别：前者认为公益诉讼的提起主体包括国家机关（检察机关）、社会团体和个人；后者认为公益诉讼的提起主体仅仅限于国家机关（检察机关）。另一方面集中在救济对象方面，存在"救济对象广义说"和"救济对象狭义说"的理论争鸣：前者认为，进行公益诉讼所救济的利益包括国家利益、社会利益和不特定的个人利益；后者则主张，公益诉讼的

---

〔1〕 齐树洁、林建文主编：《环境纠纷解决机制研究》，厦门大学出版社 2005 年版，第 8 页。

救济对象限于国家利益和社会利益。[1] 作者认为，对于公益诉讼的提起主体宜采用广义说，而对于其救济对象，则以采用"中义说"为宜。据此，所谓公益诉讼，是指个人、社会团体以及特定的国家机关（检察机关）为维护国家的、社会的公益而实施的诉讼。美国的环境公民诉讼诉权性质是公益诉权，它既不同于刑事诉讼中的国家公诉权，也不同于民事诉讼和行政诉讼中的自然人、法人和其他组织的民事诉权。

美国的环境公民诉讼很容易使人联想起罗马法诉讼制度中规定的"民众诉讼（actiones populares）"，似乎前者就是后者的翻版和变形。但二者在性质上具有根本的差别。"民众诉讼"是罗马法为维护公共利益而设置的罚金诉讼，针对因不法侵权行为而发生的民事纠纷而建立，任何市民都享有民众诉讼的诉权，而受到非法行为侵害的人或者被公众认为较为适宜起诉的人具有优先权。[2] 二者虽然在本质上都属于公益诉讼，但它们之间存在以下几点区别：①美国的环境公民诉讼是专为实现环境保护目的而设置的现代型诉讼制度，而罗马法中的民众诉讼则是为救济所有受到侵害的公共利益而设置的一种罚金之诉。②美国的环境公民诉讼的起诉主体包括除美国联邦政府之外的所有个人和法律实体，而罗马法中的民众诉讼的起诉主体仅仅限于罗马市民。③美国环境公民诉讼不仅仅是一种独立的诉的种类，而且是不同于民事诉讼、刑事诉讼、行政诉讼和宪法诉讼的一种新的诉讼类型，我们可以把它叫做"环境诉讼"，它是并列于上述诉讼的一种独立的诉讼类型（关于环境诉讼是新的、独立

---

〔1〕 伍玉功：《公益诉讼制度研究》，湖南师范大学出版社 2006 年版，第 17 页。

〔2〕 〔意〕彼得罗·彭梵得著，黄风译：《罗马法教科书》，中国政法大学出版社 1992 年版，第 92 页。

的诉讼类型，后文将进行详细阐述）。而罗马法中的民众诉讼只是民事诉讼的一种诉的种类——罚金诉讼——的一种具体形式。因此，虽然美国的环境公民诉讼是借鉴罗马法中"民众诉讼"，这是一个不容否认的事实，但不能将美国的环境公民诉讼看做是罗马法中民众诉讼的简单翻版；可以说，美国的环境公民诉讼是在现代法律语境下对罗马法中的民众诉讼的继承与发展。

（二）美国环境公民诉讼诉权的特征

美国的环境公民诉讼从性质上看属于环境公益诉讼。有的学者认为，环境公益诉讼制度的特征是：当事人的广泛性；诉讼目的的特殊性；诉讼理由的前置性；请求救济的内容的预防性；诉讼裁判效力范围的扩张性。[1] 还有的学者认为，与传统的环境诉讼相比，环境公益诉讼的特点主要从以下几个方面体现出来：诉讼主体的不同；诉讼目的的不同；请求救济的内容不同；诉讼裁判的效力范围和纠纷所涉及利益关系不同。[2] 然而，如果学者们一般地认为"判决效力范围的扩张性"，即判决既判力的主观范围的扩张性是环境公益诉讼的特征并无不妥，但如果认为美国环境公民诉讼的特征之一在于判决既判力主观范围的扩张性，就有待商榷。对于美国法来说，裁判效力的扩张性并不是环境公民诉讼的特征。美国法渊源于英国法，而英国法又渊源于日耳曼法。在日耳曼法系的诉讼中，法院的判决对构成该案的全部事项产生不可否认（estoppel）的效力，这是既判力的客观范围。"同样的关系也表现在约束力的主观范围问题上，即在日耳曼法系的民事诉讼法下，案件本身直接作为诉讼对象，但接受于此的考虑方法是，在当事人方面也以案件的

---

〔1〕 别涛主编：《环境公益诉讼》，法律出版社 2007 年版，第 23～26 页。
〔2〕 王树义主编：《环境法系列专题研究》（第 2 辑），科学出版社 2006 年版，第 53～54 页。

关系人全部为当事人，另外，判决效力也同时对所有的人涉及。如此，在英美法中，与诉讼对象的案件有关系的人尽可能将他们卷入诉讼，或从更大概括上说，只要判决一经宣布，不是诉讼当事人的人也要接受该判决的约束力，在后诉中不能提出与此相矛盾的主张。"[1] 基于上述考虑，作者认为，美国环境公民诉讼具有如下几个方面的显著特征：

1. 诉权的实体法基础是环境公益，诉讼以公益为救济的对象。关于"公益（Public Welfare）"即公共利益能否作为一个法律概念，理论界有不同的认识。公共选择学派的代表人物布坎南明确拒绝承认"公益"具有任何独立意义，而哈耶克虽然承认公共利益的存在，但又认为它并非一个实在的法律概念，而是只能告诉人们大致的行为方向，但仍然有许多学者在其论著中经常使用"公共利益"或者"社会公共利益"、"公共福利"或者"共同利益"等提法，并且当代西方的大多数学者普遍认为公共利益是一种独立的利益形式。[2] 学者们之所以对公共利益即公益可否作为一个独立的法律概念存在争论，关键问题在于对于公共利益的主体的认识有偏差。人们通常认为，任何利益的主体都应该是确定的，而公共利益的主体却是非常的不确定，因而必然怀疑公共利益是否可以作为一个独立存在的法律概念起作用。作者认为，公益之为公益，本质上就在于其主体可能是确定的，也可能是不确定的，但通常是不确定的。这正是公共利益主体的别具一格之处。但我们并不能够因为公共利益的主体摇摆于确定与不确定之间，就泛泛而谈公共利益的主

---

〔1〕 常怡主编：《比较民事诉讼法》，中国政法大学出版社2002年版，第233~234页。

〔2〕 伍玉功：《公益诉讼制度研究》，湖南师范大学出版社2006年版，第7~8页。

体。公益之"公"并不能够与私人利益之"私"简单对应。在谈论公益主体的问题上，我们应该拒斥"非此即彼"的形而上学观点。那种认为凡是不属于私人利益的就一定是公共利益的观点是值得怀疑的。这就像关于法域的划分，传统观点将法域简单划分为"公法"与"私法"是有其历史时代的限制的，这样的划分从实证角度看在当时是正确无疑的。但人类法律制度并不是一成不变的，要么是"公法"，要么是"私法"。随着现代社会的发展，出现了介于传统"公法"与"私法"之间的法律规范，这个"第三法域"就是时下人们常说的"社会法"。我们经常这样说"兼顾国家、集体、个人三者利益"，或者"正确处理国家、社会、个体之间利益关系"，这不恰恰说明在作为"公"的国家与作为"私"的个人之间尚存在一个"社会"吗？

如今，"公共利益"作为一个实实在在的利益形式已经被越来越多的人所认可和接受，因此，公益的存在几乎是不争的事实。在这样的语境下，如果我们还闭上眼睛论证公共利益的不确定性或者说它不能作为一个独立的法律概念，就连论证者本人都有些过意不去，因为谁能够让别人确信已然摆在眼前的、言之凿凿的东西是不存在的呢？在人类的认识中，国家是确定的，作为实体的某个或者确定数量的组织是确定的，某个或者确定数量的个人也是确定的，所以人们对确实有国家利益、作为实体的组织的利益以及个人利益是深信不疑的。然而，人们惟独对是否存在社会公共利益心存疑问，原因就在于公共利益的主体往往是数量不确定的个人或者组织或者个人与组织的混合。但公益主体的这种不确定性恰恰透露了它的这种别具一格的确定性：正因为它既不是国家，也不是某个或者某几个组织实体，也不是某个或者一定数量的个人，也不是某个或者确定数量的组织实体与个人，因而总体上数量是确定的组织实体和个人的混合体，它才可以确定地被称为"社会"或者"公共"。如同人们说到"常人"、"常识"、"常理"、"常情"等，人们在这样说的时候并没有陷入不可确定的虚无。大家都确定地知道所谓"常人"、"常识"、"常理"、"常情"等指的是什么，但它们又是如此地不确定，而这就是如此这般的"三常"或者"五常"的存在样式。"常人"并不是无此人，"常识"也不是无此识，"常理"亦不是无此理，"常情"同样不是无此情。如果我们否认上述"常某"，就会像宣告"此地无银三百两"一样荒谬可笑。

同样道理，作为主体的"社会"和"公共"是确定存在的，并且是独立地存在的，它独立于国家、确定量的组织实体和确定量的个人确定地存在着——虽然它在量上往往是不确定的。然而，如果"社会"或者"公共"就像国家、确定量的组织实体和确定量的个人一样在量上也变得确定了，这并不构成对它确定而独立地存在的反证，而是恰恰说明它确定而独立地存在着。提出"社会"或者"公共"必须成为确定的才肯认可公益存在的确实是一种强行要求，因为"公共"和"公共利益"即"公益"本身就是既可以确定、也可以不确定地存在的东西。要求公益主体必须确定，实际上就是不让公益作为利益而存在，但这本身并不能够消灭公益本身事实上是存在着的。但学者们仍然顽强地怀疑公益的实在性。也许只有等到所有人都认可了公益确实是存在的时候，才会使学者们不得已打消上述的怀疑，而且，很有可能在这种情况下学者们还会抛出"公众的暴力再次显示其威力"以及"公众爱怎样就怎样，随它去吧"等之类的抱怨。如此不情愿地宣判开释公益，从一个侧面也反映出法学研究的无奈与滞后。法学出自公众意见同时又在公众意见之外，是法学发展的常态。但这里的"在公众意见之外"应该是在公众意见之"前"而非之"后"。法学理论与立法不同。法律只能调整社会关系而不能创造社会关系，因此法律往往是跟着社会发展的感觉走。相反，如果法学研究仅仅是跟着社会发展的感觉走，只能事后进行某种宣告，就是法学研究的不幸。法学研究首先要感觉社会发展和公众意见的脉搏，同时又要引导社会发展和公众意见脉搏的搏动，它们的共同使命就是促成法律的成长。如果说公众意见是法律生长的土壤，那么，法学理论则是法律生长的养料；如果把法律比喻为从溶液中析出的结晶体，则公众意见就是可以从之析出法律结晶体的溶液，而法学研究则是促成法律结晶体析出的力量。

前已说明公益的主体纵然在量上可能是不确定的，但它本身的存在却是非常确定的。这就为我们进一步界定公益本身作了奠基。既然作为确定而独立存在的"社会"或者"公共"既不是国家，也不是确定数量的组织实体和确定数量的个人以及确定数量的组织实体与个人的混合，甚至是国家也在其中的数量确定的混合体，那么，凡是可以恰当地命名为国家利益、个人利益、确定的组织利益的利益就都不能被适当地称为"公共利益"。在这里，我们可以把所谓的"个人利益"与确定的组织实体的利益，比如公司利益、合伙利益都称为"私益"。这样，所谓公益就是指既不属于国家利益，也不属于"私益"的那种样式的利益。然而，把国家利益排除在公益之外似乎是十分令人诧异的，但细究起来，确实不能把国家利益算做公共利益。国家利益就是国家利益，它的主体是确定的，而且就国内法来说是唯一的，因而它是唯一而又确定的。唯一而又确定的主体是不符合公共利益主体的条件的，如果我们硬是把它算做公益的主体，就会犯简单的逻辑错误。然而，有一种观念格外顽强，那就是：国家利益属于公共利益，而且一提到公共利益人们就一下子想到国家利益。这正是研究公益的时候我们无法摆脱的困境。其症结所在就是支配人们思想的形而上学观念。形而上学最热衷于搞非黑即白的"二分法"了，按照这种非黑即白的观念，对这件事情人们深信不疑：凡不是"私益"的，当然就是"公益"。根本说来，国家利益当然是公益，但它决不是我们在使用"公益诉讼"之类的术语时所称的公益。"公益"乃是介于国家利益与"私益"之间的第三种利益形态。可以断定，人们在进行所谓"公益诉讼"的时候，决不是对国家利益进行救济。国家利益不需要民众通过诉讼的形式进行司法救济，国家之为国家自有维护其本身利益的行动，而这种行动与诉讼不沾边。同时，民众也无法通过诉讼途径来救济国家利益，国家可以动员民众维护国家利益，即使要通过诉讼的途径对国家利益进行司法救济，那也是国家自己亲自实施诉讼。如果到了民众以诉讼来救济国家利益，那将是国家最大的不幸，是国家的一种沉沦于深渊般的沦落，而这是绝对不可能的。所以，虽然国家利益永远是某种"公"的利益，但绝不是公益诉讼这种现代型诉讼中所要救济的利益。在现代社会中，法律上的利益是三分的而不是二分的，它是分层次地由国家利益、公共利益和私益构成的，而公益在其中处于中间层次。

　　美国建立的环境公民诉讼制度所设定的诉权的最显著特征就在于它既不像刑事诉讼诉权和宪法诉讼诉权那样是对国家利益的救济，也不像当事人动用诉权提起民事诉讼和行政诉讼那样是寻求对私益的司法救济，而是别具一格地对公共利益进行司法救济。毫无疑问，美国环境公民诉讼诉权的根本特征就在于它以环境公益为其实体法基础，行使诉权所救济对象具有公益性。也正因为如此，人们往往把美国建立的现代环境诉讼称为"环境公益诉讼"。

2. 诉讼上权利保护要件门槛降低。诉权是进入诉讼的第一道闸门。没有诉权，就意味着任何纠纷都跨不进诉讼这道门槛。所谓"无诉权便无当事人"、"无诉权便无诉"、"无诉权便无民事诉讼"说的就是这个道理。当事人要想有诉权，就必须具备诉权的权利保护要件，而诉权的权利保护要件包括实体上的权利保护要件和诉讼上的权利保护要件。实体上的权利保护要件指的是诉讼标的的保护要件，这个要件是决定当事人能够胜诉还是败诉的关键。诉讼上的权利保护要件是指诉讼资格要件，这是决定案件能否进入诉讼程序、能否进入实体辩论和审判的通行证。诉讼上的权利保护要件又包括当事人适格要件和保护必要的要件。不具备当事人适格要件或者保护必要要件，当事人的诉就不会为法院所接受。

美国的环境公民诉讼属于公益性的现代型诉讼，往往被称为环境公益诉讼，它的一个重要特征就是诉讼上权利保护要件的门槛降低。美国的环境公民诉讼其诉讼门槛降低首先体现在放宽当事人适格要件。20 世纪 70 年代以后，为应付日益严重的环境问题，扩大诉讼的纠纷解决机能，美国的有关成文法和判例适时地降低环境诉讼的门槛，建立环境公民诉讼制度。"环境公民诉讼的运用，将原先用以判断当事人是否适格的'法律上的权利（legal right）'原则，修正为'实际上的损害（injury in fact）'原则，不以法律上保障的权利受侵害为要件。"[1] 而美国《侵权法重述》（第 2 版）821C 将提起环境公民诉讼的原告资格归纳为原告只需具备如下几个条件即可：有一个请求损害赔偿的诉由；具有作为公共官员或公共代理人的权限；具有作为一般公众代表的身份，或在阶层诉讼中作为一个阶层成员身

---

〔1〕 齐树洁、林建文主编：《环境纠纷解决机制研究》，厦门大学出版社 2005 年版，第 128 页。

份，或在公民诉讼中作为一个公民的身份。[1]

其次，关于案件的"可诉性"，即保护必要要件，不以侵害的现实发生为必要，允许预防性地行使诉权。有的学者撰文指出："与私益诉讼的事后救济不同，环境公益诉讼更强调事前救济或事中救济。当事人不需要以损害发生为诉讼要件，只要被诉人的行为引起环境公益受损或有威胁环境公益的可能性即可。"并据此概括出环境公益诉讼的特征之一在于"诉讼理由的前置性"。[2] 作者认为，将环境公益诉讼在这个方面的特征概括为"诉权行使的预防性"似乎更为恰当。美国的环境公民诉讼作为针对环境侵害实施的公益诉讼，它是从以妨害为诉因的传统案件中分离出来的诉讼。按照传统的民事诉讼观念，权利人起诉侵权行为人寻求司法救济，前提条件之一就是损害结果已经现实地发生；如果意欲救济的实体权利尚未受到他人的现实损害，就不具备可诉性，即缺乏保护必要的要件，因为起诉人甚至不具备诉权的诉讼上的权利保护要件，他的诉就会被法院以诉不合法为由加以驳回。在英美法系的美国，虽然学者通常都不把诉和诉权的问题列为独立的研究专题，在学术界也不太注意表述诉和诉权的定义，但这并不能说明在美国诉讼制度的理念中就根本没有"因何可以起诉"的诉权问题。美国诉讼制度虽然没有明确的诉权定义，但其注重诉讼形式（forms of action）恰恰表明美国诉讼理念中存在诉权的观念，例如美国的《联邦民事诉讼规则》第 2 条就提及诉的统一形式。因此，美国的法院在审查受理民事案件的时候，必然要判断原告提起的诉

〔1〕 齐树洁、林建文主编：《环境纠纷解决机制研究》，厦门大学出版社 2005年版，第 128 页。

〔2〕 吕忠梅、吴勇："环境公益实现之诉讼制度构想"，载别涛主编：《环境公益诉讼》，法律出版社 2007 年版，第 24 页。

讼有没有保护的必要性，而针对侵权民事案件来说，损害的实际发生与否就是判定有无可诉性的一个重要指标。

然而在现代型的环境公民诉讼中，法律并不要求起诉以环境损害已经现实存在为保护的要件。著名的"Storm King"一案就是例证。该案的起因是 20 世纪 60 年代初，纽约一家名为"Consolidated Edison"的电力公司拟在 Storm King 山上建造一座泵式蓄水电站，以缓解纽约城用电高峰的供电压力。在该工程计划提交美国联邦电力委员会（FPC）审批时，得到批准。1965 年，哈德逊风景保护协会（Scenic Hudson Preservation Conference）对美国联邦电力委员会提起环境公民诉讼。双方争议的焦点问题就是要在 Storm King 山上建造蓄水池，就必然要"改造"山顶，影响景观，而且水电站输送电力时需要在居民区中开辟一条宽 38.1 米的道路，这也对当地居民的舒适环境造成不良影响。联邦电力委员会批准的 Consolidated Edison 电力公司的蓄水电站工程对居住和景观方面的环境权的侵害还只是一种可能的推断，并不是现实的损害。然而，法院仍然受理了原告的起诉。这说明，环境公民诉讼的一个突出特征就在于它大大降低诉讼上的权利保护要件的门槛，其重要表现之一就是允许当事人预防性地行使诉权。

3. 采用举证责任倒置规则并降低原告诉权的实体上的权利保护要件的证明标准。属于英美法系的美国法律，在民事诉讼诉权的实体上的权利保护要件的证明标准本来相对于大陆法系就比较低：大陆法系以"高度盖然性"为证明标准，而英美法系以"盖然性占优势"为证明标准。英美法系国家的证据法所确认的"盖然性占优势"标准，是适用于民事案件的最低限度的证明要求，也叫或然性权衡的标准。英美法系各国对盖然性的认识较为统一，主要从证明负担的角度来理解当事人应当负担的说服责任。该标准认为，当陪审团确信一项事实主张在证据上达到占优势的盖然性，亦即该事实主张存在的可能性大于不存在的可能性之时，该事实主张就被认定为反映了案件实情。英美法采用盖然性占优势的证明标准不是孤立和偶然的，而是与其奉行的当事人主义诉讼模式相适应的，在法官保持绝对中立，不介入双方当事人之间的证据收集、提供、举证、质证的前提下，对证明的标准必然不能规定得过高。盖然性占优势的证明标准反映了英美法追求程序正义的民事诉讼价值的诉讼理念。"由于英美法以盖然性占优势为证明标准，就鼓励了双方当事人的相互举证和反驳，相比之下，法官无需获得较强的心证程度，举证责任或举证负担便具有实际意义和起到了决定性作用。这是因为，一方达到了'证据优势'就够了，其证明力并不需要明显超出对方，法官或陪审团就作出其胜诉的判决。"[1]

　　一方面基于环境侵害纠纷本身取证难、证明难的特点使然，另一方面出于环境保护的公共政策的要求，美国的环境公民诉讼制度进一步降低诉讼证明的标准，以期尽可能降低普通民众提起和进行环境公民诉讼的风险，吸引和鼓励其运用诉讼制度对环境公益进行法律救济，调动广大民众行使环境决策参与权。例如，美国密执安州《1970 年环境保护法》第 3 条规定，原告只需提出简单的证据，证明被告已经或者可能污染大气、水体等环境要素，诉讼请求便可成立。如果被告否认应承担责任，则需要证明他没有或者不可能有造成此污染行为；或者无另外可行办法代替其所采取的行动，而且其行动目的是为保护这些资源免受污染。根据判例法的传统，成文立法一般要经过法院引用，形成判例，才能真正纳入其法律体系。美国的环境公民

　　〔1〕　李国光主编：《最高人民法院〈关于民事诉讼证据的若干规定〉的理解与适用》，中国法制出版社 2002 年版，第 465 页。

诉讼制度通过诉讼实践和联邦最高法院的司法解释不断改进和完善，而环境公民诉讼中举证责任倒置规则正是通过司法裁判得以最终确立和完善的。

在 1984 年 6 月 15 日的查斯克海湾基金会和自然资源保护协会诉格威尔特尼一案中，被告肉类加工商格威尔特尼巧妙地利用"60 日通告期"这一法律规定的漏洞来为自己辩解，以其最后一次违法排放行为发生在 1984 年 5 月 15 日——原告发出诉讼通告之后 3 个月、起诉之前 1 个月——为由，要求法院驳回原告的起诉。受理该案的弗吉尼亚地区法院则认为"违法"在这里可以理解为完全发生在起诉之前的综合的违法行为，因此公民可以就起诉前的违法排放行为起诉，这样法院就有了对该案的管辖权，因而仍旧判决被告方交付 128.5 万美元的民事罚款。格威尔特尼不服判决，上诉至第四巡回法院。但第四巡回法院认为，既然政府可以对纯属过去的违法行为提起公诉，公民也有权对纯属过去的违法行为提起诉讼，并以此为由维持了原判决。由于这一判决遭到被告和其他法院的反对，联邦最高法院调取了该案进行复审。美国联邦最高法院复审后，认为公民不能对纯属过去的违法行为起诉，因而撤销了第四巡回法院的判决，发回重审，并严令第四巡回法院弄清楚原告是否善意地指控被告存在着持续的侵害行为。同时，联邦最高法院作出两条权威的司法解释：①过去的违法排放行为一旦成为过去，且没有再次排放的可能，则违法行为就不是持续的，公民不能对该行为提起诉讼。而只要违法排放行为有可能再次发生，公民就可以起诉，即使违法者在起诉前停止该行为。②基于在环境案件中，一般来说原告要证明在慢性的持续性违反环境标准的行为实际上是很困难的，但因为此类案件中，证据大部分都已掌握在手中，因此，公民只要善意地提出被告存在持续的违法排污行为就可以确立管辖权。被告要对抗诉讼，就必须证明自己的违法排放行为绝对不可能再发生。就是依据上述两项司法解释，第四巡回法院经过重审以后仍然坚持判决原告胜诉。其判决依据如下：①原告关于被告存在着持续性侵害行为的控告是善意的；②被告格威尔特尼提不出任何证据来表明其违法行为不再发生，甚至在该案起诉之时，其安装的设施的处理能力仍未得到证明。这就真正确立了环境公民诉讼中举证责任倒置的规则。根据这一规则，在举证责任上，不再要求原告证明自己的控告，只要求善意地指出违法行为有可能再发生即可；而被告则要证明他的违法行为与任何公民控告的持续行为无关，才可能阻止诉讼的进行。[1]

4. 诉讼请求体现当事人环境公共政策参与权。诉权是权利保护请求权；诉权通过权利保护请求加以行使。权利保护请求包括诉的声请和事实理由两个部分，而其中的诉的声请是权利保护请求的核心内容，因此，诉权的性质和特征必然通过诉的声请宣泄出来。美国的环境公民诉讼诉权的一个重要特征就在于当事人诉的声请体现其环境公共政策参与权。美国 1970 年颁布的《清洁空气法》明确规定，除非有例外规定，任何人都可以自己的名义：①对任何被声称犯有侵犯或者违反了法定的排放标准或排放限制或者违反了州政府或环保署长按照法定的排放标准或排放限制而发出的命令的人（包括美国、政府部门或者在《宪法》第 11 修正案所允许的范围内的机构）提起民事诉讼；②对被声称就其非自由裁量的职责而不作为的环保署长提起民事诉讼；③对任何未经行政许可即动议新建或者改建主要排放设施的人或者被声称侵犯或违反相关行政许可条件的人

---

〔1〕　肖剑鸣：《比较环境法》，中国检察出版社 2001 年版，第 446～449 页。

提起民事诉讼。美国其他环境保护法，诸如《清洁水法》、《噪声控制法》、《有毒物质控制法》、《海洋倾废法》、《资源保护与恢复法》及《濒危物种法》等，对于原告可以提出的诉讼请求的规定与《清洁空气法》的规定大致相同。

由此可见，在美国的环境公民诉讼中，法律规定原告有权提出的诉的声请主要是要求法院向被告发出禁令禁止其从事可能导致环境破坏或者恶化的生产经营活动和建设等活动，或者要求被告采取补救措施，使已经被破坏了的环境得到改善。而当被告是环保署长的时候，原告提出的诉的声请一般是要求法院判决宣告被告的行为构成了失职或者构成了滥用职权，以督促其积极而合法地履行保护环境的职责。如此进行诉的声请反映了原告提起和进行环境公民诉讼的旨趣主要不在于获得损害赔偿、确定或者恢复权利，而在于积极参与环境保护事业，并通过诉讼过程及其结果影响政府的环境保护政策，以使社会公众能够享有一个健康舒适的生存环境。这表明，美国的环境公民诉讼的显著特征之一就在于其诉的声请体现了原告环境政策参与权。经过始于 1992 年 6 月 2 日的美国著名的环境公民诉讼案件——"'地球之友'诉莱德劳公司环境污染案（the Case of Fiends of the Earth v. Laidlaw）"的起诉、审理及裁判，美国联邦政府从中认识到民众诉讼是"强劲和公正的执法所需要具备的关键因素"。[1]

五、对美国环境诉讼诉权的评析

（一）环境公民诉讼诉权的重要价值

美国的环境公民诉讼作为具有全球性影响力的现代型的公

---

〔1〕 别涛主编：《环境公益诉讼》，法律出版社 2007 年版，第 553～557 页。

益诉讼制度，比起传统的环境诉讼具有巨大的优越性，其所确认的环境诉讼诉权具有下列重要价值：

1. 使环境公益的司法救济有了现实的法律根据。美国的环境公民诉讼突破传统诉讼中当事人适格条件的限制，规定只要具备实际损害，普通民众及除联邦政府之外的一切法律实体便有资格提起环境公民诉讼，使公益诉讼在环境侵权领域具有较大的运行空间，体现现代社会对社会公益进行司法救济的高度重视。环境侵害纠纷涉及社会环境公益，而对环境公益的最有力保护莫过于进行诉讼，实行司法救济。但传统的诉讼体制由于缺乏对环境公益诉讼诉权的明确认可，从而使公益诉讼难以在环境侵害纠纷领域中有必要的操作空间。由于美国的环境公民诉讼大大降低了环境侵权纠纷的诉讼上的权利保护要件的门槛，使得除美国联邦政府之外的任何个人和社会组织在具备实际损害的前提下都有资格启动环境诉讼程序，从而使环境纠纷更容易进入诉讼程序，得以寻求司法的强力救济。

2. 加强对原告诉权的程序制度保障，有利于实现环境保护的根本目的。首先，对原告诉权的实体上的权利保护要件的证明标准降低并采用举证责任倒置规则，就大大减轻了原告进行环境公民诉讼的证明负担，降低了其诉讼风险，这不仅切合环境诉讼案件本身取证难、证明难、技术含量高的特点，具有科学性，而且极大地调动和保护了普通民众参与环境保护政策的积极性，使环境公民诉讼制度得以切实有效地运行。其次，由于美国的环境公民诉讼实行特殊的诉讼费用负担原则，这就大大降低了环境公民诉讼原告方的诉讼风险，从而使处于相对弱势的普通民众更容易接近司法，从而大大地提高了诉讼制度的利用率，增强了司法的纠纷解决机能。再次，由于美国的环境公民诉讼一般采用集团诉讼的样式实施，由相关的公益性组织发起诉讼并代表诉讼，代表该组织广大的成员或者普通民众与政府破坏环境的大公司、大企业或者政府职能部门对决，而广大的民众及社会各界则作为坚强的后盾，吸引众多的志愿者积极参与，并接受社会各界乃至全世界的捐助及各种技术支持，从而使诉讼中遇到的许多证据的收集难题迎刃而解，并在充分利用广大社会资源和技术力量的基础上，较好地解决了诉讼中遇到的诸如空气污染、噪声污染、核辐射、生态种群等等专业性与技术性很强的问题，从而使环境公民诉讼得以顺利进行并取得预期的诉讼效果。总而言之，实行环境公民诉讼极大地调动了普通民众、企事业组织、社会各阶层以及其他法律实体参与环境公共政策的积极性和能动性，有力地协助政府职能部门的环境执法工作，强劲地促进了环境保护事业的发展。

3. 合理放宽环境诉讼的可诉性标准，能够合理协调各种社会利益之间的关系，实现环境利用中的公平正义。环境权是基本人权，任何人都有在健康、舒适的环境中生活的权利。同时，为增进人类的福祉，提高人们的物质文化生活水平，任何个人和经济组织都有权利利用环境因素进行物质生产和精神生产。但利用环境进行经济文化作业必然对环境产生影响，而当这种影响超出一定的范围就必然引起利用环境因素进行生产的人们与享受健康优质生活环境的人们之间的冲突与争斗，于是环境纠纷不可避免地发生。在环境纠纷当事人之间寻求纠纷解决的过程中存在着利益的博弈。这种博弈不仅存在于当代人之间，而且还存在于当代人与后代人之间。这就要求环境纠纷的解决要妥善处理当代人之间的当前利益问题，还要处理好当代人之间当前利益与长远利益问题以及当代人与后代人之间的环境权益问题。可见，环境纠纷的解决，不仅要实现当代人之间的公平，而且要实现当代人与后代人之间的公即"代际公平"。而由于美国的环境公民诉讼允许原告预防性地行使诉权，法律并不要求起诉以环境损害已经现实存在为保护必要的要件，这就合理地调整了实施影响环境行为的经营组织的经济利益与普通民众追求健康、优美、舒适环境的生活利益之间的关系，使政府职能部门的环境决策建立在合理的基础之上，实现社会的和谐与可持续发展。同时，也兼顾了当代人与后代人之间在利用环境方面的利益，合理地解决了所谓"代际环境权"问题，实现"代际公平"。

（二）环境公民诉讼诉权及其运行的缺陷

美国的环境公民诉讼诉权尽管有如前所述的重要价值，但这并不担保它就是完美无缺的，因而没有进一步改进和完善的空间。细究起来，美国的环境公民诉讼诉权的缺陷主要体现在以下几个方面：

1. 环境诉权的行使过程导致环境侵害纠纷解决的效率低下。由于美国实行当事人主义诉讼模式，诉讼的推进主要由双方当事人的律师通过交叉询问等活动加以展开，法官只是扮演消极仲裁者的角色，绝不积极主动干预诉讼的进程，很少进行诉讼指挥。同时，美国允许律师进行风险代理，因此律师的利益主要取决于其代理的案件的胜诉还是败诉，并且美国的诉讼制度更倾向于实现程序正义，不注重实体公正的实现，这就培养了美国律师缠讼的性格特点。可以说，诉讼迟延、效率低下是美国所有诉讼制度的通病。特别是在环境公民诉讼中，由于诉讼牵涉的利害关系人范围广大，关系到成千上万人的环境利益，同时案件所涉及的被告的利益也绝不是什么"小额"，一个环境诉讼案件所涉及的建设工程的案值往往可能达到十几亿美元、几十亿美元甚至更大。面对如此巨大的利益冲突，当事人双方怎可轻易认输？这必然导致争议双方沦于你死我活的敌我对立境地，势同水火：要么你输我赢，要么你赢我输，而当事人一旦输掉诉讼，其结局必然是异常惨烈的。于是，他们必然动用各种手段实施诉讼，被告甚至可能滥用上诉权，意图利用其经济优势摧毁原告继续诉讼的意志力，诉讼拖延在所难免。况且，环境诉讼本身又涉及到艰巨的取证工作，在证据的收集上，一般要耗费非常多的时间和金钱。而处于优势地位的被告为了自身的利益绝不会轻易拿出于己不利的证据，虽然实行严格责任可以使这种状况有所改变，但由于环境诉讼往往涉及技术性较强的问题，这必然使环境公民诉讼效率堪忧。著名的 "Storm King" 一案前后持续长达 15 年之久。近年来，美国地区法院平均每年要受理 1000 件以上的环境诉讼案件，而这些环境诉讼通常要花费两年时间才能走完整个诉讼程序。[1] 正因为如此，替代性的纠纷解决机制（ADR），如和解、调解、仲裁等才受到人们的青睐。

2. 环境诉讼诉权的行使有时并不能够保障公平正义的实现。首先，经济实力在很大程度上左右诉讼的结局。在美国，如果说政治选举是 "有钱人的游戏"，那么，诉讼同样也是有钱人的游戏；金钱在很大程度上成为衡量法律正义的砝码。在美国进行诉讼，任何一方当事人都需要由律师代理诉讼，而能够聘请到具有丰富诉讼经验和诉讼技巧的 "名嘴律师" 的一方当事人在诉讼中将占有巨大的优势，诉讼在很大程度上成了富人操在手中的如意工具。而在环境公民诉讼中，这种状况更加突出。试想，一个或者一群并不富有的普通老百姓起诉一家大化工厂，在诉讼过程中必然出现被告不仅充分利用自己的雇佣的常年法律顾问，而且还可以花钱聘请更多的、更有名气的律师，组成

---

〔1〕　齐树洁、林建文主编：《环境纠纷解决机制研究》，厦门大学出版社 2005 年版，第 9 页。

"律师团"代为诉讼。相反,作为普通民众的原告只有依靠捐款才能提起诉讼和维持诉讼的继续进行,一旦捐款停止,必将面临弹尽粮绝的危险境地。况且被告用各种手段来拖延诉讼,造成于不利于原告的诉讼状态的出现,其结果必然给原告带来巨大的诉讼压力,甚至不堪诉讼的巨大重负而中途放弃诉讼。其次,诉讼结果的客观性难以保证。由于美国诉讼制度注重形式正义,着重追求诉讼过程的公正,完全依靠当事人双方自己收集诉讼证据。然而,由于环境公民诉讼中双方当事人力量悬殊,表面上可以展开公平的攻击与防御,但他们用以进行攻击与防御的武器形成于诉讼之外,这些攻击与防御的武器主要就是证据,这是要依靠实力的。由于奉行"法官中立"的原则,美国的法院不会主动调查收集证据。同时,双方当事人各自出于对胜诉的期待,仅仅收集和提供对自己有利的证据,而不会将有利于对方的证据提交法庭。这就必然导致法官在现有的证据的基础上难以作出客观公正的裁判。

3. 有诉权滥用和诉权运用不周延之虞。一方面,由于美国的环境公民诉讼制度大大降低起诉的门槛,从某种程度上也会刺激部分社会公众利用这一方便养成"多管闲事"的习性,造成有理没理先起诉再说的不当诉讼状态,甚至可能出现为了迫使被告满足自己的无理要求强行将对方拖入诉讼,从而诱发不公正的诉讼利用。因此,如果环境公民诉讼无限放宽提起环境诉讼的诉讼上的权利保护要件,也有可能使某些案件中诉权的动用失去合法的根据,必然导致诉权的滥用。另一方面,由于整个社会对环境公民诉讼的关注焦点主要集中在具有发生重大环境污染或者灾难的环境纠纷上,从而只有波及很广的环境纠纷才会争取到社会的捐助和大量志愿者的参加,才会引起相关的社会组织如环保协会等动议提起环境公民诉讼,将导致对狭小范围内的环境权益纠纷的冷落与忽视，这不利于全面推进环境保护事业的发展。

第二节　加拿大环境诉权述评[1]

一、加拿大环境诉权的内容简介

加拿大的环境诉讼，也称"环境保护诉讼"，是指有起诉资格的个人向任何有法定资格管辖的法院提起的，以对抗从事依据《1999 年加拿大环境保护法》（以下简称《环境保护法》）规定为犯罪的人的诉讼。按照传统的诉讼领域划分标准，加拿大的环境保护诉讼属于刑事诉讼的范畴。加拿大环境保护诉讼的环境诉权包括起诉权、诉讼参与权和上诉权。根据加拿大《环境保护法》第 22 条的规定，环境诉权中的起诉权为个人享有。然而，个人行使环境保护诉讼起诉权，提起诉讼其主体资格是有限制的，仅限于"已经申请要求调查的个人"。根据加拿大《环境保护法》第 3、17 条的规定，申请应向环境部长或者卫生部长提出，申请的内容是要求调查申请人声称已经发生的、依据加拿大《环境保护法》规定的犯罪。声请人的资格是至少 18 岁以上的加拿大居民。根据加拿大《环境保护法》第 27 条的规定，加拿大检察总长有资格作为一方当事人或者作为其他人参与环境保护诉讼。加拿大检察总长对法院的判决不服，有权提起上诉，并在上诉中有权进行辩护和出示证据。该法第 28 条规定，为对相关私人利益和公共利益提供公正的和充分的陈词，法院可以允许任何人参与某一环境保护诉讼。

---

〔1〕　本节内容所涉及的加拿大环境保护法规条款，请参阅赵国青主编：《外国环境法选编》（第 1 辑），中国政法大学出版社 2000 年版，第 283 ~ 303 页。

根据加拿大《环境保护法》第22条的规定，作为加拿大环境诉讼起诉对象的犯罪行为是指：①在调查申请中被声称为犯罪的；②对环境造成重大损害的。但根据该法第24条的规定，环境保护诉讼诉权行使的范围不包括下列行为：①具有正当行为目的的事项。包括：为了纠正、减轻对环境或人类、动物或植物生命、健康造成的损害或有损害风险的；为保护国家安全，支持人道主义救援努力，依据国际组织赞助的或为防卫北大西洋公约组织某一成员国而参与多国军事行动或维持和平行动的。②是合理的和与公共安全相一致的行为。根据《环境保护法》第14条的规定，对于"受到保护的人"，即以加拿大名义的女王陛下、部长、代表部长的任何人或者受部长指令的任何人，不得提起环境保护诉讼。此外，加拿大《环境保护法》第25条规定，"环境保护诉讼可以不向某人提起，如果该人被证明犯有依据本法规定的某一犯罪，或者第十章含义中的环境保护选择性措施曾经用来处理该人的有关诉讼所指控的行为。"

加拿大《环境保护法》第22条规定，在环境保护诉讼中，当事人行使环境诉权可以请求法院进行下列救济：①一份宣告令；②一项命令，包括一份临时命令，按照法院的意见，要求禁止被告做任何依据本法可以构成一项犯罪的事情；③一项命令，包括一份临时命令，按照法院的意见，要求被告做可以阻止依据本法规定为犯罪继续的任何事情；④一项对当事人的命令，命令当事人之间磋商一份纠正、减轻对环境或人类、动物或植物生命、健康的损害计划，并在法院确定的时间内向法院报告该磋商；⑤其他任何适当的救济，包括诉讼费用，但不包括损失赔偿金。对于上述这些事项，起诉的个人可以主张其中一项，也可以主张所有的事项。

二、加拿大环境诉权的程序保障

加拿大环境保护诉讼诉权行使的时效期间为 2 年，自原告意识到诉讼所基于的行为或者应当意识到诉讼所基于的行为时开始计算，但不包括申请调查后环境部长或者卫生部长进行调查和提供调查报告的期间。为保障诉讼的顺利进行，环境保护诉讼中的原告，应当在引起诉讼的文件第一次送达被告后不迟于 10 日内，将该诉讼通知负责调查的环境部长或者卫生部长，部长应当在收到原告的通知后尽可能快地在环境登记中通知该诉讼。为保障环境诉权的行使，加拿大《环境保护法》规定了灵活的举证责任制度，规定对指控的犯罪和重大损害"将在权衡可能性的基础上来证明"。根据《环境保护法》第 38 条的规定，在环境保护诉讼中诉讼费用的裁决上，法院具有较大的自由裁量权，即在决定某一环境保护诉讼中是否判决诉讼费用的时候，法院可以考虑所有的具体情况，包括这一诉讼是一个实验案例。此外，加拿大《环境保护法》还规定了当事人和解和法院磋商计划命令程序。

三、对加拿大环境诉权的简要评析

虽然加拿大《环境保护法》所规定的环境诉讼制度从形式上看属于刑事诉讼的范畴，但实际上它是独立的环境诉讼制度，其所确认的环境诉权既不同于行政诉讼的诉求，也不同于民事诉讼和刑事诉讼的诉权，是真正独立的环境诉讼诉权。加拿大法律所确认的环境诉权，是基于环境保护实体法上的公众参与权利而设定的，从而使环境诉权具有实体法权利的根据。然而，加拿大法律规定的环境诉权并不是绝对的。首先，当被起诉的行为属于为了纠正、减轻对环境或人类、动物或植物生命、健康造成的损害或有损害风险的或者为保护国家安全，支持人道主义救援努力，依据国际组织赞助的或为防卫北大西洋公约组织某一成员国而参与多国军事行动或维持和平行动的行为，或行为本身是合理的和与公共安全相一致时，环境诉权就被禁止行使。其次，当被诉人属于以加拿大名义的女王陛下、部长、代表部长的任何人或者受部长指令的任何人时，诉权即被禁止行使。由此可见，在加拿大，环境权与环境诉权并没有取得至上的地位。加拿大的环境诉权仅仅依据公众的环境参与权而设置，只要是年满18岁的加拿大居民事先已经向环境部长或者卫生部长提出申请要求调查环境犯罪行为，都有权提起环境保护诉讼，这一方面能够最大限度地扩大环境保护诉讼原告主体资格的范围，有利于鼓励和保障普通民众参与环境公共政策的积极性，推动环境保护事业的发展；另一方面使环境保护诉讼的原告主体资格标准简便明了，便于当事人行使环境诉权，也便于法院对环境保护诉讼的主体资格进行审查、确认。但不要求原告与环境侵害、环境破坏或者环境侵害危险有任何实质上的利害关系，仅仅考量"公众参与"因素也使加拿大的环境诉权具有某种空洞性，容易导致诉权滥用。此外，加拿大法律并不认可环保非政府组织和政府部门的环境保护诉讼原告主体资格，也不利于环境保护诉讼在实践中的有效开展。虽然加拿大与美国同属于英美法系国家，但在环境诉权问题上，加拿大并没有照搬美国模式，而是进行创造性地思考和选择，特别是在环境保护诉讼原告主体资格的规定上简便易行、独具特色，从而对其他国家环境诉讼制度的建立和环境诉权的确立具有重要的借鉴意义。

第三节　德国环境诉权述评

一、德国环保非政府组织诉讼制度的确立及其性质

诉讼是德国解决环境纠纷的主要方式。德国设有五类不同的法院系统，它们分别是：①普通法院（Amtsgericht），其是指民事法院和刑事法院（Zivilgericht und Strafgericht）；②行政法院（Verwaltungsgericht）；③劳工法院或者劳动法院（Arbeitsgericht）；④财政法院（Finanzgericht）；⑤社会法院（Sozialgericht）。上述五类法院系统都设有初等法院（Gericht）、高等法院即州法院（Landesgericht）和作为终审的联邦法院，并且各自自成体系。比如普通法院的体系就是初级法院→高等法院或者州法院→联邦法院（Bundesgericht），而行政法院的体系自下而上就是由初级法院→高等法院或者州法院→联邦行政法院构成。为了避免这样各自成体系的复杂的法院结构在管辖权上带来的冲突，德国还建立了联合参议院（Gemeinsamer Senat der obersten Gerichtshofer），它设在五类法院之上，由这五个法院的院长和其他一些法官组成，负责研究、解决管辖权冲突问题。此外，德国还在联邦一级设立两类特别法院，它们就是联邦专利法院（Bundespatentgericht）和联邦宪法法院（Bundesverfassungsgericht）。[1]

德国的环境纠纷案件可能采取一般形式作为传统的民事纠纷案件，即私人性环境纠纷案件，比如物权纠纷案件、相邻权纠纷案件在普通法院进行诉讼。其诉权的实体法律根据主要是

---

〔1〕　许晔："简述德国的行政法院体系"，载《德语学习》2007 年第 4 期。

民法典，比如，《德国民法典》第1004条规定的"排除和停止侵害请求权"。在德国，环境纠纷案件也可能采用团体诉讼的形式作为新型的纠纷案件，即公益性环境纠纷案件，在行政法院进行公益诉讼。"而对于德国的团体诉讼而言，它并不是民事诉讼法中的一项正式制度，而是指在特别的经济立法中赋予有关的行业自治组织（比如环境保护团体）以诉权，准许其在涉及社会公共利益的诉讼中作为原告提起诉讼。"[1] 这就是德国的环保非政府组织环境诉讼。

德国的环保非政府组织环境诉讼制度的建立以及环保非政府组织环境诉讼诉权的确立经历了一个"自下而上"的发展过程。在德国，赋予非政府组织为公共利益提起诉讼的原告资格，首先见于各个邦或者州的地方立法之中。1979年，不莱梅州率先在其地方立法中认可非政府组织具有为公共利益而起诉的原告主体资格。这一立法创举很快得到其他许多州的效仿，各州纷纷在各自的地方立法中引进了公益性起诉权：比如德国统一前有4个州，它们是黑森（1980）、汉堡（1981）、柏林（1983）、萨尔（1987）；德国统一后又有8个州，它们是勃兰登堡（1992）、萨克森—安哈尔特（1992）、萨克森（1992）、下萨克森（1993）、莱茵兰—普法耳茨（1993）、北莱茵—威斯特伐利亚（1993）、图林根（1995）、梅克伦堡—前波美拉尼亚（2002）。但是，这些地方立法对公益诉讼的起诉权都施加了一定限制，环境保护的非政府组织仅能够依据《联邦自然保护法》

---

〔1〕　常怡主编：《比较民事诉讼法》，中国政法大学出版社2002年版，第380页。

第 61 条的规定就环境公益问题提起诉讼。[1]

根据德国《联邦自然保护法》的规定，有资格提起环境公益诉讼的非政府组织包括两类：一类是联邦环境、自然保护和核安全部认可之组织；另一类是州认可之组织。根据德国《联邦自然保护法》第 59 条的规定，要成为联邦环境、自然保护和核安全部认可之组织，提出申请之组织应满足下列条件始得批准：①组织应于章程中规定其主要宗旨是基于非金钱目的推动自然保护和景观管理，且并非短暂存在；②组织的活动范围超越一州之域；③在认可上，该组织至少已经存在 3 年，且此间一直在第 1 项界定的范围内活动；④有足够证据证实该组织在相关领域将恪尽职责；此外应考虑该组织过去活动的种类和范围，以及其会员的组织和活动潜力；⑤鉴于其非营利性，该组织依《企业所得税法》第 5 条第 1 款第 9 项之规定免征企业所得税；⑥会员资格及会员大会的完全投票权应对一切支持该组织目标者开放。会员仅由法人组成时，不在此限。

根据德国《联邦自然保护法》第 58 条的规定，联邦环境、自然保护和核安全部认可的社团法人在下列场合有机会表达其观点并知悉有关专家意见，只要所涉项目与该组织章程中规定的活动范围有关：①联邦政府或者联邦环境、自然保护和核安全部在起草自然保护和景观管理领域规章和其他规范性文件过程中；②联邦当局规划编制程序涉及的项目影响到自然和景观，且该组织的活动范围覆盖了该程序涉及的州；③以联邦当局通过的规划许可替代前项规划编制程序，而又明确规定了公众参与者。根据德国《联邦自然保护法》第 60 条之规定，获得州认

---

〔1〕 张式军："德国环保 NGO 通过环境诉讼参与环境保护的法律制度介评——以环境公益诉讼中的'原告资格'为中心"，载《黑龙江省政法干部管理学院学报》2007 年第 4 期。

可的组织在下列场合应有机会表达其观点，并调查和检验有关专家意见：①各州负责自然保护和景观管理的机构在起草规章和其他规范性文件的过程中；②根据第15条和第16条编制规划和计划的过程中；③根据第35条第1款第2项编制规划的过程中；④政府机关和其他公共机构为重新建立流离失所的野生动植物物种和野生环境而编制计划的过程中；⑤根据第33条第2款准予免除有关自然保护区、国家公园、生物圈保护区和其他保护区域之保护的禁止和命令规定前；⑥州当局进行规划编制程序中相关项目涉及自然和景观时；⑦以州当局通过的规划许可替代前项规划编制程序，而《联邦公路法》第17条第1款第2项规定了公众参与。并且，各个州可以规定更广泛的参与形式，还可以基于各州立法的规定，允许其他程序中被认可的组织参与。此外，前述第58条规定的"联邦当局规划编制程序涉及的项目影响到自然和景观，且该组织的活动范围覆盖了该程序涉及的州"以及"以联邦当局通过的规划许可替代前项规划编制程序，而又明确规定了公众参与者"，也适用于州认可的组织。

德国的《联邦自然保护法》第61条是"组织的法律救济"条款，全面规定了德国环境公益诉讼的诉权。该条具体包括5款，其具体规定是：

"（1）依第59条之规定或者依第60条颁布的州法律所认可之组织，可以依《行政法院法》针对下列情形提起诉讼，而无需其权利遭受侵犯：①对第33条第2款关于自然保护区、国家公园和其他受保护区域的禁止和命令的免除；②规划编制程序中影响自然和景观的决策，以及相关条款中规定了公众参与规划许可；当行政行为是以行政法院判决为基础在相应法律程序框架内做出时，第1项之规定应不予适用。

（2）前款规定组织之诉讼满足下列情形方可受理：①指控依前款第 1 项实施的行政行为与本法或依本法颁布的法律规定相冲突；或者在本法基础或框架内继续适用；或者在实施相关行政行为时遵守和考量其他法律规定，并且至少以自然保护和景观管理为目的；②组织章程规定的活动范围受到影响，且属于认可涵盖的范围；③依第 58 条第 1 款第 2 项和第 3 项或第 60 条第 2 款第 5 项和第 6 项框架下州立法的相关之规定有权参与，并且表达了其意见；或者违反第 58 条第 1 款或各州依第 60 条第 2 款制定法规和规章，并剥夺了表达意见的机会。

（3）如果组织在行政程序的框架内表达了意见，在之后的诉讼程序中，应排除其基于文件或调查能够得到但未在先前行政程序中提出的抗辩。

（4）如果做出相关行政行为未告知组织，则组织可在知道或者应当知道该行政行为一年内提出异议或者提起诉讼。

（5）若第 60 条第 2 款规定了相关组织的参与权，各州也可承认组织提起的诉讼。各州可进一步规定具体的适用程序。"[1]

这样，从 20 世纪 70 年代末开始发轫于各个州的立法到 21 世纪初《联邦自然保护法》的颁布和修正，经过 20 多年的漫长过程，德国正式建立起自己的环境公益诉讼制度，确认了环境诉讼的诉权。

从《联邦自然保护法》第 61 条第 1 款规定环保非政府组织提起环境诉讼"无需其权利遭受侵犯"就可以肯定地得出这样的结论：德国的环保非政府组织提起的环境诉讼，在性质上属于"公益诉讼"，其环境诉讼诉权是公益诉讼诉权。同时，该款又规定原告"依《行政法院法》"提起诉讼，由此可见：德国

---

〔1〕 载 http：//ahlawyers. fyfz. cn/blog/ahlawers/index. aspx？ blogid＝250292.

的环保非政府组织提起的环境诉讼在性质上又属于"行政诉讼",其诉权是行政诉讼诉权。所以,从性质上说,德国的环保非政府组织提起的环境诉讼是"行政—公益诉讼",而德国现代环境诉讼诉权在性质上是"行政—公益诉讼诉权"。

二、德国环境公益诉讼制度所确认的环境诉讼诉权的内容

(一)环境公益诉讼诉权的主体资格

在德国由环保非政府组织发动的环境公益诉讼中,具有原告资格的只能是经联邦环境、自然保护和核安全部认可的组织以及州所认可的组织。该诉讼"原告资格"并没有法律利益上的限制,即按照《联邦自然保护法》第61条第1款的规定,提起环境公益诉讼的原告环保非政府组织"无需其权利遭受侵犯"。当然,要取得原告资格,被认可的组织必须具备相应的实质要件和形式要件,主要是:①该组织必须是以自然保护和景观管理为宗旨;②环保非政府组织的组织体将长期存在;③环保非政府组织组织的会员资格以及会员大会完全投票权对一切支持该组织的目标者开放;④该组织应该是非营利性的组织;⑤该组织应该是非政府法人组织,即通常所谓的"环保非政府组织"。由此可见,一切个人和除环保非政府组织之外的社会组织以及其他法律实体都没有环境公益诉讼的原告资格,都无权提起环境公益诉讼。与此同时,由于德国的环境公益诉讼只能依据《行政法院法》在行政法院系统内提起和实施,所以,被告只能是实施影响环境和景观之行为的行政主体,比如进行影响环境和景观的决策的行政主管机关,而其他社会组织和个人即使其行为对环境和景观皆造成了实质的影响,也不是适格的环境公益诉讼的被告。当然,如果需要,按照德国诉讼参加制度,相关组织或者个人可以作为辅助参加人参加诉讼。

（二）环境公益诉讼诉权行使的对象——被诉行政行为

德国的环保非政府组织环境诉讼属于环境公益诉讼，又是行政诉讼。诉权行使的对象只能是影响环境和景观的行政行为。根据德国《联邦自然保护法》的规定，被诉行政行为具体有下列两种：

1. 环境保护不作为。环境保护不作为即免除被保护地区的命令和禁止的行政行为。这种行为是指对《联邦自然保护法》第33条第2款关于自然保护区、国家公园和其他受保护区域的禁止和命令的免除，从而导致或者可能导致被保护地区的范围或区域的减少的行政行为。行政主体负有实施自然保护法的职责，如果行政主体不履行其自然保护法规定的环境保护职责，就构成行政不作为，而因行政主体免除自然保护法关于自然保护区、国家公园和其他受保护区域的禁止和命令，实际上就是使法律规定的受保护区域减少，从而必然产生或者可能产生对环境和景观的破坏。根据《联邦自然保护法》第61条第1款和其他相关的州法律，针对这种环境保护的行政不作为，环保非政府组织则有权对之提起环境公益诉讼。这是依据自然保护法的实施而提起的环境公益诉讼。这类被保护地区涉及自然保护区、国家公园和根据《联邦自然保护法》第33条第2款涉及的地带，以及各州根据在诸如《关于自然动植物栖息地和野生动植物保护区的指令》（Habitats Directive），简称《栖息地指令》、《关于野生鸟类保护的欧盟会议指令》（Birds Directive，简称《鸟类指令》）等"欧盟会议指令"清单上登记的地区。

2. 影响环境和景观的行政决定。德国环保非政府组织针对影响环境和景观的行政决定行使环境诉权，提起环境公益诉讼具体包括三种情形：①直接起诉规划批准决定，比如高速公路、机场、航道、电站等基础设施建设部门的新建、扩建工程决策，这是现实中德国的环境公益诉讼的主要起诉对象。②针对从自然保护区划出去某些地域的行政特许行为提起诉讼。③特定的起诉:"这些诉讼标的只有在少数的州被允许作为诉由,包括那些没有明确起诉权的环保非政府组织,在某些行为明显违背自然和环境保护法时,为了通过司法裁决扩大诉讼标的的范围而起诉。这些诉讼涉及建筑法领域,还有一部分是基于州法律的特定的公益诉讼,一部分是对于行政执行上的错误而环保非政府组织没有合法程序获得救济。"[1]

(三)　环境公益诉讼受理的条件

根据《联邦自然保护法》第 61 条的规定,具有原告资格的环保非政府组织提起的环境诉讼要被法院受理,必须具备下列条件:

1. 受理的形式要件。这方面的条件是指影响环境和景观的行政行为与环境保护法之间或者与原告行政程序参与权之间存在冲突,具体包括:首先,作为被诉的免除自然保护区、国家公园和其他受保护区域的禁止和命令的行政行为必须是与《联邦自然保护法》或者依该法颁布的法律相冲突的;其次,作为原告的环保非政府组织的组织章程规定的活动范围受到影响,且属于认可涵盖的范围;最后,原告享有并行使了行政程序参与权或者原告的行政程序参与权被剥夺。其中至关重要的是最后一点,即原告参与了被诉行政行为的行政程序或者由于参与权被剥夺而没有能够参与。提起诉讼的环保非政府组织必须参与了被诉行政行为的行政程序。如果政府在实施某一影响环境的行政行为之前通知相关的环保非政府组织参与,而后者并没

---

〔1〕　张式军:"德国环保 NGO 通过环境诉讼参与环境保护的法律制度介评——以环境公益诉讼中的'原告资格'为中心",载《黑龙江省政法干部管理学院学报》2007 年第 4 期。

有行使参与权，则该环保非政府组织针对该行政行为的起诉权将被禁止行使，遵循"没有参与，便没有诉权"的规则，这是法院受理原告起诉条件中的"形式要件"。当然，根据《联邦自然保护法》第 61 条第 4 款的规定，如果环境非政府组织没有参与行政程序并不是自身原因造成的，而是由于其没有被告知将作出某一影响环境的行政行为，则该组织并不因此丧失诉权，它在其知道或者应当知道该行政行为一年内有权提出异议，在意见未被接受的情况下再提起诉讼或者不经异议程序而直接提起环境公益诉讼。

2. 受理的实质要件。《联邦自然保护法》第 61 条第 3 款规定："如果组织在行政程序的框架内表达了意见，在之后的诉讼程序中，应排除其基于文件或调查能够得到但未在先前行政程序中提出的抗辩。"依据该规定，法院受理环保非政府组织提起的环境诉讼的另一个条件就体现为"没有抗辩，便没有诉权"或者"没有表达，便没有诉权"的规则，这个受理条件可以称之为"实质要件"。所谓"没有表达，便没有诉权"，指的是环保非政府组织在行使参与权过程中"在行政程序的框架内表达了意见"，则日后的起诉权仅仅限于其表达的范围内；这也就是说，在行使参与权的过程中，环保非政府组织没有表达的内容，在后来针对所参与的行政行为的诉讼中不得成为诉的理由。所谓"没有抗辩，便没有诉权"，指的是在环境诉讼中反对行政行为的所有理由必须在原告行使参与权过程中已经被提出或者本来能够被提出但由于原告没有被告知相关行政行为而无法提出。这也就是说，任何以没有在参与行政行为的过程中提出或者能够提出的反对或者异议即抗辩的理由作为诉讼理由而提起的环境诉讼，将因为不符合受理的实质要件而被法院驳回。

三、德国环保非政府组织的环境诉讼诉权的特征及其评析

如前所述，德国的环保非政府组织发动的环境诉讼在性质上属于"行政—公益"诉讼，它具有以下几个方面的特征：

（一）诉权的实体法基础是环境公益，诉讼以环境公益为救济的对象

《联邦自然保护法》第 61 条第 1 款规定，提起环境公益诉讼的原告环保非政府组织"无需其权利遭受侵犯"即具有原告主体资格，其所发动的环境诉讼是以环境公益为救济对象的，这也就是说环保非政府组织的环境诉讼诉权是为救济环境公益而设定的诉权。在这方面，德国的环保非政府组织的环境诉讼诉权与美国的环境公民诉讼诉权并无二致。也正因为如此，人们便把德国的环保非政府组织提起的环境诉讼恰当地称为"环境公益诉讼"。但德国的环境公益诉讼与美国的环境公益诉讼仍然存在重大的差别：在德国，享有环境公益诉讼诉权、有权提起环境公益诉讼的只能是经过法定机关根据法定条件按照法定程序认可的环保非政府组织；而在美国享有环境公益诉讼诉权，可以提起环境公益诉讼的是所有人（any person），包括个人、公司、合伙、除联邦政府以外的政府部门以及其他的法律实体。德国如此设置其环境公益诉讼的诉权，其优越性就是因诉权主体是非营利的环保非政府组织，能够确保环境诉讼的公益性，避免起诉主体的特别利益考量而影响环境诉讼的公益价值追求。其弊端在于环境公益诉讼的原告范围狭小，忽视民众个人的特殊环境利益追求，没有把环境权看做每一个个体的不可剥夺的权益，忽视对公民个体环境权的司法救济，这必然导致对环境利益在司法救济上的不周延，也不利于充分调动民众个体对环境公共政策参与的积极性，不能广泛地动员一切社会力量共同

推进环境保护事业的发展。

（二）诉权的诉讼上权利保护要件有比较严格的限制

德国的环境诉讼诉权的诉讼上权利保护要件比较严格，与普通的民事诉讼和行政诉讼相比，没有体现出对权利保护要件的宽容性，主要表现为：

1. 遵循严格的当事人适格要件。德国的环保非政府组织环境公益诉讼与美国的环境公民诉讼在当事人适格上形成鲜明的对照：原告不可能是任何人，而只能是符合一系列形式、实质要件的，经联邦环境、自然保护和核安全部认可的组织以及州所认可的组织，即所谓的环保非政府组织；而被告也不可能是任何个人或者法律实体，而只能是实施影响环境的行政行为的行政主体。

2. 遵循严格的"可诉性"标准。德国的环保非政府组织环境诉讼诉权在案件的"可诉性"即保护必要要件上，即受理条件上要求严格，要遵循两个重要规则：①"没有参与，便没有诉权"的规则。所谓"没有参与，便没有诉权规则"是指，即使原告是依法成立的环保非政府组织，但如果它事先没有参与被诉行政行为，事后也无权对该行政行为提起诉讼，即使被诉行政行为事实上构成了对环境和景观的影响。而环保非政府组织参与政府的环境决策的前提条件一方面是它有资格参与某个行政机关的影响环境和景观的行为，另一方面是它事先得到行政机关的通知。这也就是说，并不是所有的环保非政府组织对所有的行政主体实施的影响环境和景观的行为都有起诉权，只能是特定的环保非政府组织对特定的行政主体的影响环境和景观的行为有诉权。②"没有表达，便没有诉权"或者"没有抗辩，便没有诉权"的规则。这一规则的意思是，即使环保非政府组织参与了被诉行政行为的程序，但如果在参与程序中对该行政行为没有提出异议或者抗辩，则事后也无权对该行政行为提起环境公益诉讼。

由上可知，德国对环保非政府组织的环境公益诉讼诉权行使的要件规定得具体而详细，因此较为严格，完全不像美国设定的环境公民诉讼诉权那样，大大降低诉权的诉讼上权利保护要件的门槛。德国的环保非政府组织的环境诉讼诉权的行使要有法定的诉因，不具备法定诉由的诉将会被法院以"诉不合法"为由而判决不予受理或者驳回。这样安排环境诉讼的诉权，体现德国严谨的法律思维传统和确保行政效率的价值取向，其优越性在于可以有效地防止诉权滥用。其弊端在于严格的"可诉性"审查条件，不能够保证环保非政府组织充分行使对环境公共政策的参与和事后法律救济，过分强调行政的效率而忽视社会公平。

（三）诉权的行使以行政违法为出发点，以实现促进环境公共政策形成的功能

德国的环境公益诉讼突出诉权行使的环境公共政策形成之促进功能。与美国的环境公益诉讼制度一样，德国的环境公益诉讼制度的建立的根本目的也是为了环境保护，因此，突出其诉权行使对环境公共政策形成的促进功能。但两者之间在发挥环境公益诉讼对环境公共政策形成的促进功能的出发点和方向上存在重大差别：美国的环境公民诉讼属于"侵害出发型诉讼"，而德国的环境公益诉讼则是"违法出发型诉讼"。在美国，发动环境公民诉讼首先要考量的是被告的行为已经造成或者将会造成对环境公益的何种"侵害"，只要明确被告的行为已经或者将会侵害环境公益，原告起诉就有了正当的诉因了，而通过诉讼将促成政府环境公共政策的形成或者更新。特别是美国的环境公民诉讼诉权认可所谓"预防性"诉讼，诉权行使预先跳

入推导出的将来环境公益侵害，并以此为出发点展开诉讼。这样的诉权行使不要求起诉以环境侵害现实发生为可诉性要件，只要对环境公益的侵害将来有可能发生，就允许对相关的行为提起环境公民诉讼，目的是未雨绸缪地调节环境公共政策。可见，美国的环境公民诉讼以环境公益为视域从权利侵害的事实出发走向环境公共政策的形成，构成"侵害出发型诉讼"。相反，在德国，环保非政府组织发动环境公益诉讼首先要考量的是行政行为的违法性问题，即第一步先判断行政行为是否违背自然和环境保护法。因为德国的环境公益诉讼本质上是行政诉讼，而法院审判行政诉讼案件的中心内容就是对被诉行政行为的合法性进行司法审查，这就决定了德国的环境公益诉讼必然是以行政行为的违法为诉讼的出发点，并在环境公益的视界中走向环境公共政策的形成，展现出"违法出发型诉讼"的特点。

（四）强调诉权行使的"专业性"和"团体性"

德国的环境公益诉讼与美国的环境公益诉讼都强调公众的环境参与权，然而，二者在环境参与权实现的途径上有很大差别。美国环境公民诉讼制度更强调群众的环境参与权，不仅普通民众，而且包括所有社会组织以及除了美国联邦政府之外的所有政府部门以及其他的法律实体都有权发动环境公益诉讼；而德国的环境公益诉讼则侧重于环保非政府组织的环境行政参与权。这方面的区别可以概括为美国式的环境公益诉讼诉权属于"总动员"性诉权，强调原告资格的"群众性"；而德国式环境公益诉讼诉权属于"特别动员"性诉权，强调原告资格的"专业性"。虽然美国的环境公民诉讼与德国的环保非政府组织诉讼一般都属于群体性纠纷，但通过司法解决群体性纠纷的具体诉讼样式不同。美国的环境公民诉讼可能采用"集团诉讼"的样式，而德国的环境公益诉讼则采用"团体诉讼"样式。正确认识德国的环境"团体诉讼"应注意这样几个要点：①为防止团体诉讼制度的滥用，德国环境保护法律规定，实施环境团体诉讼的"团体"必须经联邦环境、自然保护和核安全部或者州认可，而且法律还规定了严格的认可条件。②环境团体诉讼由环保非政府组织基于自己的实体利益（环境行政程序参与权，即意见表达权）提起，而该团体的各个会员没有提起环境团体诉讼的资格。③德国的环境团体诉讼只能对被指控有违法行为的主体提起，环保非政府组织不能针对普通民众和其他社会组织提起环境团体诉讼，因为由环保非政府组织提起的环境团体诉讼在性质上属于公益诉讼和行政诉讼，而只有实施了影响环境和景观的行政行为的行政主体才是行政诉讼的适格的被告。④团体诉讼是为了该团体成员的利益而展开诉讼的，因此团体诉讼判决既判力的主观范围覆盖团体的所有成员，他们可以引用并受其拘束。当然，我们并不能够因此否认德国的环保非政府组织提起的环境诉讼的公益性，因为按照德国《联邦自然保护法》第59条的规定，环保非政府组织要成为联邦环境、自然保护和核安全部认可之组织，必须满足的条件之一就是"会员资格及会员大会的完全投票权应对一切支持该组织目标者开放"，这就使得德国的团体诉讼及其追求的利益具有或者可能具有广泛的代表性，而绝不会仅仅沦为只追求"小团体"的利益。[1]

---

〔1〕关于德国的团体诉讼，特别是环境团体诉讼的特点及其与美国的环境集团诉讼之间区别的更加详细而具体的阐述，可以参见常怡主编：《比较民事诉讼法》，中国政法大学出版社2002年版，第380页；别涛主编：《环境公益诉讼》，法律出版社2007年版，第32~35页。

第四节　日本的公害审判制度与环境保护诉讼制度及对其确认的诉权述评

一、日本现代环境诉讼制度的建立及其对环境诉讼诉权的确立

日本现代环境诉讼制度发轫于著名的"公害审判"制度。日本在明治维新之后，随着近代工业的发展，出现了较为严重的公害问题，主要包括矿业公害、工厂公害、都市公害和水质污染等，并产生了公害纠纷这样一种特殊的纠纷类型。根据日本《公害纠纷处理法》第 2 条和《公害对策基本法》第 2 条第 1 款的规定，所谓公害纠纷，是指由于工业或人类其他活动而造成的大气污染纠纷，水质污染纠纷，土壤污染纠纷，噪声、震动、地面下沉、恶臭气味等所引起的纠纷的总称。日本早期的公害纠纷主要发生在工农业生产者之间，纠纷解决的方式并不是诉诸司法程序，而是主要通过以农业生产受损的农民为中心发起的抗议运动进行。纠纷的处理结局主要表现为：①工矿业主向受损的农民支付赔偿金；②双方达成协议规定工矿业主在一定时期减少或者停止作业；③政府根据矿业法发布建设预防污染的设施的行政命令。[1] 这样的处理方式虽然没有从根本上解决公害问题，但通过环境纠纷的解决促进政府环境公共政策的形成和变革的机制已经初露端倪。并且，由于日本的公害纠纷的最初解决方式是采取"群众运动"的形式，它是日本环境纠纷解决机制最初传下来的"传统"，而这"传统"就为日后的环境纠纷的解决机制奠定了特殊的"基因"，使得"环境运动"成为迄今为止日本的环境纠纷解决机制中具有浓重色彩的

---

〔1〕　王树义主编：《环境法系列专题研究》（第 2 辑），科学出版社 2006 年版，第 76 页。

重要元素。

20 世纪 60 年代，随着现代工业的进一步发展，日本进入了公害频繁爆发的环境危机时期。这个时期的公害纠纷解决机制已经不像初始阶段那样主要通过受害民众发起抗议运动得以推行，而是通过环保民众运动与公害诉讼、审判并举的方式寻求更有效的环境纠纷解决途径，于是日本发展了公害审判这样一种解决公害纠纷的诉讼制度。著名的"四大公害"诉讼案件（1976 年新潟和 1969 年熊本两地水俣病诉讼、1968 年 3 月的富山妇女痛痛病诉讼、1969 年 9 月的四日市诉讼、1969 年 12 月的大孤机场诉讼）的审判正式拉开了日本环境公害审判制度的帷幕。与此同时，随着公害审判中原告的不断胜诉，又引发了反公害社会舆论的不断高涨和反公害民众运动的勃兴，进而推动日本立法机构修订了以 1970 年《公害对策基本法》为中心的十几部法律，并在 1972 年通过对《大气污染防治法》和《水质污染防治法》的修订确立了公害的无过错责任制度、在 1973 年制定的《公害健康受害补偿法》中规定对相关地区的被确认为公害病的患者及其遗属支付补偿金。公害审判制度是日本现代环境诉讼制度发展的第一个阶段，在这个阶段，已经形成了主要通过诉讼寻求司法救济、公害审判与环保民众运动相互配合与促动的环境纠纷解决机制。不过，从性质上分析，日本的公害诉讼和审判制度仍然属于传统民事诉讼中的侵权诉讼制度，其所确认的诉权并不是真正意义上的环境诉权，只是"关涉环境"的民事诉权。

日本现代环境诉讼制度发展的第二个阶段就是所谓的"环境保护诉讼"阶段。日本的环境保护诉讼，是指为维护公共利益，保护各种环境要素，针对环境污染和破坏导致公共利益受损害的行为所实施的诉讼。日本的环境保护诉讼是依据 20 世

90 年代初开始制定的《自然环境保护法》而提起的环境诉讼。环境保护诉讼已经突破了纯粹对私益进行司法救济的传统的公害审判的诉讼理念。日本的环境保护诉讼已经涉及对环境公共利益的司法关照，但在实现环境公益诉讼方面并没有取得太大的进步，比如，开始于 1995 年 2 月 23 日的日本"龙美环境诉讼"就是明显的一例。在该案中，由多方组成的原告团以鹿儿岛县知事为被告，向鹿儿岛地方法院提起诉讼，请求法院判决确认鹿儿岛县实施的林地开发许可的行政行为无效并撤销该行政许可。这本是一起典型的环境公益诉讼，但经过长达 8 年的龙美环境诉讼一案以法院以诉讼不合法为由驳回原告诉讼而告终。[1] 可见，尽管日本的环境诉讼已经超越了单纯的公害审判，进入了公害审判和环境保护诉讼并举的新时代，并且环境保护诉讼的地位日益突出，但根本说来，日本并没有环境公益诉讼，究其原因，归根结底在于日本法律并没有赋予公民以环境权，也没有确认环境公益诉讼的诉权。

进入 20 世纪 90 年代前后，日本的环境诉讼特别是环境保护诉讼及环境诉权理念又有了新的发展，主要表现在：①出现了"自然物种诉讼"。自然物种诉讼是建立在"种际公平"和"自然权利"观念基础之上的一种环境诉讼类型。种际公平观念认为，人类作为自然界的一员，与其他物种在享受自然环境和和谐生态方面的权利公平。它要求改变"人类中心主义"的传统法律观念，在承认所有生命主体都享有不受危害和健康环境的权利的前提下，直接承担起对所有生命体的义务。自然权利观念最先由美国学者克里斯托弗·斯通所倡导，该观念主张，一切自然体，包括河流、森林、大气、野生动物等都应像人类及

_____

〔1〕 陶建国："日本龙美环境诉讼评介"，载《中国环境管理干部学院学报》2008 年第 3 期。

其组织一样应该享有法律权利，人类有义务对自然体加以保护。[1] 1995 年日本鹿儿岛地区法院受理的"奄美黑兔案"的原告之一就是一种名为"奄美黑兔"的野生动物，这是典型的自然物种诉讼。同年，鹿儿岛地区法院受理的"龙美环境诉讼"一案同样也是自然物种诉讼，在该案中多方组成的原告之中就有四种濒临灭绝的珍稀动物。②环境诉讼中出现了以环保非政府组织为原告的诉讼。上述"奄美黑兔案"的原告之一就是名为"环境 Network 奄美"的环保非政府组织。③原告在诉讼中除了提出损害赔偿的诉讼请求之外，日益重视"停止行为"、"撤销许可证"等诉请禁令的诉讼请求，为了支撑这方面的诉讼请求，开始提出"环境权"、"自然的权利"、"自然享有权"等新型权利主张，并为说服法院认可这样的权利主张而采用将这些新型的权利与人格权等传统的法律权利"捆绑"在一起的诉讼策略。当然，日本环境诉讼实践中出现的上述新的诉讼样式及其诉讼请求和诉讼主张并没有得到法院的承认。但日本民众及环保非政府组织实施的新型环境诉讼的败诉并不表明它是无意义的，它反而折射出日本环境诉权发展的新的信号，反映出越来越强烈的环境公益诉讼的色彩。

日本在现代发展起来的公害审判制度和环境保护诉讼制度赋予遭受公害侵害和环境污染及环境破坏损害的当事人以诉权，使受害人获得通过提起民事诉讼和行政诉讼的途径行使损害赔偿请求权的原告主体资格，并为民众通过进行群体诉讼而对环境公益进行司法救济提供了一定的运行空间。然而，毕竟日本目前尚不存在真正的环境公益诉讼和真正意义上的环境诉权。但是，对环境公益诉讼以及环境公益诉讼的诉权的呼唤已经在

―――――――

〔1〕　吴勇："环境公益诉讼的另类视角：自然物种诉讼"，载《法学论坛》2009年第1期。

日本的空气中播扬许久了，虽然还没有达到"呼之欲出"的程度，但也许再经过一段时期的呼唤它就会惊醒更多的处于沉睡中的人们，也许那时，环境公益诉讼以及真正意义上的环境诉权在日本就会被呼唤出来了。

二、日本公害审判与环境保护诉讼的诉权特征及评析

（一）在诉权主体资格方面坚持环境诉讼原告必须具备"法律利益"的原则

日本现代公害诉讼、审判制度和环境保护诉讼制度所确认的环境诉讼诉权与传统的民事诉讼诉权理念并无本质区别。判定居民或者环境保护团体等法律实体是否有资格提起公害审判诉讼或者环境保护诉讼的标准是看其现实利益是否遭受公害和环境污染以及环境破坏的侵害；原告对本案不具有法律上的利益，将被法院宣告为不适格从而驳回其起诉。在环境诉权的问题上，特别是原告资格的问题上严格遵循"无利益，便无诉权"的圭臬。例如，1995 年，原告奄美黑兔（一种大约出现在 7000 万年前，现分布在日本南方的奄美大岛德之岛内的兔子）、原告居民（那些为了进行观察而经常出入奄美黑兔等野生动物所栖息的森林的当地居民）、原告"环境 Network 奄美"（一个为了保护奄美大岛的自然环境而组织和存在的环保非政府组织）向鹿儿岛地区法院提起行政诉讼，状告鹿儿岛县知事，请求法院裁判撤销被告颁发的开发许可证，并且原告提出"自然的权利"和"自然享有权"的主张作为支撑其诉讼请求的依据。鹿儿岛地区法院在本案审理伊始，就决定不予受理以野生动物奄美黑兔为原告的诉状表示部分，理由是只有自然人和法人才有资格作为诉讼案件的当事人，作为野生动物的奄美黑兔只是权利的客体而不是权利的主体，因而不具有当事人能力。这样的裁判

及其理由当然是符合法律理性的，因而其正确性无可否认。
2001 年 1 月 22 日，鹿儿岛地区法院就本案作出如下判决：驳回
原告部分居民和"环境 Network 奄美"要求被告鹿儿岛县知事
撤销行政许可的诉讼请求，诉讼费用由原告承担。其判决的理
由是：日本森林法相关条款的立法宗旨并不在于保护每个人的
个别利益，因而本案原告不享有法律利益，故而原告不适格。
而由于原告"环境 Network 奄美"所主张的"自然享有权"（即
作为人民享有丰富的自然环境的权利，有权替自然行使"自然
权利"）具有什么具体权利尚不清楚，并不是一个具体权利而受
到宪法的保障，因而不予肯定其权利主张，故而"环境 Network
奄美"作为本案原告也不适格。[1]

　　日本立法和司法坚持环境诉讼诉权的原告主体资格应当与
通常的民事诉讼和行政诉讼一样必须具备"法律利益"，否则将
被宣告为原告不适格，因而其提起的环境诉讼将不被法院接受
或者将被以诉不合法为理由而予以驳回。这样设定环境诉讼诉
权，其积极意义在于它有利于确保环境诉讼成为法律权利的有
效救济手段，防止诉权的滥用，符合传统诉讼法理。但其弊害
也是显而易见的，因为严格限制环境诉讼原告的主体资格对于
加强环境保护确实是非常不利的，特别是具有"管闲事"性质
的环境公益诉讼更没有开展的空间。这表明，日本现行的"环
境诉讼"只是环境"私益诉讼"，只确认环境"私益诉讼"的
诉权，而并没有真正建立起环境公益诉讼制度，或者说，日本
法律并没有真正确认环境公益诉讼的诉权甚至没有确认环境诉
权本身。

---

　　[1] [日] 奥田进一："论自然的权利——'奄美黑兔案'评析"，载《法治
论丛》2003 年第 6 期。

（二）在诉讼请求方面以损害赔偿并且是"过去的"损害赔偿为基准

提出诉讼请求是诉权动用的核心内容和根本目标。原告能够提出什么样的诉讼请求，呈现出诉权权能伸展的广度和深度，标示着诉权的法律高度，透射出诉权的力度。环境诉权是环境诉讼时代发展起来的诉权，如果一国的环境诉权只能在传统的民事诉讼诉权的范围内活动，原告只能提出在民事诉讼中也能够提出的诉讼请求，则说明该国的环境诉权只是穿着"环境"外衣或者打上"环境"印记的民事诉讼诉权。就目前发展现状来看，日本的环境诉讼诉权似乎正是"新瓶装老酒"的民事诉讼诉权，因为它只认可原告可以提出"损害赔偿"的诉讼请求，而这是民事诉讼中十分常见的一种诉讼请求。虽然日本的公害审判和环境保护诉讼既可以采用民事诉讼方式进行，也可以采用行政诉讼的方式进行，但无论是进行环境民事诉讼还是环境行政诉讼，无非是追究加害者的民事赔偿责任或者国家赔偿责任，而且，法院在判决中绝不支持将来的损害赔偿请求，只支持所谓的事后救济。例如，1996 年 5 月 31 日，因汽车废气污染而患有各种疾病的患者或死者家属等 102 人向东京地方法院提起了诉讼，状告日本国政府、东京都自治政府、首都高速道路公司及 7 家汽车制造公司，请求法院判决被告方赔偿各种损失，并立即停止向东京都 23 区排放汽车废气。在随后几年期间，又有受到同样损害的原告向上列被告提起诉讼，诉讼次数达到 6 次，原告数量达到 633 名。这就是著名的日本"东京大气污染诉讼"。2002 年 12 月 29 日，东京地方法院作出判决，判令日本政府、东京都自治政府和首都高速道路公司承担损害赔偿责任，但驳回原告方提出的立即停止向东京都 23 区排放汽车废气的诉讼请求。[1] 当然，由于将来的损害究竟是否发生以及如何发生及其损害的具体数量本身是无法预先确定的，而传统的侵权救济法律及理念一般不承认对将来的损害赔偿的救济，因此追究环境侵害者的将来的损害赔偿责任一方面缺乏法律根据，另一方面不具有可操作性，法院驳回这方面的诉讼请求是理性的。

当然，日本的环境诉讼和环境诉权的发展还是出现了一些得到法院认可的新的内容和趋向，这主要表现在出现了所谓"一律请求"和"包括请求"的求偿和赔偿方式。所谓"一律请求"是在新水俣病诉讼中提出的，它不考虑受害人的个别情况，而是千篇一律地算定赔偿额的请求。在审判该案的过程中，法院为了迅速有效地救济原告，认为公害受害人的早期救济目的，是通过将赔偿额定型化，并通过一律请求的方式来实现的，并以此为根据，在判决中认可了原告提起的以精神损害赔偿为中心的损害赔偿额定型化的"一律请求"方式。这就不仅保持了原告间的协调性，而且避免了因逐一认定各个损失额所带来的举证复杂化及其所导致的诉讼过分迟延的不良诉讼后果。而通过熊本水俣病诉讼则发展了"包括请求"的方式。在该案诉讼中，原告方认为，所谓损害应该是包括原告所遭受的社会的、经济的、精神的等方面的一切损害所形成的总体，因此提出了包括诸如对被破坏的环境的请求、对荒废的地域社会的请求、对丧失家庭的请求、对被破坏的人类本身恢复原状的请求等在内的所谓"包括请求"。而后来的西淀川公害诉讼中原告则合并采取了"包括请求"和"一律请求"的方式。[2]

---

〔1〕 陶建国："日本东京大气污染诉讼及启示"，载《承德民族师专学报》2008 年第 3 期。

〔2〕 王红英："日本公害诉讼及其对我国的启示"，载《华南热带农业大学学报》2006 年第 3 期。

　　尽管日本公害审判制度中提出了"包括请求"和"一律请求"，甚至得到了法院的认可，但这并不表明日本的环境诉讼制度和环境诉权有了实质性的改良，因为这至多是对"赔偿请求"本身的发展和完善，并没有发展出新的诉讼请求种类，诉请禁令的"停止行为"和"撤销许可"等新的诉讼请求类型虽然在日本的环境诉讼中一再被提出，但依然没有得到法院的肯定。公害和环境侵权毕竟具有不同于传统民事侵权的特点，其危害结果的出现往往具有事后性以及因评估环境危害的技术手段的相对滞后而形成危害结果的潜伏性和隐蔽性。因此，对于原告为预防将来的损害而提出的中止请求即所谓"禁令"，法院仍然通过驳回请求或者不受理的方式不予支持，这反映出日本环境诉讼诉权的不成熟或者说存在重大的缺陷。

　　从原告诉讼请求的角度看，日本的环境诉讼诉权与美国的环境诉讼诉权所走的正好是两条相反的发展道路：在美国，行使环境诉讼诉权，原告有权提出的最基本的诉讼请求就是诉请禁令的"停止行为"请求，只是在依据传统民事诉讼诉因提出的环境诉讼中，原告诉请损害赔偿才是常见的，而在环境公民诉讼中，认可原告可以提出损害赔偿的诉讼请求只是在其后来的发展中才有的事情。相反，在日本的环境诉讼诉权的行使中，原告可以提出的诉讼请求以损害赔偿请求为基准，诉请禁令的"停止行为"的诉讼请求只是环境诉讼实践中原告一厢情愿的诉讼尝试，至今没有得到立法和司法的认可。导致日美环境诉讼走出两条截然相反的诉权道路的根本原因在于两国的法律传统及其诉讼理念迥然有异。美国法律属于英国法系，而英国法系扎根于日耳曼法的传统之中。日耳曼法与罗马法和教会法构成西方法的三大渊源。"团体主义"是日耳曼法的重要精神支柱，"日耳曼人的生活价值在于追求全体之自由与和平，尤其忠于团体的荣誉高于其他价值。"[1] 日耳曼人的生活价值集中体现在其法律制度和法律理念之中，使得日耳曼法成为团体本位的法，它的保护是着眼于对团体的保护，而它之所以保护个体利益，是因为个体是团体的一个成员。"总之，从一定意义上说，日耳曼法律就是为了维护家庭和亲属关系，为了维护氏族、村落及后期的领地这些共同体的安宁。"[2] 1066 年，诺曼底公爵威廉征服英国，加冕英格兰国王，是为英王威廉一世。英王威廉一世将诺曼公国的法律制度带到了大不列颠。而由于诺曼底公国是 10 世纪初叶由诺曼人在法国北部建立的国家，而诺曼人意指"北方人"，是原先居住在与不列颠一海之隔的日德兰半岛和斯堪的纳维亚半岛的日耳曼人的一支，因此威廉一世带入大不列颠的法律制度实际上就是日耳曼法律制度。从英王威廉一世即位以后，英国法律自成体系，英国法系由此发端。虽然英国法系在其发展中也受到了罗马法的影响，但其基底与精神仍然是对日耳曼法的传承。毫无疑问，美国法律渗透着"团体本位"的日耳曼法精神，因此，无怪乎美国的现代环境诉讼制度一下子就进入了作为环境公益诉讼的环境公民诉讼时代，无怪乎美国的环境诉讼诉权着重于原告提出诉请禁令的"停止行为"的诉讼请求。相反，现代日本的法律之根深深扎在罗马法的土壤之中，而罗马法中最发达的部分就是民法，其最根本的特点是保护私权。然而，罗马法中也存在保护"公益"的诉讼，即"民众诉讼"。日本现代环境诉讼诉权不认可原告提出"停止行为"或者"撤销许可"的公益诉讼请求，大概是因为其过分强调罗马法的"个人本位"的诉讼的私权救济功能，而没有同时关照诉讼对社会公益的救济功能的结果吧。

---

〔1〕 李秀清：《日耳曼法研究》，商务印书馆 2005 年版，第 452 页。
〔2〕 李秀清：《日耳曼法研究》，商务印书馆 2005 年版，第 455 页。

（三）日本的公害审判与环境保护诉讼的诉权是在"二元机制"下运作的法权

这里所说的"二元机制"是指日本的公害审判制度与环境保护诉讼制度所确认的诉权的运作一方面通过公害诉讼、审判与环境保护诉讼来行使诉权，另一方面通过民众的环境保护运动来协助诉权的行使，两相配合，使诉权成为在"二元机制"下运作的法权。虽然随着时代的发展，日本国民日益倾向于通过诉讼途径来寻求环境权纠纷的救济，但由于传统上公害救济及公害审判制度历来都是与环境保护运动如影随形发挥作用的，这种环境纠纷解决机制在日本国民中的深刻影响力是无与伦比的。日本法学界普遍认为，"环境运动与诉讼如车子上的两个轮子，共同推动环境保护事业的发展，而且公害诉讼、审判更多是作为环境运动的一项被提起的。"[1] 在日本，如果爆发环境公害或者发生环境污染、环境破坏事件，人们就会自然而然地想到要同时运用环境运动和诉讼两种手段对污染者和政府施加强大的压力。由于环境侵害一般涉及范围广大的受害者，环境纠纷的解决不仅关系到侵害者与受害者私权关系的调整，而且关系到整个社会的稳定与发展，因此环境公害、环境污染和环境破坏以及环境纠纷的解决天然带有政治性的色彩。而环境运动根本上说来就是民众诉诸政治手段救济私人利益。铺天盖地的公众舆论和声势浩大的环境民众运动无形中给环境侵害者和政府造成巨大的政治压力，从而确保环境纠纷能够得到迅速解决，并最大限度地满足公众的环境诉求，并促使政府及时调整和修正环境公共政策，从而有力地促进环境保护事业的发展。因为环境纠纷很容易诱发环境民众运动，而环境民众运动一方

---

〔1〕 王树义主编：《环境法系列专题研究》（第2辑），科学出版社2006年版，第78页。

面是实现公众环境政策参与权的一种特别的方式，并具有高效快捷地解决环境纠纷和促进环境公共政策形成和改良的强大社会功能，所以在其他国家也不乏环境运动的实例，诸如"动物保护协会"、"绿色和平组织"等等环保公益团体经常走上街头对环境污染和破坏行为进行抗议恰恰说明了环境民众运动在环境保护中的重要作用。此外，在日本尚有受害者与加害者自行交涉、协商的解决手段，而在"二元机制"背景下运作，是日本环境诉权的根本特征。这样，日本就形成了卓有成效的环境纠纷解决机制。

然而，仅仅把公害诉讼、审判"作为环境运动的一项"提起，无形中降低了环境诉权的价值。因为，环境民众运动毕竟不是日常解决环境纠纷的方法，毕竟不可能每一起公害、环境污染和环境破坏都要诉诸政治性的群众运动来解决，日常中解决环境纠纷还要依靠司法救济手段来推行。环境民众运动纵然有深度、高效、快捷解决环境纠纷的优越性，但过多依赖环境运动进行环境侵权救济必然导致社会的震荡，影响社会和谐发展，并且有悖现代法治社会理念，甚至导致政府在不当的公众舆论的错误引导下作出不理性的决策，因为公众意见本身也并不是永远正确的。当然，日本的环境侵害救济制度的战车毕竟是在环境运动和公害诉讼、审判的"两个轮子"的共同驱动下前进的，而且环境诉讼并没有沉沦为环境运动的附属物，在实践中更多的是通过环境诉讼引发大规模的环境运动的。但环境侵害纠纷的二元解决机制毕竟存在冲淡环境诉权的危险。笔者相信，随着寻求司法途径解决环境纠纷的社会趋向的进一步增强，日本将来有可能更加突出环境诉权在环境侵害救济中的地位，使环境诉权走出在环境运动中被淡化的困境。

（四）日本的公害审判与环境保护诉讼中的诉权是缺乏环境权奠基的漂浮不定的法权

虽然日本"环境权"理论的发展对其公害审判、环境保护诉讼的发展产生了巨大的积极影响，吁求法律将环境权作为一种至高的法权赋予一切居民的呼声越来越高，但日本的法律并没有给予肯定的回答，与此同时，严格遵循"依法审判"原则的司法判决往往也相应地不认可公民环境权的存在。例如，1974 年 3 月 30 日，名古屋市南区、中川区、热田区紧邻东海道沿线 7 公里区间两侧居民共计 575 人依据《日本国宪法》第 13 条规定的"幸福追求权以及环境权"，向名古屋地方法院提起了著名的"名古屋新干线公害诉讼"，请求法院判决被告新干线所属日本国国铁公司停止新干线运营，减速运行，并赔偿损失共计 55 000 万日元。原告诉称，依据《日本国宪法》第 13 条的规定，国民有权享有安静、舒适的生活和工作环境，这是作为国民的基本人权，是不容许任何人侵犯的神圣权利，并且这一基本权利应该优先于公共性，绝对不能以实现公共性来侵害这一权利，同时，公共事业也应该采取防止公害的措施。将近 6 年半之后的 1980 年 9 月 10 日，名古屋地方法院作出了一审判决，判决被告按照原告每人 100 万日元的最高数额承担精神损害赔偿责任，但驳回了原告要求新干线减速运行的诉讼请求。原告不服一审判决，向名古屋高等法院提起了上诉。在上诉过程中，原告吸取一审败诉的经验，及时调整诉讼请求，其中对原先请求法院判决被告减速的诉讼请求调整为：基于人格权与环境权，要求被告的新干线尽可能地减速，达到在通过原告居住区的噪音、震动量控制在一定范围，即上午 7 时到晚上 9 时噪音在 65 分贝以下，震动量在每秒 2.5 毫米以下，而上午 6 时至 7 时之间和晚上 9 时至 12 时之间，噪音控制在 55 分贝以下，震动量控制在 0.3 毫米/秒。虽然原告将环境权与"人格权"捆绑在一起并降低诉讼请求的力度为"被告尽可能减速运行"以说服法院支持其诉讼请求，但二审法院认为：原告基于人格权而提起减速诉讼并无不妥；至于环境权，因为实体法上没有明确规定，因此不能据此作为诉请被告的新干线减速的依据。[1] 这样，法院判决就断然地否认了公民的环境权的存在。再如，在法院关于大阪机场噪声案的判决中和在关于伊达火力事件的札幌地方法院判决中，都将侵犯环境权的行为视为民法上的侵犯人格权对待，并不承认原告享有环境权，而福田地方法院在关于"丰前环境权诉讼"的判决中指出，由于环境权概念本身是"不明确的"，因而要承认这种权利具有法的权利性质是不可能的。[2] 由此可见，对于日本的立法和司法实践而言，"公民享有环境权"仍然只是一种意见，而不是实实在在的法权。

当然，根据日本法学界的解释，日本法律没有明确赋予公民环境权以至高的力量是有其价值考量的。主要考虑到，如果给予环境权以至高的力量，法院就将根据区域居民依据环境权的起诉对于无论处于作业中还是建设中的所有构成环境恶化的经营行为发出禁令，责令其停止作业，这将导致大量企业停产，从而使同样包含在《日本国宪法》第 13 条规定的"追求幸福的权利"之中的"公民进行文明生活的权利"在环境权之前受到威胁，这导致"环境权的内容自身构成了束缚他人自由的法律概念"的不良后果发生。基于这种担忧，则把环境权作为市民对各个环境污染源直接提起停止行为诉求的根据，就不能不说是有问题的。因此，纵然不能从完全相反的立场否定环境权，

---

〔1〕　冷罗生："名古屋新干线公害诉讼"，载《中国审判》2008 年第 7 期。

〔2〕　王树义主编：《环境法系列专题研究》（第 2 辑），科学出版社 2006 年版，第 80 页。

纵然所有公害对策都必须把环境权理念的实现作为最终目标，纵然环境行政、公害行政上的方针政策也都必须集中于为了公民环境权的实现的目标上，但应改变思想认识的角度，强调环境权的目标和理想，认识到环境保护目的的实现应该同时协调其他各种法益的实现。这样，即使认可环境权是宪法上的纲领性权利，也不能把它解释为应通过法院的审判直接加以实现的绝对性私权。由此可见，在日本，人们认为，由于法律宣布私权为神圣不可侵犯的权利，而神圣不可侵犯的私权是应该通过法院的审判加以实现的绝对性权利，因此一旦法律认可公民环境权，也就同样宣布其具有神圣不可侵犯的法律地位了，而这样一来，就无异于打开了"潘多拉的匣子"，必将危及诸如"公民进行文明生活的权利"的安全存在。因此，只能够认可环境权是宪法上的纲领性权利，而众所周知，所谓"宪法上的纲领性权利"无非就是表明这样的权利是不能够通过法院直接地、强制性地加以实现的。宪法上的权利纵然地位崇高，但它决不能同"神圣不可侵犯的、绝对性的私权"比肩并列；一个权利由宪法性权利转变为部门法上的权利并不表明其地位已经"下降"，反而是一种"上升"，这"上升"乃是一种通过由高高在上因而漂浮动荡的宪法法域向具有坚强的稳定性的部门法法域的"降落"或者"着陆"。从这个角度来看，宪法上的权利并不是实在的法律权利，而是实在的法律权利的母体或者实在的法律权利的渊源。

由上分析可知，日本并不是没有所谓的"环境权"，而是没有作为实在的法律权利的环境权，因此它是漂浮和动荡的。环境权是环境诉权的实体法基础，是环境诉权扎根于彼的基地，是环境诉权伸向天空承受阳光雨露从而开花结果的根基与土壤。而由于日本的环境权并不是实在的法律权利，它是漂浮与动荡不定的"宪法上的纲领性权利"，因此它本身决不能为环境诉权提供坚如磐石的地基，因此日本所谓环境诉权也必然是一种漂浮不定的法权，它与作为"纲领性的"宪法上权利的"环境权"一起漂浮，就像是无家可归的人在到处流浪。日本的环境诉权没有家，从而也就不可能获得像家一样的庇护之所，就没有名分和任人摆布，也必然没有发言权，而没有发言权恰恰表明它的存在并不是一种真实的存在。蜕变为稳定实在的法权必然是日本环境诉权的生长欲望，然而这是环境诉权本身所无法左右的，因为这生长的生长力只能从它的基础——环境权——中涌动，而环境权本身还有待生长成形。那么，环境权本身的生长力来源于何处呢？除了人们的思想观念之外还会有其他的所在吗？一切都在一念之间。当然，开动人们思想观念的按钮是利益。利益是法律的渊薮，而利益又有百样千种。各种利益不停地相互冲撞与耦合，演绎着人类的需求。当人类对健康、舒适的环境的需求无比强烈的时候，环境利益就会被无限放大，而高度放大了的环境利益必然寻求法律的存在，这个时候，环境权君临天下还会有人反对吗？但为什么人们不能未雨绸缪地预见环境权的法律存在的必然性呢？也许在迎接迟到的环境权作为法律存在而君临天下的将来的某个时刻，人们身上说不定带着触目惊心的累累伤痕呢。但现在的情形是：日本的环境诉权漂浮着悬临于缺乏公民环境权奠基的深渊之上。因此，我们可以这样说：在日本，有环境诉权的虚像在飘动。然而，这也已经是一个很了不起的开端了，因为那虚像犹如女神在牵引着人们去追寻享受健康、舒适的生活和工作环境的幸福生活。人们对幸福生活的追求是无法阻挡的，因而对健康、舒适的环境的追求也必然同样是无法阻挡的。所以，在法律上承认公民环境权从而环境诉权成长为实实在在的法律权利只是个时间问题——如果环境问题还会一如既往地成为问题甚至比既往更加成为问题的话。

第五节 我国环境诉讼诉权现状及评析

一、环境诉权缺位使我国环境纠纷中受害人多采用诉讼外途径维权

由于特殊的政治原因，我国台湾地区的环境保护法律制度长期处于空白状态。但自20世纪90年代前后，台湾地区的环境保护法律制度包括环境纠纷的司法救济制度得到了迅速发展。由于我国台湾地区的环境纠纷司法解决制度在很大程度上是参照日本的公害诉讼、审判制度而建立的，本书对我国台湾地区的环境诉权状况在此就不作专门介评，而只集中评述我国大陆的环境诉权现状。

近年来，我国环境纠纷案件日益增多，呈逐年上升的趋势：一方面是因为随着我国经济和社会的迅速发展，环境恶化问题日益严重，严重地影响了人民群众的正常生活；另一方面是因为随着社会主义法治国家建设进程的推进，人民群众法制意识和环境保护意识不断增强，权利意识日益觉醒，依法维权成为一种社会思潮。"根据国家环保局的统计，从20世纪80年代中期到90年代中后期，我国的环境纠纷一直保持在每年10万件左右，但是1998年以后，环境纠纷数呈现上升趋势，在短短6年多的时间里增加了约4倍。进入21世纪以来更是迅速增加，2003年突破了50万件。"[1] 如此众多的环境纠纷案件，只有少

---

〔1〕 齐树洁、林建文主编：《环境纠纷解决机制研究》，厦门大学出版社2005年版，第18页。

量进入司法解决程序，大量的环境纠纷通过诉讼外的途径加以解决。2006年4月，中华环保联合会副秘书长、国家环保总局政策法规司原司长李恒远接受CIEN记者李凤荣采访，当记者问到公众有哪些环境维权途径时，李恒远说："近年来，各地加大了维护环境权益力度，公检法司在这方面都引起了高度重视，加大了环境维权案件的受理力度；行政执法部门对环境破坏的立案也越来越及时。但是具体离百姓的要求还有差距，我们现在还有相当多的环境权益没有得到很好的维护和保证。这就要求一方面要加强环境执法，把污染和破坏很好地控制下来，一方面要广泛宣传环境权益，让老百姓知道自己有这么一些权益，知道怎样主张自己的权益，怎样去维护自己的权益。如果自己的环境权益受到侵害，就要向当地环保行政主管部门举报，让行政主管部门来帮助自己维权。这是第一个途径。第二个途径，直接申请行政执法，来终止他的破坏行为，而且要求得到补偿，直到行政处罚、终止侵权行为为止。第三个途径，通过新闻媒体让这些侵权者在全社会曝光，给他一个老鼠过街人人喊打这样一个局面，使得他要收敛自己，去改正自己，媒体在这方面是起了很大的作用。第四个途径，通过诉讼向人民法院起诉侵害环境权益者，要求他终止侵权行为并赔偿损失。如果向当地环保行政主管部门举报过，而主管部门不作为，就可以通过行政诉讼来要求他作为。如果构成了破坏环境资源罪，则可以举报到检察机关提起刑事诉讼追究他的刑事责任。"[1]

发生在20世纪80年代初的武汉煤炭装卸码头事件就是一起环境纠纷受害人进行诉讼外维权的典型案例：武汉港41码头自1974年起，逐年扩大煤炭的装卸量，到1983年，已经达到每日

---

[1] 载 http：//finance. sina. com. cn/chanjing/b/20060420/14142516668. shtml.

3000 吨的煤炭装卸量，但用于装卸作业的两台链斗式卸煤机却没有采取任何防尘措施，致使对周边居民的生活环境造成严重污染，码头附近二七新村一带的两万多居民深受其害，如果几天不下雨，屋顶上的红瓦就变成了黑瓦，居民不敢开门窗，不敢晾晒衣物，热天不敢外出乘凉，苦不堪言。当地居民多次向武汉港务局、武汉市人民代表大会常务委员会等单位反映，要求责令 41 码头领导采取防治措施，保障他们的合法权益，但均无结果。1983 年 7 月，天气炎热，煤尘污染严重地影响居民的正常生活，当月 5 日、6 日已连续有成群居民来到码头阻止煤炭装卸，但仍然没有引起 41 码头和武汉航运部门有关领导的重视。7 日下午刮起了四五级的南风，但 41 码头照常卸煤，煤尘弥漫，20 米之外看不见人影。当日傍晚，数十名忍无可忍的居民涌入码头，他们砸毁了配电房、卸煤机、皮带机等部分生产设备，造成该码头停产一周、损失一万多元的后果。事件发生的次日，公安部门抓了三个为首的居民，并要求检察机关向人民法院提起公诉，追究他们的刑事责任。中央领导得知此事以后，严厉批评了武汉航运部门的领导，使他们认识到自己的错误，改变了态度，并组织人力、物力进行治理，给所有的卸煤机安上了防尘罩和喷水防尘装置——高压喷水枪，大大减轻了煤尘污染，终于得到了群众谅解，使纠纷得到了解决。被抓的居民也放了出来。[1]

可见，在我国现阶段，环境纠纷中的受害人在诉讼外寻求救济的主要途径包括：①与侵害人协商解决；②协商不成的可以请求人民调解委员会调解或者向行政执法部门举报，借助国家行政部门的力量强制环境侵害者停止侵害行为、采取补救措

---

〔1〕 邓建煦："正确处理公民环境权的纠纷——从分析一起重大的污染案件谈起"，载《法学》1986 年第 4 期。

施;③在上述道路都走不通的情况下,可以进行自力救济,受害人自己行动起来并依靠新闻媒体的舆论力量,开展环境保护群众运动。当然,从维护国家稳定大局出发,我国是不可能提倡通过环境保护的群众运动来解决环境纠纷的,特别是近年来我国各级政府高度重视环境保护工作,不断加大环境执法的力度,环境行政部门一旦接到受害群众的举报,必然迅速做出反应,因此爆发环境保护的群体事件的可能性不大,在大多数情况下受害人没有必要通过群众运动来进行维权。但作者认为,不能一概拒斥环境保护群众运动,因为环境保护运动对于推动环境保护事业的发展具有巨大的作用,特别是新闻传媒的舆论监督在环境保护中具有不可替代的重要作用。况且,我国环境灾难或者大范围的环境破坏事件很有可能随时爆发,而一旦环境行政部门对环境灾害处理不当,很有可能爆发环境群体纠纷事件。在这种情况下,人民政府对人民群众自发进行的环境保护运动应进行正确的引导,高度尊重广大群众的环境公共政策参与权,充分发挥行为媒体的舆论导向作用,使那些破坏环境、危害人民群众生存环境的人真正成为过街的老鼠,人人喊打。只有这样,才能有力推动我国环境保护事业的发展。

二、我国环境诉权的现行法律根据

我国没有环境诉讼法,然而这并不说明环境诉权在我国没有任何法律上的依据。根据我国《环境保护法》第6条的规定,对于污染和破坏环境的单位和个人,一切单位和个人都有权进行检举和控告。其中的"控告"就含有提起环境诉讼的内容,这可以看做是我国环境诉权的法律依据。当然,这里有这样几点要说明:首先,由于诉权是诉讼主体对法院行使的权利,因此环境诉权和其他任何诉权一样,是程序法上的权利而不是实体法上的权利。照此说来我国就没有环境诉权。但是，由于我国环境保护法律制度不发达，我国唯一的一部环境保护基本法律——《环境保护法》是实性规范和程序性规范兼容并包的法律，因此规定环境诉权的法律规范出现在这部法律中是一个客观存在的事实，所以，该法第 6 条的规定可以看做我国承认环境诉权的法律根据。否则，完全否认我国法律上的环境诉权的存在，认为环境诉权仅仅是理论上的东西和实践中的摸索是不符合事实的，同时也不利于在实践中开展环境诉讼探索。其次，我国现行法律规定的环境诉权还是含混不清的，只有环境诉权的精神实质，没有环境诉权的具体内容。一部《环境保护法》不仅是实体法规范和程序法规范兼容并蓄的，而且是环境法律规范与行政法律规范杂处的，其环境救济规范甚至包括民法、民事诉讼法和刑事诉讼法律规范的内涵，地地道道是个环境保护的"法律杂烩"，所以，其所谓"控告"之权是否明确地指示着环境诉权是十分不明确的。我国环境诉权仍然在生长之中，它的真正诞生要在一部囊括一切的《环境保护法》分化组合的基础上才能实现。真正明确而实在的环境诉权只能来自于环境诉讼法的规定，而我国现行《环境保护法》只具备环境诉权的理念和精神。最后，所谓"一切单位和个人"都有权检举和控告是着眼于公众的环境公共政策参与权而作的立法规定，不可能是针对环境诉权作出的规定，因此，决不可以此为根据认为我国法律认可环境公益诉讼的诉权存在，更不可以此为根据认为环境诉权归一切单位和个人。环境诉权只能为环境权的主体所拥有，单位不可能享有环境权，因此也不可能有环境诉权。

三、我国环境诉讼与环境诉权在实践中的探索与发展

我国没有真正建立起环境诉讼制度，对于环境诉权也没有

任何程序法律制度上的明确规定。但决不能因为我国还没有建立环境诉讼制度，还没有明确设定环境诉讼诉权，就否认我国存在环境诉讼和环境诉权。德国哲学家黑格尔有这样一句名言："凡是合乎理性的东西都是现实的。凡是现实的东西都是合乎理性的。"[1] 在环境保护意识日益增强的今天，建立环境诉讼制度，从法律上赋予个人和社会组织环境诉权显然是合乎理性的东西，因此环境诉讼和环境诉权是现实的。尽管目前我国法律还没有认可公民、法人和其他组织享有环境诉权，可以提起环境诉讼，但在实践中，我国已经进行了大量的环境诉讼探索，有些法院在判决中对此作了明确的肯定。

我国人民法院在判决中认可环境诉权的第一个著名的案例是 2003 年 4 月 22 日山东省乐陵市人民检察院诉范金河污染案。在该案中，原告乐陵市人民检察院以被告范金河经营乐陵市金鑫化工厂损害国有资源，造成环境污染，影响社会稳定为由，提出如下诉讼请求：①停止对社会公共利益的侵害；②排除对周围群众的妨害；③消除对社会存在的危险；④将乐陵市金鑫化工厂依法取缔。乐陵市人民法院在查明案件事实的基础上，于 2003 年 5 月 9 日对该案作出了（2003）乐民初字第 711 号民事判决，对于原告提出的四项诉讼请求全部予以支持。在该案中，虽然起诉状和判决书都冠以"民事"字样，但实际上它与传统民事案件有本质区别：首先，虽然承担民事责任的方式包括停止侵害、排除妨害、消除影响，但"停止对社会公共利益的侵害"、"排除对周围群众的妨害"和"消除对社会存在的危险"已经不属于民事责任的承担方式，而是承担环境责任的方式。其次，"依法取缔"与民事救济方式没有任何共同之处，是

----

〔1〕　杨祖陶：《德国古典哲学的逻辑进程》，武汉大学出版社 2006 年版，第180 页。

一种全新的救济方式。因为传统民事诉讼是对私权的救济，而民事救济属于"事后救济"，即使法律上承认当事人有所谓的"期待利益"与"后续治疗费"等请求权，那也是以违约或者侵权事实已经发生为基础的，而"依法取缔"的救济完全指向将来，是"预防性"的救济。传统民事诉讼和行政诉讼是绝不会认可"预防性诉权"的。所以，该案认可的诉权属于一种全新的诉权，它是环境诉权。由此可见，该案虽然沿用传统民事诉讼的术语，与民事诉讼有一定的牵连，但实质上它是一种新型的诉讼，即环境公益诉讼，其中运作的诉权属于新型的诉权，即环境公益诉讼诉权。尽管环境公益诉讼与环境公益诉讼诉权还没有得到法律上的确认，但该案的起诉和审判却认可了其现实的存在。

2004年4月20日，四川省资阳市雁江区人民检察院对污染环境的石材加工厂发出的"雁检民行建字〔2004〕6号"和"雁检民行建字〔2004〕10号"检察建议书，以被建议人擅自向河道排放石浆，造成河道污染和堵塞，致使当地居民无法灌溉、饮水困难，严重影响村民的生产、生活为由，对被建议人提出对排放设施进行整改，建立沉淀净化池，使排出水达到环保指标，并对因排放的石浆水造成河床升高、河道堵塞进行清理，将河道恢复原状的建议，并告诫被建议人，如不积极治理污染，继续侵害"三农"，将对其提起诉讼。而资阳市雁江区人民检察院向污染环境的企业提出检察建议这件事情，也从一个侧面反映出我国环境诉权具有在实践中的运作空间。这与美国环境公民诉讼的"提前60日告知"有类似之处。而且资阳市雁江区人民检察院的检察建议书还不仅仅是个提醒环境侵害人"莫谓言之不预也"的起诉警告，更对其如何消除环境危害、采取补救措施提出了具体的建议，让环境侵害人明确知道建议人保留随时通过诉讼追究其法律责任的权利和可能性，而对方也相信建议者有此权力。由此可见，在我国，不论作为国家法律监督机关的人民检察院还是普通的民众和企业组织都不同程度地确信环境诉讼和环境诉权存在是合乎理性的，因而是现实的。

在发生于 2007 年 12 月 10 日，被誉为"贵州省环境公益诉讼第一案"的贵阳市"两湖一库"管理局诉天峰化工有限公司环境侵权损害纠纷一案中，贵州省贵阳市清镇市人民法院环境保护法庭于 2007 年 12 月 27 日公开开庭审理并当庭作出如下判决：被告贵州天峰化工有限公司在判决生效之日起立即停止使用磷石膏尾矿废渣场，停止磷石膏尾矿废渣场对环境的危害，并于 2008 年 3 月 31 日前消除对环境的影响。庭审结束后，被告服判，其有关负责人表示，他们将立即停止新增磷石膏的排放，并立即治理已存在的磷石膏尾矿库，在规定时间内完成治理工作。[1]

"贵州省环境公益诉讼第一案"对我国环境诉讼和环境诉权在实践中的发展具有重要意义。它有以下几个方面的新发展：

1. 首开"官告民"环境民事公益诉讼的先河。在我国传统的诉讼制度中，民事诉讼的原告可以是作为行政机关的"官"，但行政机关在民事诉讼中是作为与对方当事人处于平等地位的民事关系的一方当事人出现在诉讼中的，其寻求司法救济的目的是维护本单位的民事权益。而在该案中，作为原告的贵阳市"两湖一库（红枫湖、百花湖、阿哈水库）"管理局在性质上是行政机关，其提起的环境侵权损害诉讼并不是为了维护本单位的民事权益，而是对环境公益进行司法救济，法院在审判中认可了原告的诉讼主体资格。随着法治社会建设的发展，越来越

---

〔1〕　阎志江："贵州环境公益诉讼第一案判决为公益'官告民'胜诉"，载《法制日报》2008 年 1 月 4 日，第 6 版。

多的人认可公益诉讼的存在价值，但人们提到公益诉讼，一般都认为人民检察院最合适作为原告。在该案中，行政机关却成为环境公益诉讼的原告，并且其诉讼主体资格得到了人民法院的认可，这在我国环境诉讼的实践中尚属首例，对于推动我国环境诉讼制度的发展具有不可估量的价值。

2. "环境保护法庭"首次进入了社会公众的视线。纵然我国法律上还没有认可环境权，更没有认可环境诉权，但在我国的司法实践中却出现了专门受理和审判环境纠纷案件的环境保护法庭，这无疑为调动广大人民群众参与环境保护的积极性，增强广大环境侵害的受害人拿起法律武器通过诉讼维权的信心。这也表明我国司法部门已经默认了环境诉权的存在。这对我国其他地方的人民法院开展环境纠纷案件的审判工作也是一个鼓舞和推动，并引发了环境诉权在实践中的进一步发展。比如，2008 年 5 月初，无锡市两级人民法院相继成立环境保护审判庭和环境保护合议庭，受理检察院、环保部门、环境社会团体以及社区物业管理部门提起的诉讼。因此，该案被评为 2007 年全国最有影响力的公益诉讼案件之一。[1]

3. 突破了现有法律框架中"直接利害关系人"的起诉条件的限制。该案判决确认了行政机构在环境诉讼中的原告主体资格，突破了我国《民事诉讼法》第 108 条规定的原告必须"是与本案有直接利害关系的公民、法人或其他组织"的限制，是诉权理念在实践中的巨大发展。这就极大扩展了环境公益诉讼原告的范围，降低了诉权行使在"当事人适格"上的门槛，体现我国执法部门和司法实践部门勇于探索的魄力，有利于环境保护事业的发展。

---

〔1〕 别智、别涛："环境公益诉讼进展概述"，载《环境保护》2009 年第 2 期。

4. 法院判决旗帜鲜明支持原告的"停止行为"的诉讼请求。该案中贵阳市清镇市人民法院判决被告贵州天峰化工有限公司在判决生效之日起立即停止使用磷石膏尾矿废渣场，停止磷石膏尾矿废渣场对环境的危害，并于 2008 年 3 月 31 日前消除对环境的影响。这体现了典型的环境公益诉讼应有的特色，比起日本的公害审判和环境保护诉讼中法院只认可"损害赔偿"，不认可"停止行为"有巨大的进步。

2008 年 12 月 5 日，原告江西省新余市渝水区人民检察院以被告下河镇仙女湖花园山庄和鹿洲发展有限公司违反国家《水污染防治法》，污染仙女湖水源为由向江西省新余市渝水区人民法院提起公益诉讼。江西省新余市渝水区人民法院于 2008 年 12 月 11 日公开开庭审理了该案，该案最终调解结案，双方当事人自愿达成调解协议，两被告保证在 2009 年 3 月 6 日前进行整治，实现污水"零排放"，并对坐落于仙女湖风景区内的一座岛上的养鹿场进行搬迁，并且被告对检察机关依法办案表达了真诚的谢意。

2009 年 6 月 18 日上午，锡山区人民法院在东北塘法庭公开开庭审理了原告江苏省无锡市锡山区人民检察院以被告李华荣、刘士密盗伐林木破坏高速公路公共环境一案，依法判决被告李荣华、刘士密在无锡市锡山区农林局制定的范围内共同补种意杨树 19 棵（相同树龄），并从植树之日起管护一年六个月，补种树木及管护期间，由无锡市锡山区农林局负责监督。

上述两起由人民检察院作为原告提起的环境公益诉讼似乎反映出我国司法实践中对环境公益诉讼的探索已经有了某种定型化倾向，即环境公益诉讼一般由人民检察院行使诉权，而人民法院的判决或者调解的内容都包括了要求被告采取"整治环境"的措施，并没有追究被告损害赔偿的责任，反映出我国实践中的环境公益诉讼倾向于借鉴美国环境公民诉讼的救济措施。
并且,一种新型的法律责任形式——环境责任——初露端倪,
如补种与管护树木。

2009 年 7 月 6 日,江苏省无锡市中级人民法院下达案件受
理通知书,正式对中华环保联合会诉江苏省江阴港集装箱有限
公司环境污染侵权纠纷一案立案审理。这是我国首例正式立案
受理的社团环境公益诉讼,并且在该案中还有志愿律师"签约"
参与。这标志着我国环保非政府组织的环境公益诉讼诉权得到
了司法机关的认可。

此外,我国在实践探索中的环境公益诉讼诉权还出现了所
谓"另类"视角,即以自然物种作为原告的环境公益诉讼。不
过,笔者以为,重视环境保护是必须的,但也不能为引起轰动
效应采取过于激进的行为,例如把诸如姆鲑鱼之类的不可能具
有法律主体地位的动物作为环境公益诉讼的原告。从各国审判
实践来看,目前尚无认可动物有环境诉权的先例。这也是根本
不可能的,因为如果法律上认可了动物有主体资格,那将根本
违背法律理性,动摇人类法律制度的根基。因此,在探索环境
诉讼和环境诉权的过程中,我们应该抱着务实的态度,不宜效
尤另类。

四、对我国环境诉讼诉权现状的评析

我国环境纠纷案件的频繁发生及其面临的司法解决困境,
促使人们环境诉权意识的觉醒。从我国环境诉讼诉权在实践中
的探索发展来看,我们可以得出以下结论:

(一)实践中逐渐确立了全面的环境公益诉权

纵然我国在法律上对于环境诉权没有只字片言的规定,但
由于法学理论界长期以来对外国环境诉讼制度,特别是美国环

境公民诉讼制度的引介和不断呼吁，并经司法实务界的大胆探索，可以说我国的环境公益诉讼机制和环境公益诉讼诉权在实践中已经破土而出，实现了从无到有的突变。这件事情再次表明人类理性是社会变革的重要力量；说明不管人们承认也好，不承认也好，喜欢也罢，不喜欢也罢，凡是合乎理性的东西都是现实的，即使它现在还不存在，将来也是一定会存在起来的。同时这充分说明了"生活就是法律，法律就是生活"的道理，说明实践不仅是认识和真理的源泉，同时也是法律的源泉，说明社会的需要和社会实践是法律生长的肥沃土壤。

我国处于实践探索中的环境公益诉讼诉权并没有采纳德国的模式，与德国的环境公益诉讼诉权有重大的区别。在德国，环境公益诉讼诉权的原告资格被赋予了单一的主体——环保非政府组织，诉权行使的法域是行政诉讼，属于"民告官"的诉权，而我国实践中操作的环境公益诉讼诉权的原告资格主要被赋予了人民检察院，同时还有相关的行政机构，诉权的动用局限于民事诉讼领域，属于"官告民"的诉权。我国实践中确立的环境公益诉讼诉权与美国的环境公民诉讼诉权有相似之处，但又有差别。相同之处在于：首先，二者都是全面的环境公益诉讼诉权。美国的环境公益诉讼诉权属于全面的公益诉讼诉权，因为美国的环境公民诉讼的起诉主体是任何人，包括个人、社会组织以及除联邦政府之外的所有政府部门，被告可以是任何人，包括美国联邦政府，其诉权行使的法域既可能是行政诉讼也可能是民事诉讼。而我国实践中运行的环境公益诉讼诉权的起诉主体在较长一个时期内只包括人民检察院和行政部门，而环保非政府组织以及个人作为环境诉讼原告还没有进入人们的视线，例如杭州市民金奎喜就有关部门在西湖风景区建设无关项目状告市规划局，却被认为不具备原告主体资格；云南省发生的金光集团毁林案被曝光之后，有关环保组织却因原告主体资格不被认可而无法提起诉讼。但 2009 年 7 月 6 日，人民法院首次认可了环保非政府组织的原告主体资格，标志着我国环境公益诉讼诉权在实践中向前发展了一大步。目前，有的学者已经开始呼吁赋予个人环境诉讼诉权，如孙瑞灼撰文指出："让公民成为环境公益诉讼的主体，既是保障公民环境权的具体体现，更是促使公民参与环保的强大动力。"[1] 笔者相信，随着实践中环境公益诉讼的进一步展开，在不久的将来，我国司法机关也同样会认可个人作为环境公益诉讼的原告主体资格。其次，从环境公益诉讼诉权运行的法域来看，都既包括民事诉讼，也包括行政诉讼。二者的不同之处在于：美国的全面的环境公益诉讼诉权来源于法律的明确规定，并且是突进式的；而我国的全面环境公益诉讼诉权只是司法机关在实践中的认可，并且呈现渐进式的发展态势。

（二）环境私益诉权在人们的视野之外

环境诉讼如果仅仅限于环境公益诉讼，环境诉权如果仅仅包含公益环境诉讼诉权，则环境诉权就会沦为某种"管闲事"的法权，尽管其救济的是社会公共利益即环境公益。要想真正激发人民群众对环境公共政策的参与的积极性，更加有力地推进环境保护事业的发展，必须使环境诉权成为人人都可以享有，并且为维护自身合法权益的权利。虽然"人在本性上都是自私的"使我们多少有些失落，但我们不能否认事实上就是这样。我们虽然不能赞扬甚至提倡"主观为自己，客观利他人"的人生观，但"利益激励机制"是我们无法回避的。要想真正动员广大民众积极参与环境保护，就要建立"利益激励机制"，使人

[1] 孙瑞灼："让公众成为环境公益诉讼主体"，载《中国环境保护》2009 年 7 月 14 日，第 2 版。

们真正感到实施环境诉讼首先是为自己维权。因此，我国应该赋予环境私益诉权，而不能仅仅认可环境公益诉权。对于环境私益诉权问题，这里只是简单提出个梗概，详细内容留待以后进一步探讨。

（三）环境诉权缺失实体权益的奠基

法律上没有明确赋予公民环境权是我国环境诉讼制度的最大缺陷，它使我国实践中运行的环境诉权缺失实体利益的奠基。"权利保护请求权说"是人们普遍认可的诉权理论。按照人们的一般认识，一个人"因何可以提起诉讼"这一问题的答案就在于"我有权，故我起诉"或者"我有利益，故我起诉"。诉权绝不是什么空洞的"起诉可能性"或者"纠纷解决请求权"。诉权之为诉权在于它的根深深地扎在实体法之中。因此，如果不解决环境权问题，环境诉权就是飘萍无据的清谈，缺乏令人信服的力量。尽管我们可以对我国目前在实践中探索和运行的环境公益诉讼诉权突破"直接利害关系"的局限这件事情发出惊喜和赞叹，但这种"突破"如果不同时为环境诉权奠定一个新的地基，则对于环境诉权来说并不一定是好事，因为那样将使环境诉权面临实体法基础塌陷的深渊，或者仅仅满足于武断地宣布"某某作为环境诉讼的原告是适格的"，这将是环境诉权的大不幸。2006 年 4 月，中华环保联合会副秘书长、国家环保总局政策法规司原司长李恒远在接受 CIEN 记者李凤荣采访时指出："当前我国环境维权面临的一个最大问题，就是我们百姓不太清楚自己有哪些环境权利，这是一个。第二就是受到侵害以后，即使知道自己的环境权利受到了侵害，但是不知道怎样主张自己的权利，第一不清楚不主张，第二清楚想主张但不知道怎样主张。第三他主张自己环境权益，由于方方面面原因，长期得不到很好的解决，这种情况也是比较多地存在。"[1] 我们百姓之所以"不太清楚"自己有哪些环境权利，之所以"不知道怎样主张"自己的权利，之所以即使懵懂地主张了权利，但"长期得不到很好的解决"，其症结并不在于我们百姓的无知，而在于我国法律的空白。环境权是环境诉权的实体法之根，缺少环境权奠基的环境诉权就会像肥皂泡一样，尽管五彩缤纷，尽管耀眼夺目，但太脆弱，一碰就破，没有真实的生命力。

---

[1] 载 http：//finance. sina. com. cn/chanjing/b/20060420/14142516668. shtml.

第二章 环境诉权奠基于环境权

——环境诉权的实体法之根探析

环境诉权是法律规定的，当事人进行环境诉讼的程序上的基本权。然而，当事人启动和进行环境诉讼程序的目的并不在于实现程序利益本身，也就是说，环境诉权动用的动机不在环境诉讼程序之内，而在环境诉讼程序之外。由此，环境诉权之根必然要伸出环境诉讼程序之外，扎在某个地基之上。某个处于环境诉讼之外的东西构成了环境诉权的渊源。这渊源就是实体环境权益，归根到底就是环境权。

诉权的根源之争，从而实体法与诉讼法之间的关系之争，由来已久，并远远没有得到最终解决。尽管程序法早已从实体法的阴影笼罩中走出来，成为独立的法律部门；尽管人们起劲地鼓吹程序法的独立价值，甚至认为诉讼程序乃是实体法发展的母体；尽管人们高扬程序正义的旗帜，认为诉讼追求的最高价值在于纯粹程序正义，如此等等。然而，无论如何，我们也不能回避这样的问题：诉讼法的存在和发挥效用到底还需要不需要实体法？诉讼法是单枪匹马去从事诉讼还是需要实体法的配合来进行诉讼呢？通过诉讼我们仅仅得到了程序正义是否就足够了？所有这些问题都可以归结为诉讼法与实体法之间到底有没有联系这个问题。显然，对于这个问题我们必须作出肯定回答，哪怕是令人诧异的所谓诉讼法是实体法发展之母体的那样回答。对于本专题研究来说，环境诉权必然是或者扎根于实体法或者扎根于诉讼法的，所以我们就要来寻找环境诉权扎根于彼的大地与土壤。而我们最终所能寻求到的答案只能是环境权是环境诉权的实体法之根。

第一节　环境诉权就是环境权利保护请求权

一、诉权与环境诉权的含义

存在于同一个社会之中的个人与个人之间、社会组织与社会组织之间以及他们相互之间难免发生各种各样的争执。在法学理论和法律实务中，使用更普遍的是"纠纷"而不是"争执"。笔者以为，"争执"是最适当的词语。因为"纠纷"表达的是一种纷乱如麻的状态，是静态展示；而"争执"表达的是一种为了实现控制而你争我夺的态势，是动态描述。争执之"争"繁体写为"爭"，是会意字，它向我们显示这样的情形：上下两只手分别向自己方向拽那个"ㄟ"（被争夺之物），如此用力地争夺，以至于几乎把那被争夺之物——"ㄟ"给拉直了。人们之所以如此坚持去争夺，是因为那被争夺之物——"ㄟ"是人们安身立命的本钱，它可能是财富，可能是荣誉，可能是是非，可能是罪责，也可能是其他珍贵之物。既然它如此重要，我们为什么不争呢？必须争，必须争个清清楚楚、明明白白。只要人生活着，他就要争，争财产、争地位、争是非、争罪、争气、争舒适的生存环境……因此，争，是人的天命。甚至连被我们虚构出来的作为无比崇高的偶像去顶礼膜拜的神也要争，所谓"佛争一炷香"说的就是这回事。争执有激烈与缓和的差异。当争执非常激烈的时候，我们就说存在着"冲突"，"在形式上，它表现为社会主体间的分歧、争执、抵触乃至斗争"[1]。所以，当我们说"民事争执"、"行政争执"、"环境争执"的时候，我们说得最为适恰。然而，既然人们已经习惯于作"民事纠纷"、"行政纠纷"、"环境纠纷"、"解决环境纠纷"、"环境纠纷的解决"等之类的表述，笔者也就无意于枉费力气改变人们的习惯说法。因此，仍用"环境纠纷"来表达"环境争执"，只是在探讨环境诉权的时候要在认识上永远保留这个条件："环境争执"才是对人们在因环境权益所产生的矛盾的最恰当的表述，而"环境纠纷"乃是习惯的说法。同样，仍用"解决"环境纠纷来表达"平息"环境纠纷，只是要保留这样一个条件："平息环境纠纷"比"解决环境纠纷"更恰当，因为，从理想状态与社会和谐理念看，一切争执都要得到内在的"平息"，而不仅仅是外在的"解决"。

发生了纠纷就要解决，纠纷非常激烈从而发展为冲突的时候，就要平息；否则，社会稳定与和谐便无从谈起。纠纷的解决途径因纠纷的类型和性质的不同而有别。社会纠纷大体可以分为三个层次：政治纠纷、法律纠纷和道德纠纷。我们这里只讨论法律纠纷及其解决。宪法的冲突事关国之根本，这是一种特别的社会冲突，已经不仅仅是法律问题，而是具有强烈的政治色彩，因此它只能通过十分特别的途径——违宪审查方式予以解决，甚至宪法的冲突还有可能通过最激烈的形式——社会革命加以最终解决。犯罪是法律纠纷的极端形态，体现为国家与犯罪人或者犯罪单位之间的激烈冲突，其解决只能通过终极的途径即诉讼。除此之外的法律纠纷，包括民事纠纷、行政纠纷、环境纠纷，它们的解决途径都是多种多样的，人们经常谈

---

〔1〕　田平安："平息民事冲突　促进社会和谐"，载《郑州轻工业学院学报（社会科学版）》2007 年第 1 期。

论的"纠纷解决机制"指的就是这种情形。大致说来，发生了环境、民事和行政纠纷，当事者可以选择自主解决，也可以选择裁判解决。自主解决的结局体现纠纷当事人自己的意志，程序上没有严格限制，相当灵活与自由，只要不违反法律的强行性规定，国家都予以承认。自主解决的方式大致有自行和解与调解。裁判解决有严格的法定程序，纠纷解决的结局一般也不体现纠纷当事人的意志，而是体现裁判者的意志，当然，在裁判者运用调解方式结案时，解决的结局则共同体现纠纷当事人和裁判者的意志，因为尽管调解协议的内容由双方当事人协商确定，但是否生效要经由裁判者的审查。裁判解决的方式包括仲裁和诉讼两种。在众多的纠纷解决方式中，遵循"司法最终解决"的原则，即通过自行和解、调解、仲裁而不能彻底解决的纠纷，都要由司法机关通过审判的方式加以最终解决。诉讼作为法律纠纷的最终解决方式，体现国家的强制力，是公权力解决纠纷，即使当事人对解决的结果不满意，只要法律规定的救济手段已经用尽，也必须服从，因此它是法律纠纷的"最终解决"。

纠纷发生以后，除非有在先的有效仲裁协议，当事人通过诉讼之外的途径不能解决纠纷的，双方当事人中任何一方都可能向法院提起诉讼；也可以不经诉讼外的解决方式，直接向人民法院提起诉讼，请求国家司法机关进行裁判，以解决当事人之间的民事纠纷。原告可以请求人民法院认可自己的诉讼主张，支持自己的诉讼请求，对自己进行司法保护；被告可以请求人民法院不予认可原告的诉讼主张，驳回原告的诉讼请求，保护自己的合法权益。然而，纠纷当事人凭什么可以要求人民法院启动诉讼程序裁判他们之间的纠纷呢？当事人有什么资格要求人民法院对他进行司法保护？原因就在于当事人享有诉权。也只有当事人才享有诉权。

所谓诉权，简单地说，就是司法保护请求权或者司法解决请求权。所谓环境诉权，就是指基于环境侵害、环境破坏或者环境侵害危险的事实，为维护自身的合法权益，具有环境权益的特定主体提起和参加环境诉讼程序以及相对方参加环境诉讼程序，并要求人民法院对环境纠纷案件作出裁判的权利。环境诉权应当具有的特征是：首先从程序上看，环境诉讼双方当事人的环境诉权不完全对等：原告，即环境侵害、破坏、危险的受害人或者受威胁人享有起诉权，但被告不享有反诉权；环境诉讼被告应承担主要举证责任；其他程序方面的诉权为当事人双方平等享有。原告起诉、主张、撤诉是行使诉权。相应地，被告应诉、抗辩、认诺或者自认也是行使诉权。从实体上看，环境诉讼的结局只能是一方胜诉，另一方败诉；胜诉权只能为双方当事人之中的一方所享有。

环境诉讼当事人享有环境诉权，当事人因享有环境诉权就会行使环境诉权。当事人向谁行使环境诉权呢？向人民法院行使诉权。环境诉权也只能向法院行使。在设立环境保护人民法院的情况下，普通人民法院没有管辖权，环境诉权只能向环境法院行使。当事人向法院行使环境诉权，法院对此必然做出回应。法院凭什么要对当事人行使环境诉权的行为做出回应？因为法院拥有环境审判权。审判权是权力而不是权利，不可放弃，必须行使；行使审判权是法院的职权。法院用什么样的行为来回应当事人行使诉权的行为？进行审判。

应该认可有"环境诉讼法学"这样一门学问。环境诉讼法学的研究对象就是环境诉讼。而研究环境诉讼，首先就要研究环境诉权，以期获得一块立足之地。研究环境诉权，就是追问"人们因何可以提起环境诉讼"这个问题，就是要找到人们以环境诉讼的生存样式寻求司法救济的根源何在的答案。由此形成的理论就是环境诉权论。环境诉权是环境诉讼的基石，环境诉权论是环境诉讼法学开拓的第一块根据地，从而，环境诉权论就当之无愧地成为环境诉讼法学理论的核心。

二、传统诉权论的主要学说考察

环境诉权是环境诉讼的基石。然而，环境诉权并没有得到我国现行法律的明确认可。行动的理论是行动的先导；没有行动的理论，便没有行动本身。法的理论是法的行动和法律制度的先导。这就决定了环境诉权理论具有十分重要的地位：环境诉讼实践、环境诉讼立法乃至实体环境保护法的完善都有赖于环境诉权理论的发展。环境诉权理论是一个崭新的课题，目前我国关于环境诉权的理论研究主要集中于对环境公益诉讼原告主体资格的探讨上，环境诉权理论没有形成体系，从某种意义上说，虽然环境诉讼不同于民事诉讼，但环境诉讼与民事诉讼毕竟是"近邻"，在诉权的基本原理方面，环境诉权理论与民事诉权理论必然是相通的，从而民事诉权理论完全可以为环境诉权理论所借鉴。虽然我们不能把民事诉权理论的内容当作现成备用的东西直接贴上环境诉权的标签，但我们完全可以通过对民事诉讼诉权理论的考察从中得到有益启示，从而为构筑环境诉权理论提供方向和思路。因此，研究环境诉权理论，先行考察民事诉讼诉权理论就显得十分必要。

简要考察民事诉讼诉权理论发展的历史我们就会发现，从追问人们"因何可以提起诉讼"开始的诉权研究，却引导学者转而对实体法与诉讼法之间的关系展开研究。诉权研究似乎一开始就走上了岔道：学者们离开了诉权研究本身，扭身而去，转向了诉讼法与实体法之间的关系问题。其实并非如此，因为这样的离开并不是远离，而是返身走近，来到切近处倾听诉权说它自己。因为，作为诉讼基本权的诉权，不外乎法律的赋予或者认可，而诉讼所关涉的法律以及诉讼中诉权所关涉的法律无非就是实体法和诉讼法这两者。但是，诉权究竟是扎根于实体法领域呢，还是扎根于诉讼法领域呢，抑或诉讼法与实体法都是诉权的渊源呢？这个问题目前还是悬而未决的，如何理解诉讼法与实体法之间的关系是诉权理论的一个主题。说明诉讼法与实体法之间的关系，无非就是说明诉讼法和实体法这两者究竟是相互独立、彼此平行的，还是二者有主次之分。在传统的诉讼诉权理论中潜藏着实体法与程序法之间的较量，并形成两个阵营：一方要争取程序法的独立生存权；另一方则压制主张程序法独立的趋向，要使程序法永远做实体法的婢女。可以说，在诉讼法学理论领域中，轰轰烈烈的诉权论之争只是诉讼法学理论河流的浪花，暗流涌动的则是诉讼法与实体法的关系之争。

　　诉权理论是由德国学者在 19 世纪创立的。德语阴性名词"Klage"意指"悲叹"、"诉苦"、"抱怨"、"起诉"、"控告"、"起诉书"，中性名词"Recht"意指"法"、"法律"、"正义"、"权"、"权利"、"权力"。由上述两个名词复合而成的"Klagrecht"，意思就是诉权。可见，从语义上说，诉权就是指"起诉的权利"。就民事诉讼来说，由于双方当事人在程序上平等地享有诉权，因此，诉权是指"进行诉讼的权利"。罗马法中的"action"也是诉权的意思，但那时的"诉权"不同于现代意义上的"诉权（Klagrecht）"，因为罗马法中的"action"一词除了意指"诉权"之外，还意指"诉"、"诉讼"等，它实际上只不过是在实体法与诉讼法合体、请求权与诉权不分的情况下表明按照法律规定而成立的某种具体事实可以开始诉讼的机能，即

"有诉才有救济"。而现代意义上的诉权是实体法与程序法在形式上独立、罗马法的诉的制度达到完全分解之后的产物。在罗马法中，人们一般不会产生"为何可以提起诉讼"的疑问，因为提起诉讼的原因即具体事实（实体请求权）是与诉讼连在一起由法律加以规定的，诉本身就指明了为什么有诉权，即"为何可以提起诉讼"，比如"他人的奴隶善意地为你服务时，只要对奴隶所施侵害是对你的侮辱，你就可以提起侵害之诉"〔1〕而现代意义上的诉权是在实体法和诉讼法在形式上已经独立、实体请求权（具体事实）与诉讼相互分离条件下确定的概念。因此，在诉讼的时候，人们就必然要考虑"为何可以提起诉讼"的问题，即诉权的根据问题，就要说明实体法与诉讼法的关系，于是产生了诉权理论。近代德国产生了三大诉权说，即私法诉权说、抽象诉权说和具体诉权说。外国诉权学说的其他流派还包括：①本案判决请求权说（该学说其实也是德国的诉权理论，由以德国学者艾尼克·布莱为代表所倡导，然而他在德国却没有得到有力支持，但在日本得到发扬光大，并获得了通说地位）；②日本学者三月章提倡的诉权否认说；③以前苏联学者顾而维奇、克列曼和多勃罗沃里斯基为代表所倡导的二元诉权论。我国诉讼法学界到目前为止对于诉权理论更多是对外国学说的介绍、认同、消化和诠释，还没有形成独立而特点鲜明的诉权学说。诉权学说的发祥地在德国，产生于德国的三大诉权学说足以涵盖诉权理论的可能形态。虽然日本又产生出几种诉权学说，但其对德国三大诉权学说的种种继承和发展并没有超出后者的可能范围，甚至还经过某种润色和改变偏离了诉权理论发展本来的正确方向，比如日本学界提出了所谓"诉权否认说"，

---

〔1〕［古罗马］查士丁尼著，张企泰译：《法学总论》，商务印书馆1989年版，第202页。

即从某种程度上体现出对诉权理论的反动。因此，本文在此只简要讨论德国三大诉权学说。

（一）私法诉权说

私法诉权说又称实体诉权说，是最早提出的民事诉权学说。它盛行于公法学说尚不发达的德国普通法时代，那时诉讼法学还处于私法学（民事实体法学）全面笼罩的阴影之中。德国普通法时代的法学家萨维尼（Savigny）等是这个学说的主要代表者。私法诉权说认为，民事诉讼实际上是民事实体法上的权利在审判上行使的过程或方法，诉权是实体法上的权利，尤其是实体法上的请求权的强制力的表现，或者说是实体法上的权利被侵害转换而生的权利。可见，私法诉权说把诉权看做私法权利的延长或者变形，认为诉权是基于私法而存在的权利，是私法权利的附属权利和实现私法权利的工具。按照私法诉权说的观点，实体民事权利在受到侵害以后，就能由此而转化为排除这种侵害的实体请求权，而在权利人排除侵害的实体请求权无法实现的情况下，这种实体请求权就可以转化为请求司法保护的诉权。私法诉权说寻求诉权根源的思路是：实体权利（本权）→实体请求权（实体法救济权）→诉权（程序法救济权）。

私法诉权说最根本的特点就是立足于实体法来说明诉讼问题，从而形成了实体法的诉讼观或者私法一元观。根据实体法的诉讼观的理解，原告之所以提起诉讼是因为其民事实体权利即私权受到侵害并且无法通过自力救济（行使实体请求权）予以回复，需要借助国家公权力即国家司法权的保护，通过诉讼才能实现自己的私权。因此，判定当事人"因何可以提起诉讼"，即当事人有无诉权的根本标准就是民事实体法：按照实体法的规定，当事人享有实体法上的权利即私权，则有诉权；反之，则没有诉权。

　　然而，在私法诉权说出世的年代，虽然实体法与程序法没有彻底实现"相对而立"，但毕竟实体法和诉讼法已经有了形式上的独立而非合体。因此，诉权存在的"场"并不仅仅限于民事实体法领域，诉权同时还在民事程序法之中现身。不仅如此，我们甚至可以说，诉权惟有在诉讼法中才现出"像"来。但在民事诉讼法中现出"像"来的诉权并不是诉权现象本身，因为现象之为现象等于说："显示着自身的东西，显现者，公开者。"[1] 根据笔者的体认，按照私法诉权说的观点，诉权本身的存在是亦显亦隐的——它显于诉讼法领域却隐于实体法领域；它的根扎在实体法中，而它却在诉讼法中开花。当然这在诉讼法之中开出的诉权之花并不是真实之花，也就是说在诉讼法的园地中并不存在那种以阵阵芬芳袭人而来、以艳丽色彩炫人眼目从而宣示其真实在场的诉权之花，它实际上是"镜中之花"——诉权是实体法权利在诉讼法之鉴中映照出来的"镜像"。严谨的、用"唯物主义"武装头脑的读者读到这里也许会不由自主地发笑：所谓"诉权之花"本来就不是真实之花，何来芬芳袭人、艳丽炫目呢？然而，笔者这里只是做一比喻，以昭示私法诉权说不把诉讼法领域看做诉权产生的真正所在。在这里，"诉权之花"的意思是：由于诉权源出于某种孕育它的母体，从渊源关系上我们完全可以说那孕育诉权的母体就是根茎，诉权则是这根茎上绽放的花朵。而诉权之花的"镜像"之于诉权之花本身则不具备存在的真实性。又因花之花性乃在于其以色彩之艳丽、气味之芬芳昭示其在场。真实存在之花必然如此被感知，而花之镜像对花之真实存在的指点只能被相信或者思维，而不能被感知。至于真实存在的诉权之花，当然不是被感

---

　　[1] [德] 海德格尔著，陈嘉映、王庆节译：《存在与时间》，三联书店1987年版，第36页。

知，相比之下，真实存在的诉权之花的镜像就更加不能被感知。但如果我们用精神、理智去探知，则真实存在的诉权之花还是可以被探知的，而它的镜像则无法探知，只能依靠信仰。如果我们在感官与精神、理智之间运用"通感"手法，则理智与精神也就能够嗅到诉权之花的芳香、看到诉权之花的彩色，但理智与精神却无法如此通达诉权之花的镜像。如此一来，笔者便有上面那段奇谈怪论。笔者如此表达，无非是为了揭示私法诉权说主张"诉权是实体请求权在诉讼上的延伸或变形"这一观点对实体法与程序法之间关系以及诉权本身的误读。

既然诉权是实体请求权在诉讼中的延伸物或者派生物，那么，判断当事人是否适格、即是否为正当当事人的标准就是看该当事人是否是争议中的实体法律关系或者权利义务关系的主体。对于具体的民事纠纷案件来说，只有适格的当事人，才享有诉权，才有资格作为原告或者被告进行诉讼；民事诉讼作为公力救济的程序，它的大门只对适格的从而有诉权的当事人而打开；只有适格的从而真正享有诉权的当事人才有诉讼实施权。诉权是进入诉讼的"闸门"，而当事人适格则是其有没有诉权的标记。与此同时，既然私法诉权说如此认识诉权的本质，则实体法的诉讼观在看待民事诉讼制度的目的时，必然得出民事诉讼制度的目的在于保护私权。既然民事诉讼制度的目的在于保护当事人的实体权利，则实体法与程序法之间的关系就清楚了：实体法是诉讼法的本体，而诉讼法是实体法的延伸；实体法是目的而程序法是手段；实体法是主法而程序法是助法，诉讼法从属于实体法。一句话，程序法不具有独立的存在价值！

（二）抽象诉权说

19世纪下半叶，受"法治国家"思想的影响，德国的诉权理论发展出了从公法立场阐述诉权性质的"公法诉权说

(pablizistische Klagrechtseorie)"。"从 19 世纪后半叶开始，随着
经济的发展，文化的进步，法治国家的思想深入人心，人们对
国家享有公权的观念兴起以后，诉权的观念也就逐渐演变为对
于国家的公法上权利，公法诉权说就应运而生。"[1]

公法诉权说认为，诉权在性质上并不是由私法上的实体请
求权派生的权利，而是一种公法上的权利，因此诉讼法上的
"诉"与实体法上的"请求"具有不同的性质：前者是针对法
院提起的诉讼上的请求，后者是针对民事主体相对方提起的私
法上的请求。[2] 公法上的"诉"所依据的请求权就是诉权，它
是针对国家司法机关的权利，它不依附于私法上的权利，而是
独立于私法权利（民事实体权利）之外的。德国的公法诉权说
在进一步发展中先后出现抽象诉权说、具体诉权说。

抽象诉权说又称为"抽象的公法诉权说"或者"形式诉权
说"，以德国学者德根科贝（Degenkolb）、伯洛兹（Blosy）等为
代表。抽象诉权说立足于民事实体法和民事诉讼法相互独立的
立场，纯粹依据诉讼法来阐明诉权的根源。因此，抽象诉权说
的诉讼观是典型的程序法的诉讼一元观。抽象的公法诉权说仅
仅致力于厘清民事实体法上的请求权与民事诉讼法上的请求权
（诉权）的区别，区分了公法上的"诉"与私法上的"请求"，
并认为"诉权是人权不可缺少的组成部分，是当事人所享有的
可以向法院提起诉讼并要求法院作出某项裁判的权利，是一种
不依实体权利而存在的纯粹的程序性权利"[3] 这种诉权说并

---

〔1〕 常怡主编：《比较民事诉讼法》，中国政法大学出版社 2002 年版，第 144
页。

〔2〕 陈刚主编：《比较民事诉讼法》，中国人民大学出版社 2001 年版，第 22
页。

〔3〕 李祖军、蔡维力主编：《民事诉讼法学》，重庆大学出版社 2003 年版，第
37 页。

没有说明当事人向法院行使的诉权的诉的内容，即诉权的行使并未要求法院作出具体的判决，只要求得到诉讼判决本身即已满足诉权的要求，即使在法院以原告的起诉不合法为由裁决驳回原告的起诉的情况下，诉权也被认为已经实现了，因此其所谓的诉权具有抽象的性质，故得名"抽象的公法诉权说"。由于抽象的公法诉权说完全割断了实体法与诉讼法之间的联系，诉权内容空洞抽象，对于抽象的公法诉权说而言，无所谓民事诉讼目的，也无所谓民事诉讼标的，更无需探讨当事人适格问题和诉的利益问题，因此，极端地说，该诉权说所谈论的"诉权"甚至不是诉权，仅仅说明了诉权是原告对于法院来说具有可以提起诉讼的法律地位或者可能性，诉权只是说明起诉的自由，而这本身并不是真正的法律权利，只有权利之名，并无权利之实，故得名"形式诉权说"。从其价值来看，抽象的公法诉权说只具有观念上的意义，而没有实践的指导意义。

虽然抽象的公法诉权说内容空洞，不能为具体的诉讼实践提供理论指导，但它对诉权观念的变革以及确立诉讼法的独立地位的意义是不可低估的。按照抽象的公法诉权说及其诉讼法一元观，诉权乃是一种不依赖于民事实体权利而存在的独立权利，诉权产生的根源仅仅在于个人对国家所具有的公法地位，因而与实体法没有丝毫瓜葛。这就充分肯定了作为公法的诉讼法独立存在的价值，为民事诉讼机能的扩大指明了观念上的思维方向，同时也为构建独立于民事实体法学的民事诉讼法学体系提供了理论支点。

抽象的公法诉权说是绝不认可诉权的享有必须以实体请求权为基础的，因此必然不会要求享有诉权的人必须是与本案有"直接的利害关系"或者"法律上的利害关系"，更不会以当事人是否与本案有直接的利害关系或者法律上的利害关系为标准判定当事人是否为正当的当事人。在抽象的公法诉权说的观念中，只要是国民，根本没有适格与不适格之分、根本就没有正当与不正当之别，在向法院提起诉讼的时候，所有的人都是适格的当事人，因为他们都是国家的相对方。在判断有无诉权的问题上，所谓当事人适格问题、诉的利益问题、是否与本案有直接的利害关系的问题等统统不在考虑之列。

抽象的公法诉权说仅仅是为诉权的现实存在提供了一种可能性，因为它仅仅摆明了诉讼法上的请求作为公法上的权利声请的诉的性质以及诉权的公法权利性质，并没有真正说明诉权是否来源于民事诉讼法的明文规定。从法理上分析，个人与诉讼制度的关系毫无疑问是公法上的权利义务关系：国民拥有要求国家给予利用司法制度的公权（诉权），国家有义务动用司法审判权以实现国民对利用司法制度的诉权；国家有权力运用司法制度处理民事纠纷，国民有义务服从国家的民事司法裁判。但这只不过是表明国民有权向法院提起诉讼的法律地位和有实施诉讼的可能性，并没有说明诉权的真正来源。权利之为权利，并不只是因为它在观念上是合理的、存在的，它必须来源于法律的明白宣示才能现实地存在；权利之为权利，诉权之为诉权，不仅应该"肯定地"、"抽象地"、"可能地"存在，而且应该"确定地"、"具体地"、"现实地"存在。不管是民事实体法明确规定也好，还是民事诉讼法明确规定也罢，无论如何，诉权必须来自法律的明白赋予，才能进入实存。

抽象的公法诉权说使用了"诉权"的概念，但却把诉权看做不依实体权利而存在的纯粹的程序性权利，从而否定了当事人适格、诉的利益等问题作为判定当事人是否有诉权之标准的价值。诉权在抽象的公法诉权说视野下成为国民相对国家而具有的起诉地位和可能性。其目的当然是为争取诉讼法的独立存在。然而，如此一来，就完全割断了民事实体法与民事诉讼法之间的联系，如此民事诉讼法尽管独立了，却决绝地孤立了。民事诉讼法成了一个孤岛。在民事诉讼法这个孤岛上，抽象的公法诉权说尽可以为程序法的独立存在举行盛大的庆典，但同时却使民事诉讼法失去了目标和方向。程序法完全可以不受实体法的控制，完全可以不做实体法的婢女，完全可以独立地存在。然而，如果在宣读程序法"独立宣言"的时候，宣布程序法与实体法"再也没有什么瓜葛"了，那样的话，程序法还有什么事情可做呢？那样的话，程序法当然可以一边自我陶醉地演奏"爱情独奏曲"或者"自恋曲"，一边让民事实体法走开，然后大义凛然地独自担当起民事诉讼的所有事情。然而，民事程序法独自担当得起民事诉讼的所有事情吗？不能。因为，法院对向它提起的诉讼无论如何必须有个判断，这就是要作出判决。既然要作出判决，就要有个承受判决的主体，这主体当然是原告和被告。但当我们用一个统一的概念来表达原告和被告时，我们用的是"当事人"这个词语。而"当事人"所当之"事"必然在诉讼之外，而且那"所当之事"必定是实体法领域的事情——实体权利义务关系纠纷。法院对向其提起的诉讼必然要作出判决，而法院作出判决不能总是作出"诉讼判决"，它总还是要作出"本案判决的"。如果法院准备作出本案判决，那么，首先，它要审判什么呢，总得有个对象摆在那里供法院去行使审判权吧，而审判对象无非就是指诉讼标的。诉讼标的是当事人争执的事情，这作为当事人争执的事情的诉讼标的总该有点"实际内容"吧，而这"实际内容"必然指向私权从而指向实体法领域。其次，法院在作出"本案判决"的时候，该判哪一方当事人胜诉才算合乎正义呢？判决的正义性决定了判决的内容不能是随意的，必须有个外在的准绳，而有资格成为这准绳的除了民事实体法、判决先例、实体法法理学说和自然正义之外还会有别的吗？法治理念对法院审判的最低要求是"依法审判"，这"依法审判"之中的"法"，会是唯独没有民事实体法之"法"吗？会是纯粹的程序法吗？显然不是。可见，民事程序法无法独自担当民事诉讼的一切事务。民事诉讼的事情是民事实体法与民事程序法共同的事情。因而，诉权的有无就不能由程序法独断，必然由民事诉讼法和民事实体法"会审"。当然，这判定有无诉权的"会审"并不是承认"二元诉讼观"的理由，它应该是个"民主集中制"式的：一方"主审"，另一方"陪审"。至于该由哪一方主审，哪一方陪审，下文将深入讨论。

总而言之，由于抽象的公法诉权说为确立程序法独立存在的价值而认为诉权是纯粹程序法上的权利，把诉权强制扣留在程序法之中，从而抽刀彻底斩断了诉权通向实体法之根。这一刀如此之富有杀伤力，不仅斩断了实体法伸向诉权之手，使民事实体法落荒而逃，而且划开了诉权的动脉，使诉权在肢体伤残中苟延残喘。这样抽象的公法诉权说就是自闭于程序法的一元诉讼观。它使得诉权成为无根的飘萍到处漂游，而这无根的诉权飘萍没有力量作更长久的漂游，它很快就会在无家可归的漂游中了无声息地窒息而亡。由此，抽象的公法诉权说构成了与私法诉权说截然对立的另一种诉权学说的极端形态。

（三）具体诉权说

由于空洞的抽象诉权说对诉讼实践没有指导意义，很快就丧失了主流学说的地位，代之而起的是具体的诉权说。"在 1880 年，由近代公法学者拉邦德（Laband）及诉讼法学者瓦希（Wach）提倡以后，由赫尔维格（Helwig）、斯太因（Stein）、塞芬特（Seuffent）等学者继续主张，这个学说是大陆法系各国学术界的通说。"[1]

具体诉权说又称为"权利保护请求权说"、"具体的公法诉权说"、"实质的诉权说"。它是在克服抽象的公法诉权说缺乏必要的内容而无具体实践意义的弊端的基础上而产生的诉权理论。权利保护请求权说将作为诉讼标的的实体法律关系纳入诉权之中，强调诉权是以实体权利为基础的，从而增加了诉权的实在内容，使诉权摆脱空洞抽象的尴尬境地。按照权利保护请求权说，对于当事人而言，实施诉讼不再是漫无目的的自由宣泄（即使法院作出驳回的裁判也实现了诉权），而是要求法院保护自己的实体权利，要求得到胜诉判决；对于法院来说，不仅要保障当事人有实施诉讼的权利，而且还要保护当事人的实体权利。"权利保护请求权说中的'权利保护请求权'，是指个人对国家享有的通过民事诉讼实现权利保护的要求权，该项要求权不同于民事主体之间的私法关系意义上的权利，属于当事人对国家享有的公法意义上的权利。据此，权利保护请求权说主张，通过民事诉讼实现权利保护的形式包括两种，即判决和强制执行；根据两种保护形式形成两种诉讼形态，即判决诉讼和执行诉讼。当事人提起判决诉讼的诉权依据的是判决请求权；当事人提起执行诉讼的诉权依据是强制执行请求权。"[2]

如前所述，私法诉权说立足于民事实体法领域阐释诉权，形成私法一元论的诉讼观；而抽象诉权说则纯粹从程序法立场阐明诉权的本质，形成极端的诉讼法一元观。从而它们构成了诉权学说的两种截然对立的极端形态。而权利保护请求权说则

---

〔1〕　常怡主编：《比较民事诉讼法》，中国政法大学出版社 2002 年版，第 145 页。

〔2〕　陈刚主编：《比较民事诉讼法》，中国人民大学出版社 2001 年版，第 23 ~ 24 页。

是同时从诉讼法和实体法两个法域出发来解释诉讼问题。权利保护请求权说作为公法诉权说的一个发展形态，否认诉权是私法上的权利，认为诉权是基于国家设立诉讼制度而存在的公法上的权利，这一权利应当向行使审判权的法院行使。为克服抽象诉权说的空洞性，充实公法诉权说的内容，权利保护请求权说又强调诉权是以实体权利为基础的，认为民事权利受到侵害或者发生争议是产生诉权的前提条件，具体民事权利的保护是诉权的内容，因此，诉权是当事人要求实现"权利保护"的请求权。然而，我们并不能因此就认为具体诉权说的诉讼观是二元的，只有前苏联学者顾而维奇、克列曼和多勃罗沃里斯基为代表所倡导的诉权论才是不折不扣的二元诉权论，因为他们把诉权理解为起诉权与胜诉权的总和，"从而，把诉权分为：起诉的权利和满足诉的权利，程序意义上的诉权和实质意义上的诉权，前者称起诉权，后者称胜诉权"。[1] 具体诉权说仍然是坚持诉讼法一元观的，只不过它的诉讼法一元观与抽象诉权说的极端的诉讼法一元观有根本差别：抽象诉权说的极端的一元论诉讼观纯粹从程序法立场认识诉权的本质，认为诉权与实体权利没有任何瓜葛。而具体诉权说的一元论诉讼观虽然也立足程序法来解释诉权的本质，但并不认为诉权与实体法权利毫无联系；相反，诉权产生的前提条件是民事权利受到了侵害或者发生纠纷，实体法权利构成了诉权保护的内容，离开了实体法权利，诉权就是空洞的和没有意义的。因此，笔者认为，具体诉权说的诉讼法一元观才是合理的、科学的。相对于私法诉权说的私法一元论诉讼观与抽象诉权说的极端的诉讼法一元观来说，具体诉权说的诉讼观应当被称为"科学的诉讼法一元观"。

---

〔1〕 王锡三：《民事诉讼法研究》，重庆大学出版社 1996 年版，第 149 页。

权利保护请求权说认为，诉权在诉讼开始以前就已经存在于纠纷双方当事人。在诉讼过程中，在诉讼之前已经存在的诉权就以"请求法院作出利己判决请求权"的方式得以实现，诉权就归属于原告和被告双方当事人之中的一方。法院审理终结以后，对于具有诉权的一方当事人，就应该作出对其有利的判决。因此，根据权利保护请求权说，诉权的存在必须具备权利保护要件。首先，原告主张的实体法上的权利义务关系必须确实存在或者确实不存在，这是关于诉讼标的的要件，是权利保护要件中的实体要件。只有具备了实体要件，诉权才能够真正地存在，当事人才会获得本案判决。其次，诉权的存在还必须具备诉讼要件，包括当事人适格要件和诉讼标的能够或者适合于由法院以判决方式加以确定的要件即法律上正当利益要件或案件的可诉性要件。只有具备了诉讼要件，诉讼标的才能够进入诉讼轨道，诉讼才能够为法院所接受，诉权才能够现实地行使。

从诉讼法一元观出发，具体诉权说所说的诉权就可以概括为"权利保护请求权"或者"请求法院作出利己判决请求权"。具体诉权说的观点在两个方面受到日本诉讼法学者的批判：一种批判是认为它"过于贪婪"。日本著名诉讼法学家兼子一博士认为，抽象的公法诉权说所谓的诉权既无要求也无内容，根本说不上是什么权利，而权利保护请求权说即具体的公法诉权说则过于贪婪，将本来不能以权利加以主张的事项也认为是权利。我们可以想象居于抽象的公法诉权说和权利保护请求权说各认定的诉权之间肯定有一个真正的诉权，这就是本案判决请求权。按照兼子一博士的观点，无论法院作出承认请求的判决或驳回请求的判决都称为本案的判决。本案判决请求权的诉权是取得对请求是否正当作出决定的判决的权利，实质上是指在弄清楚当事人的主张的是非曲直的基础上，要求法院解决纠纷的权利。笔者认为，具体诉权说认为诉权就是权利保护请求或者要求利己判决请求权这一观点本身并无不妥当之处。因为，无论如何，诉权的存在必须以民事权利受到侵害或者发生纠纷为前提，而"无侵害则无诉权（An action is not given to him who is not injured）"[1] 的法谚恰恰说明了这个道理。而诉权正是为保护民事权利而被赋予和享有的。如果诉权本身并不包含权利保护的可能性，它对诉权主体来说还有什么价值和意义可言呢？如果法律赋予当事人诉权，却又不允诺诉权对他来说可以起到保护实体权利的作用，那么当事人还要诉权有什么用呢？如果当事人行使诉权不是为了得到利己判决，那么当事人请求法院启动诉讼程序不就变成没有目标的举动了吗？同时，如果说要找到"中间状态"的"真正的诉权"的话，则具体诉权说所认定的诉权正是这样的诉权：一方面，它处于私法诉权说所主张的诉权和抽象诉权说所主张的诉权两者之间，是"中间状态"。因为私法诉权说所主张的诉权是立足于私法领域阐释出来的诉权，抽象的公法诉权说所主张的诉权是纯粹从公法立场得出的诉权，而具体诉权说所认为的诉权则是立足于程序法的立场并联系实体法阐释的诉权。另一方面，具体诉权说所说的诉权是"真正的诉权"。因为，具体诉权说认为民事实体权利受到侵害或者发生纠纷是诉权存在的前提条件，实体法权利是诉权保护的内容，诉权实际上就是"权利保护请求权"，与此同时，它又强调诉权并非私法上的权利，它是建立在国家设立诉讼制度的基础之上的，是公法上的权利，离开国家的民事诉讼制度，将无所谓诉权。试问，这样的诉权如果还不能称得上"真正的诉权"的话，

---

〔1〕 谭兵、胡亚球主编：《民事诉讼法学（教学参考书）》，法律出版社 2000 年版，第 165 页。

什么样的诉权才配得上这样的称号呢？难道非得要么纯粹立足程序法、要么立足实体法，非得弄出个"非此即彼"、"非黑即白"的诉权才算是真正的诉权吗？相反，私法诉权说所说的诉权实际上是实体权利在诉讼中的延伸、变形，这种"诉权"在本质上是实体权利，徒有诉权之名。而抽象的公法诉权说由于纯粹立足程序法来考察诉权，完全割断实体法与程序法的联系来认识诉权，并主张诉权乃是基本人权，反映的是公民相对于国家而具有的能够提起诉讼的地位，是空空如也的东西，则这样的"诉权"也算不上真正的诉权。以全面的眼光看问题，可以算得上"正题"、"反题"、"和题"或者说"肯定"、"否定"、"否定之否定"的只能分别是私法诉权说所说的诉权、抽象诉权说所阐明的诉权与具体诉权说所揭示的诉权。

　　诉讼是人的严肃行为，是要有所付出的法律行为，不到不得已，人们绝不会轻易涉足"讼累"。因此，凡诉讼必有利益追逐，不管是财产利益还是人身利益抑或二者兼而有之。可以说为权利而斗争是民事诉讼乃至一切诉讼的"绝对命令"。诉权绝对应当是"权利保护请求权"或者"请求法院作出利己判决请求权"。无论如何，法律赋予一个人诉权一定不会是为了让他运用这诉权向自己的权利开刀，除非这种法律已经糊涂到了极点，以至于可以给人民布下陷阱。当事人行使法律赋予的神圣诉权也一定不是为了拿它来对付自己。"任何当事人均无武装对方反对自己的义务（No one is bound to arm his adversary against himself)"[1] 这个法律谚语充分说明了这一点。当然，也许人们还会进一步补充说，之所以认为诉权既是权利保护请求权或者己胜判决请求权的具体诉权说太贪婪，是因为尚有一些诉讼中当

―――――――――
〔1〕 谭兵、胡亚球主编：《民事诉讼法学（教学参考书）》，法律出版社 2000年版，第 167 页。

事人动用诉权并不是为了一己私利，而是为了他人的利益或者"公益"。比如监护人为被监护人的利益而实施诉讼、财产代管人为失踪人的利益而行使诉权、环境公益诉讼等就是这方面的例子。笔者以为，在上述这些诉讼中，诉权赋予与行使的"利他性"与"公益性"完全可以与要求己胜判决或者请求权利保护的诉权观念并行不悖。因为所谓"己胜判决"之"己"乃是指"己方"而非"自己"或者"一己"，而所谓"权利保护请求权"之"权利"应作广义理解，包括监护资格、财产代管资格、清算人资格、环保非政府组织的业务等实体法上的权利性东西。对于原告来说，与本案有"直接利害关系"是其享有诉权的最低要求；对于被告来说，既然他已经是被告了，就意味着原告为谋划自己的权利已经发动了针对他的战争，他对本案怎么能够没有权利呢？既然如此，他就当然有诉权，这诉权就是法律为他准备的用以抵御原告进攻的武器。具体诉权说毫无不妥地指出诉权就是权利保护请求权，就是请求法院作出己胜判决的请求权，因而它正确地给我们指点了诉权的渊源所在，那就是实体法领域。

那种认为诉权是当事人要求法院就其请求的"妥当性"或者"是否正当"作出判决的权利的观点，决不能说明诉权的本质，它至多反映了当事人对诉讼结局期待的一种自我调节的平和心态或者是为显示其大度与"绅士"的说辞，而不能代表法律赋予诉权的本意和当事人实施诉讼的目的与动机。在笔者看来，兼子一博士通过批判具体诉权说而倡导的"本案判决请求权说"或者"纠纷解决请求权说"实际上仍然没有超越抽象诉权说。而具体诉权说才是真正的"超越的诉权说"，因为它既超越了私法诉权说，又超越了抽象诉权说，是真正科学的诉权学说。

　　来自日本诉讼法学界另一种批判是认为要求胜诉判决是"多余的"。"但是，日本诉讼法学者斋藤秀夫认为：这个学说的缺点，在于法院对当事人之间的纠纷，不管原告要求不要求，都要加以解决。所以，要求胜诉的判决是多余的。"[1] 斋藤秀夫这一见解有待商榷。因为，诉权是与审判权相对的范畴。没有原告要求，法院怎么可以径直解决当事人之间的纠纷呢？如果法院对于当事人之间的纠纷，不管原告要求不要求，都要加以解决，这不是与"司法被动"的原则格格不入吗？要求胜诉判决绝非多余，这乃是人类本性在民事诉讼这场民事上的战争中的具体体现。

　　当然，具体诉权说也并非完美无缺，仍然存在一些缺陷。具体诉权说认为，诉权在诉讼之前就存在于纠纷当事人，但在诉讼过程中，诉权就以请求法院作出利己判决请求权的方式得以实现，诉权就归属于原、被告双方当事人中的一方。按照具体诉权说的这种看法，它不能说明被告未出庭、也没有声明请求法院作出驳回原告的诉的本案判决，而原告却因诉没有理由而败诉的情况下，被告有诉权存在的理论根据。也有人认为具体诉权说所谓的诉权不过是当事人加以装饰以后，对于国家司法机关主张的私权而已，并据此认为具体诉权说是值得商榷的。在作者看来，这样评价具体诉权说有失偏颇。因为，具体诉权说从来也没有认为诉权是经过当事人装饰的私权，我们并不能因为具体诉权说主张民事实体权利受到侵害或者发生纠纷是诉权存在的前提条件，私权是诉权保护的内容，就得出结论说：具体诉权说认为私权是诉权的实质内容，因而它所主张的诉权就是私权。在探究诉权的时候，我们决不能不明智地把实体法

──────────

〔1〕　王锡三：《民事诉讼法研究》，重庆大学出版社1996年版，第148页。

领域设为禁区，不能因为只要有人立足程序法领域联系实体法来看待诉权，那么他所看出的诉权就一定是以私权为实质内容的，就一定是加以伪装的私权。

总体来说，具体诉权说在解释诉权本质的问题上比其他所有学说都有优越性，是比较完满的诉权理论，因此，它不仅得到德国诉讼法学者、民法学者和宪法学者的一致赞成，而且对日本的法学家们也有很大的影响，从而成为通说。笔者赞同具体诉权说。

三、环境诉权的本质

通过上文对德国民事诉讼法学发展中的诉权论三大学说的考察，我们发现，具体诉权说是比较完善的诉权理论。它从程序法立场出发，联系实体法阐释诉权问题，科学地解决了程序法与实体法之间的关系这一诉权理论的中心问题，正确地揭示了诉权的本质特征。可以毫不夸张地说，具体诉权说比在它之前产生和在它之后已经形成的任何一种诉权学说都更为优越，因此，堪称科学的诉权理论。具体诉权说为我们正确认识环境诉权的本质提供了非常富有教益的思想指导。当然，我们也不能认为具体诉权说就是完美无缺的。因为，"具体诉权说的学者认为诉权在诉讼开始以前就已经存在于双方当事人，但在诉讼过程中，诉权就以请求法院作出利己判决请求权的方式得以实现，诉权就归属于原、被告双方当事人中的一方。法院审理终结后，对具有诉权的一方当事人，就应该作出对其有利的判决。"[1] 这样，具体诉权说就无法说明这样一个问题：在被告没有到庭，也没有请求法院作出判决驳回原告诉讼请求，即没

―――――――――

〔1〕 常怡主编：《比较民事诉讼法》，中国政法大学出版社 2002 年版，第 145页。

有提出"权利保护请求"的情况下，由于原告的诉没有理由而被法院驳回，这样被告实际上就得到了胜诉判决，被告就具有诉权了。但瑕不掩瑜。具体诉权说纵然有如此小小的瑕疵，但它的科学思想的灿烂光芒仍然穿透重重迷雾，向环境诉权本质之域投射了耀眼的光线，为我们探索环境诉权的本质照亮了道路。借助具体诉权说的科学思想的照亮，笔者认为环境诉权的本质从下列几个方面展现出来：

1. 环境诉权是环境诉讼法上的权利，而不是实体环境法上的权利。我国《环境保护法》第6条规定："一切单位和个人都有保护环境的义务，并有权对污染和破坏环境的单位和个人进行检举和控告。"这可以被认为是我国环境诉权在法律上的最初表述，尽管它还是十分含混和模糊的。然而，我们不能因为我国环境诉权的最初而模糊的法律表述出现在《环境保护法》之中，就否认环境诉权是环境诉讼法上的权利。一方面我国的环境法律制度还没有实现实体与程序的分立，还没有制定环境诉讼法，只有一部《环境保护法》，因而，无论是环境实体法律规范还是环境程序法律规范必然混在这同一部法律文件之中。另一方面，从《环境保护法》这部法律本身的名称我们就不难看出："保护"是它的一个有机组成部分，而这里所谓的"保护"所保护的并不能被简单理解为"环境要素"。因为任何法律都是对社会关系的调整而形成法律关系，任何法律关系的主体只能是人和人的组织，而一切法律关系毫无例外地都是以权利和义务为内容的。任何法律要保护的只能是法律关系主体的权利，而物、行为等只是法律上权利义务所指向的对象，是不可能成为法律保护的对象的；物的保护是事实行为而不是法律行为。"环境要素"或者"环境"本身决不能成为环境保护法的保护对象。从我国《环境保护法》第1条所规定的"立法宗旨"也能明确看出这一点：环境保护根本上是保护人的生活、健康，这里已经暗含着"环境权"的意思。所以，我国《环境保护法》所保护的东西，归根到底是环境权，而赋予和行使环境诉权是对环境权进行保护的一种形式，而且是最高级的形式。这就说明，我国现行的《环境保护法》在本质上是"环境法"和"环境诉讼法"以及"其他环境权利救济法"的混合体。导致这种局面的根本原因在于我国环境法律制度的不成熟、不发达。笔者相信，随着立法条件的成熟，一部名为《环境诉讼法》的法律一定会诞生。环境诉权只能是环境诉讼法上的权利，在我国目前没有环境诉讼法的情况下，它是"环境诉讼法律规范"上的权利，而现在，我国的"环境诉讼法律规范"存在于《环境保护法》之中。

2. 环境诉权只能向行使环境审判权的法院行使。环境诉权作为环境诉讼程序的开始、进行和终结的一个方面的基本力量，它只能是并且始终是与环境诉讼运行的另一个方面的基本力量——环境审判权相对应的。国家建立环境诉讼制度是环境诉权存在的制度基础，尽管环境诉讼制度可以不以《环境诉讼法》的面目出现，而仅仅作为《环境保护法》的一部分内容。环境诉权是在国家建立了环境诉讼制度的基础上赋予公民的公法上的权利，环境诉权是公法上的请求权，而不是环境实体法上的实体权利。正因为如此，环境诉讼当事人的环境诉权只能向法院行使，而不能向环境诉讼的对方当事人行使；相应地，环境诉讼当事人向其提起诉讼的法院则通过行使环境审判权对当事人行使环境诉权的行为进行回应，即经过审查判断环境诉讼当事人是否适格，环境诉讼的诉权是否合法，是否具备环境诉权的实质保护要件，在此基础上作出相应的诉讼判决和本案判决。

3. 环境诉权包括程序和实体两个方面的含义。环境诉权应该是统一的而不可割裂的，因此我们不能同意以前苏联诉讼法学者顾而维奇、克列曼和多勃罗沃里斯基为代表所倡导的诉权有程序意义上的诉权即"起诉权"和实体意义上的诉权即"胜诉权"的二元诉权论。然而，环境诉权包括一切诉权应该是统一的而不可割裂的权利这一原则，并不意味着诉权是不分层次的。我国法学理论界普遍认为，诉权具有程序方面的含义与实体方面的含义，而这种观点与将诉权分为程序意义上的诉权即起诉权和实体意义上的诉权即胜诉权的二元诉权论有本质区别。诉权具有程序方面的含义与实体方面的含义的原因在于诉权的权利保护要件有程序含义上的权利保护要件和实体含义上的权利保护要件。这里，我们将具体诉权说所概括的诉权的权利保护要件作了细微的改动，我们不说"诉讼上的"或者"实体上的"权利保护要件，而说"程序含义上"的或者"实体含义上的"权利保护要件。具体诉权说所表述的"诉讼上的"权利保护要件和"实体上的"权利保护要件很明显表达了"两种"不同的权利保护要件，有把统一的诉权割裂开来的危险。因为按照人们一般的认识，既然诉权的权利保护要件有截然不同的两种，即诉讼上的权利保护要件和实体上的权利保护要件，那么，与权利保护要件相对应的诉权也必然有两种，即程序意义上的诉权和实体意义上的诉权。我想，前苏联的诉讼法学家正是受具体诉权说关于诉权的权利保护要件的不恰当表述，才形成二元诉权论的。具体诉权说绝没有承认两种诉权，在它看来诉权自始至终是统一的，只是诉权在不同阶段表现不同：起诉前存在于双方当事人，诉讼中以胜诉判决请求权的方式得以实现，诉权就归属于原、被告双方当事人中的一方，诉讼终结时对具有诉权的一方当事人，法院就作出对其有利判决。可见，具体诉权说认为诉权是惟一的，那就是法院据以作出当事人胜诉判决的实体含义上的诉权。当然，实体含义上的诉权的真正具有，必须同时具备诉讼上的权利保护要件和实体上的权利保护要件。具体诉权说坚持一元诉权论是值得肯定的，然而它没有说清楚这样一件事情：统一的诉权是分为程序含义上的诉权和实体含义上的诉权两个层次的。当具体诉权说认为在诉讼过程中，诉权就以请求法院作出利己判决请求权的方式归属于原、被告双方当事人中的一方的时候，给人的印象是生硬的。因为，实际上，在诉讼过程中，当事人双方一般都要提出"胜诉判决请求权"，怎么能说诉权仅仅归双方当事人之中的一方呢？笔者认为，程序含义上的诉权双方当事人都有，但完整的诉权是需要程序含义上的诉权和实体含义上的诉权"合璧"的。所以，尽管在诉讼过程中当事人双方都行使请求法院作出利己判决的请求权，但并不说明双方都有完整的诉权，完整的诉权只能归一方当事人，因为只有他的诉权才同时具备程序含义上的权利保护要件和实体含义上的权利保护要件，从而同时具备诉权的两个层次的含义，是真正的、完整的诉权。

4. 环境权受到侵害或者发生纠纷是环境诉权产生的实体法前提，环境诉权以环境权为保护的内容。环境诉权并非人人皆有的所谓"人权"，它只为特定的主体所享有。环境诉权的基本功能就是能够引起环境诉讼程序的开始，并促成法院行使环境审判权审理和裁判环境纠纷案件，所以，一定的环境权益受到侵害或者发生纠纷，是环境诉权产生的前提和基础。"无侵害则无诉权"、"无纠纷即无诉权"是任何诉权包括环境诉权取得的一般规律。法律赋予环境纠纷当事人环境诉权，就是为环境纠纷当事人维护自己的环境权益提供司法救济的手段；环境纠纷当事人行使环境诉权，就是为了借助国家公权力保护自己的环境权益。环境诉权的赋予与获得以环境权受到侵害或者发生环境纠纷为前提，环境诉权以环境权作为保护的具体内容这一事实揭示了环境诉权的渊源，反映出环境诉权与环境权之间的辩证关系。环境诉权之根深深地扎在环境权的土壤之中。环境权为环境诉权奠基，没有环境权作为基础的环境诉权只能是毫无内容的空洞的东西。环境诉权为环境权奠基，没有环境诉权的救济，环境权也就无法实现。当然，并不能因此就认为有了环境权就一定有环境诉权，因为环境权为环境诉权的奠基并不是直接的奠基，它们之间还有一个中介，那就是发生环境侵害或者环境破坏或者环境侵害的危险。环境权通过发生环境纠纷这个事件促成了环境诉权变成现实的法权。

根据以上环境诉权的几个基本特征，我们就可以概括出环境诉权的本质，那就是：环境诉权是因发生环境侵害或者环境破坏或者环境侵害的危险而产生的环境诉讼法上的权利，它是环境纠纷当事人向行使环境审判权的法院行使的环境权利保护请求权。它包括程序方面的含义和实体方面的含义两个层次。

第二节　环境权的界定
——环境诉权的实体法之根透析

环境诉权的产生奠基于环境权。环境权通过环境侵害、环境破坏或者环境侵害危险这个中介促成环境诉权的产生。环境权是环境诉权保护的内容。因此，深入认识环境诉权的本质，必须对环境诉权的实体法之根，即环境权进行透彻的分析。

一、环境权概念的提出

在环境法学理论和环境保护法律实践中，环境权具有极其重要的地位，它是环境诉讼和环境诉权的实体法之根基。我国著名的法学家蔡守秋教授早在 1982 年就已经深刻阐释了环境权与环境诉讼之间的关系，明确提出了"环境权是环境法的一个核心问题，是环境诉讼的基础"的著名论断。[1] 此后，蔡守秋教授在他的环境法学教学和研究中一直贯彻这一思想，比如 2002 年他再次强调指出："环境权是环境法的一个核心问题，是环境立法和执法、环境管理和诉讼的基础，也是环境法学和环境法制建设中的基本理论，用它可以解释许多环境法律问题。"[2] 环境权对于环境诉讼和环境诉权具有如此重要的意义，就要求我们研究环境诉权必须首先弄清楚环境权的涵义。

环境问题突出地成为全人类共同挂怀的世界性问题，发生在第二次世界大战之后。随着战后重建和经济的复苏，世界逐渐进入和平发展的时代，追求和崇尚"社会福利"。为追求社会福利，发展就成了"硬道理"。所谓发展，无非就是"经济的增长和综合国力的提高"，它最终就落实到工农业生产的发展上。而大力发展工农业生产依靠的是现代科学技术，所谓"科学技术是第一生产力"。可以说，现代社会的两个主要特征就是经济的竞争和技术的统治。激烈的经济竞争使人类忽视了自然的承受能力，而疯狂的技术统治使人类成了盲目的技术随从。在现代技术的推动下，人类向大自然发动了有史以来最具破坏性的进攻。人类本是自然之子，然而现代技术支配下的人类却以自然的主宰自居，把大自然摆在自己的对立面，看做战斗的对象，"改造自然"成为展示人类战天斗地之豪情壮志的响亮口号。"在现代技术中起支配作用的解蔽乃是一种促逼（Herausfordern），此种促逼向自然提出蛮横要求，要求自然提供本身能够被开采和

---

〔1〕 蔡守秋："环境权初探"，载《法学评论》1982 年第 3 期。
〔2〕 蔡守秋："论环境权"，载《郑州大学学报（哲学社会科学版）》2002 年第 2 期。

贮存的能量。""它在促逼意义上摆置自然。[1] 人类利用现代技术中所谓"采矿技术"、"航空航天技术"、"电力工程"、"化学工程"、"生物工程"等，改造着矿区、天空、河流、耕地和生物种群等环境因素，去开发、改变、转换、订造甚至任意分解和组合它们，以获得社会福利的改善。人类俨然成了自然的主人，任意向大自然发出"绝对命令"，贪得无厌地向大自然索取，根本不懂得对自然母亲的尊重、敬畏和保护。

现代社会经济和技术的高速发展的结果如何呢？其结果是人类的福利水平确实得到了空前的提高。比如，在发达的国家和地区随处可见体态浑圆、大腹便便的人群行走在大地上，尽显充裕的物质享受。但他们中间或许有许多人正赶着前往药店购买减肥药或者到某个减肥中心接受皮下脂肪切除之类的技术服务，他们中间肯定也有许多人因为染上什么怪病正赶着去医院接受诊疗，甚至他们中间有许多人的味蕾已经相当迟钝，一般的食物已经不再容易引起他们的食欲，于是他们正在搜寻奇珍异馐，比如海狸鼠、穿山甲、蜥蜴、蟒蛇等之类。经济是发展了，福利是提高了，但人类生活得幸福吗？当我们从地下汲取井水解渴时，我们再也品尝不到以前那甘洌的味儿了；当我们在炎热的夏日傍晚准备到河沟渠塘游泳时，我们发现自己找不到干净的水体供我们沐浴；当夜晚来临，我们准备闲暇地仰望星空时，我们发现城市中根本没有夜晚，星辰的光辉早已淹没在五光十色的电灯光之中；每当夜深我们准备就寝时，噪声总是让我们不能宁静地入睡。人类发现自身的栖居越来越成了问题，再也不能"诗意地栖居"在这片大地上了，因为人类进入了"环境危机的时代"。"在环境污染的严酷现实面前，人们

---

〔1〕〔德〕海德格尔："技术的追问"，载〔德〕海德格尔著，孙周兴选编：《海德格尔选集》，三联书店 1996 年版，第 932～933 页。

逐渐地认识到：原来对人们慷慨施惠并且对人毫无所求的自然环境，现在会给人们带来许多烦恼不安的因素；原来人们认为与生俱来的像呼吸新鲜空气之类的天赋权利，现在会受到无形的损害和剥夺。"[1] 在环境危机的时代，人类呼吸新鲜空气、饮用清洁水之类的"天赋权利"确实被剥夺了，人类因此也无比地烦恼与不安。但这一切并不是自然本身造成的；并不是自然恣意地剥夺了人类这些天赋权利，而是人类自己通过对环境的破坏自我剥夺了这些权利的，也是人类自己给自己带来烦恼和不安的。因为我们人类狂妄地以"地球主人"自居，并向自然无度地索取；我们自己动手把我们的生存环境捣毁了。环境危机并不是"天灾"，它地地道道是"人祸"。大自然永远是慷慨施惠、毫无所求的，但大自然作为人类的母亲并不能成为人类无度榨取的对象，不是人类权利的客体；她需要休养生息，需要她的孩子——人类的爱护，才有力量为滋养人类奉献自己。

现在，环境被污染和破坏了，发生环境危机了，人类的母亲——大自然千疮百孔了，因而人类生活得也不幸福了，人类充满了苦难了，但这绝不是大自然对人类的报复，而是大自然本身的病理现象——她已经无法健康而无害地哺育人类了，她首先受到了毒害，才会流淌出被毒害了的乳汁奉献给人类。而这并不是自然母亲的本意，自然母亲对此也黯然神伤。环境的污染和破坏给人类生存带来不幸和苦难，而这不幸和苦难同时也是自然的不幸和苦难，这不幸与苦难的根源在于人类没有进行"和谐发展"。现代科学技术确实具有无比强大的力量，因此我们说"科学技术是第一生产力"确实没错，我们大力发展现代科学技术同样也没有错。但如果我们不加分析地运用现代科

---

〔1〕 蔡守秋："环境权初探"，载《法学评论》1982 年第 3 期。

学技术来发展生产力，以满足人类社会日益增长的物质文化生活的需要，则科学技术这把双刃剑会在高效地创造物质财富满足我们生活需要的同时，显示出其无与伦比的破坏作用——它很有可能会伤到我们自己。从而我们同样也应该承认"科学技术是第一破坏力"这句话也是真理。1966年9月23日，德国存在主义哲学大师海德格尔在与《明镜》杂志记者的谈话中有一段对话，足以显示现代科学技术的巨大威力与威胁。当《明镜》杂志记者指出我们对技术激动得不得了时，海德格尔却不说激动，而说我们还找不到适应技术的本质的道路，于是《明镜》记者问道："人们却十分天真地来对您讲话；还要控制什么？一切都运转起来了嘛。越来越多的电站建立起来。生产丰富。人类在地球上最高度技术化的部分得到很好的供应。我们生活得很舒适。到底还要什么呢？"海德格尔则回答道："一切都运转起来了。这恰恰是令人不得安宁的事，运转起来并且这个运转起来总是进一步推动一个进一步的运转起来，而技术越来越把人从地球上脱离开来而且连根拔起。我不知道您是不是惊慌失措了，总之，当我而今看过从月球向地球的照片之后，我是惊慌失措了。我们根本不需要原子弹，现在人已经被连根拔起。我们现在只还有纯粹的技术关系。这已经不再是人今天生活于其上的地球了。"[1] 地球是全人类生息繁衍的共同家园，而人类目前也只有地球这个家园可供安身立命。虽然人们会说：谁规定人类只有生活在地球上呢？人类完全可以在宇宙中寻找新的家园嘛。对于这样的无所谓态度我们无言以对。然而，我们本来在地球上生活得好好地，为什么非要把地球毁掉，尔后再寻找新的星球去栖居呢？何况能否找到一个合适的星球供人类

---

〔1〕〔德〕海德格尔："只还有一个上帝能救渡我们"，载〔德〕海德格尔著，孙周兴选编：《海德格尔选集》，三联书店1996年版，第1304～1305页。

居住还是个未知数，但即使我们最终找到了一个新的星球供人类居住，如果我们不改变对生存环境不负责任的态度，谁又能够保证不久之后人类不会又把新的家园毁坏呢？

在环境污染的严酷现实面前，人们越来越不安。但"哪里有危险，哪里也有救渡"。人们开始越来越多地谈论"我们只有一个地球"这个话题了，而这句话本身就蕴含着我们已经准备好了去行动甚至已经着手拯救那惟一能够允诺我们人类栖居的地球了。拯救地球，保护环境，这是全人类的共同事业，寄托着全人类共同的愿望，它允诺全人类共同的福祉。但最为有力、最为常规的保护莫过于法律的保护。于是人们提出了"环境权"的概念。但是，对于什么是环境权，人们往往落入传统思维方式的窠臼。20世纪60年代在美国风行一时的所谓环境"共通财产说"和"公共信托说"就是传统思维方式的典型代表。人类总是改变不了自私自利的本性，总是在说到法律权利时首先想到权利就意味着财产——一切物都可能是人类法律权利的客体，不管是有体物还是无体物，包括环境这个"物"。然而，环境果真是物吗？根本说来，环境只是指点着我们人类生存之家的状态，它绝不可能是物，绝不可能是所谓的"公共信托财产"。即使从某种意义上环境也可以被看做物，我们该把环境当作物来看待吗？因而，在提出环境权的时候，我们应该保持足够的清醒，我们人类再也不能像过去那样恣意和任性了。在"强大而圣美的自然"面前，我们应该自觉地尊敬、爱护和敬畏它，在环境面前做到"谦抑"。这里所谓"谦抑"就是要在自然母亲面前谦让、恭顺、恭敬，抑制随时冒出来的狂妄、任性的念头。大自然是滋养人类生存发展的母亲，作为自然之子的人类竟然要把自然母亲看做"物"，怎么能够过意得去呢？自然就是自然，环境就是环境，她从来就不是"物"或者"共同财产"，也不应该成为"物"或者"共同财产"。把环境看做是"物"或者"共同财产",把环境设想成为环境权的"客体",这与无度地向大自然索取并没有本质区别,只不过后者将环境看做"无主财产"而前者则将环境看做"有主财产"而已,而这个"有主财产"的主人就是全人类。所谓"人类环境权"之说,无非表明了环境权的"神圣不可侵犯"性质,但对于环境本身来说却不美妙,反倒非常之不妙,因为这样一来环境或者环境因素就无可挽回地成了贪得无厌的人类的法律权利的"客体"了。根本不应该有所谓的"人类环境权",因为那样的话,显然与环境保护理论被广泛接受的"种际公平"的理念相冲突,这才是真正体现了"人类中心主义"的观念在作怪。因而,只应该有人类个体的环境权。关于环境权性质这个话题,本文后面还要详细探究。在此之前,先要对环境权的提出做一简要历史考察。

　　众所周知,就全人类范围来看,环境权意识的觉醒,肇始于 20 世纪 60 年代的欧洲。1960 年,德意志联邦共和国的一位医生认为,向北海倾倒放射性废物的行为违反了《欧洲人权条约》中关于保障清洁卫生环境的规定,向欧洲人权委员会提出控诉,声明"把原子废弃物抛入北海是侵犯人权",从而在人类历史上第一次引发了关于是否要将环境权追加入人权条约现有人权清单的大讨论。与此同时,美国于 1960 年也掀起了一场关于公民要求保护环境、要求在良好的环境中生活的法律依据是什么的大讨论。在这场大讨论中,密执安大学的约瑟夫·萨克斯教授创立了备受推崇的"环境共通财产说"和"环境公共委托说",提出要制定专门的环境保护法,其任务在于建立新的权利体系。在萨克斯教授上述两个学说的基础上,人们提出了环境权理论,认为每个公民都有在良好的环境下生活的权利,这种权利应该受到法律的保护[1]。及至 20 世纪 70 年代初，诺贝尔奖获得者、著名的国际法学家雷诺·卡辛在其向海牙研究院提交的一份报告中提出建议，要求扩展人权原则，将环境权作为基本人权加以规定，主张人类有免受污染和在清洁的空气和水中生存的相应权利，因此健康优雅的"环境权"具体应当包括保证有足够的饮水、纯净的空气等，最终保证人类得以在这个星球上继续生存[2]。

　　1970 年，13 个国家的代表在日本东京举行了"公害问题国际座谈会"。该会议通过了《东京宣言》，该宣言第 5 项呼吁道："我们请求，把每个人享有其健康和福利等要素不受侵害的环境权利和当代人传给后代的遗产应是一种富有自然美的自然资源的权利，作为一种基本人权，在法律体系中确定下来。"1972 年6 月 5 日至 16 日，联合国在瑞士首都斯德哥尔摩召开了"人类环境会议"，会议通过了《人类环境宣言》，在历史上第一次明确宣告了人类享有环境权，该宣言中的第 1 个"共同信念"庄严宣告："人类有权在一种能够过尊严的和福利的生活环境中，享有自由、平等和充足的生活条件的基本权利，并且负有保证和改善这一代和将来的世世代代的环境的庄严责任。"1992 年 6月 3 日至 14 日，在巴西东南部的里约热内卢召开了联合国环境与发展会议，会议重申了 1972 年 6 月 16 日在斯德哥尔摩通过的联合国人类环境会议宣言，并谋求以之为基础。会议通过了《里约环境与发展宣言》（Rio Declaration），又名《地球宪章》（Earth Charter）。《里约环境与发展宣言》在其"原则 1"规定："人类处于普受关注的可持续发展问题的中心。他们应享有以与

---

〔1〕 吕忠梅：《环境法学》，法律出版社 2008 年版，第 74～75 页。
〔2〕 杜仕菊："论和谐社会视野中的公民环境权保护"，载《理论学习与探索》2008 年第 6 期。

自然相和谐的方式过健康而富有生产成果的生活的权利。"[1]
根据学者的分析和总结，世界人权的发展经历了三个时代：第
一代人权受法国大革命和美国革命的影响，主要在欧洲 18 世纪
波澜壮阔的人权运动中产生。其主要内容是指公民权利和政治
权利，包括言论、信仰、出版、结社、通讯、宗教等自由以及
免受非法逮捕、公正审判等权利。第二代人权形成于俄国革命
时期，受 19 世纪末 20 世纪初的社会主义运动和革命的影响，主
要内容是经济、社会及文化方面的权利。第二代人权理论和实
践反映在宪法上，在东方是以前苏联的"被剥削劳动人民权利
宣言"为代表，在西方是以德国"魏玛宪法"为标志。第三代
人权是从第二次世界大战以后的民族解放运动中产生并发展起
来的，形成于 20 世纪 60 ~ 90 年代，主要内容是国际集体人权，
包括自决权、发展权等。[2] 而环境权就是第三代人权的重要内
容，第三代人权的产生和发展与环境保护的实践运动共同作用，
对于环境权概念的提出，起到了很大的推动作用。而环境权概
念的提出有力地促进了人权保护的进一步发展。

二、环境权由"应然权利"向"实在权利"的转化

在法治时代，只有法律规定的权利才是真实存在的权利；
任何权利在未经法律认可之前只在"应然"的意义上存在，根
本不是什么"实在权利"。法律权利的生成、发展过程实际上就
是由"应然权利"向"实在权利"的蜕变过程。"环境权"要
真正称之为环境权，必然也要经历这样一个转化过程。从世界

---

〔1〕 黄锡生、曾文革：《国际环境法新论》，重庆大学出版社 2005 年版，第
271 ~ 274 页。
〔2〕 李步云："论个人人权与集体人权"，载《中国社会科学院研究生院学报》
1994 年第 6 期。

范围来看，环境权发展的现实正是这样。

随着环境保护运动的发展和环境权利意识的增强，当今世界上有一些国家已经在其宪法中创设了环境权，从而真正将环境权作为一项基本人权纳入宪法权利的体系之中。比如美国《宾夕法尼亚州宪法》第 1 条第 27 款明文规定："人民拥有对于清洁的空气和水和保存环境的自然的、风景的、历史的和美学的价值的权利。"又比如，《菲律宾共和国宪法》第 16 条规定："国家保护和促进人民根据自然规律及和谐的要求，享有平衡和健康的生态环境的权利。"再比如，《土耳其宪法》第 56 条规定："每个人都有在健康和谐的环境中生活的权利。改善环境、防止环境污染是国家的责任和公民的义务。"[1]有的国家虽然没有在宪法中创设环境权，但在普通法律中明确规定了公民的环境权，比如 2002 年《俄罗斯联邦环境保护法》第 11 条规定："每个公民都有享受良好环境的权利，有保护环境免受经济活动和其他活动、自然的和生产性的紧急状态引起的不良影响的权利，有获得可靠的环境状况信息和得到环境损害赔偿的权利。"[2]又如，日本 1969 年《东京都公害防止条例》在其序言中明确规定："所有市民都有过健康、安全以及舒适的生活的权利，这种权利不能因公害而滥受侵害。"虽然这一规定并不能说明日本法律已明确认可公民享有环境权，但足以说明在日本公民环境权由"应然权利"向"实在权利"转化的明显趋向。再如，美国 1969 年《国家环境政策法》在其第 1 节"政策与目标"中宣布："国会认为，每个人都应当享受健康的环境，同时每个人也有责任对维护和改善环境做出贡献。"

---

〔1〕 陈泉生："环境时代与宪法环境权的创设"，载《福州大学学报（哲学社会科学版）》2001 年第 4 期（总第 53 期）。

〔2〕 别涛主编：《环境公益诉讼》，法律出版社 2007 年版，第 521 页。

　　我国宪法和法律并没有规定公民的环境权。2004 年 3 月 14 日第十届全国人民代表大会第 2 次会议通过的《宪法修正案》的第 24 条规定，将《宪法》第 33 条增加 1 款，作为第 3 款："国家尊重和保障人权"，第 3 款相应地改为第 4 款。我国在该宪法修正案中明确宣布尊重和保障人权，从而使我国宪法向前发展了一大步。如果我们承认人权包括环境权在内，则我国在宪法上也间接地承认公民的环境权。但问题是，任何宪法上的权利都必须经宪法的明确宣告。所以，从这个意义上说，我国宪法并没有创设公民的环境权。"尽管我国关于公民环境权的理论研究取得了长足的进步，但在立法上却明显滞后，与一些国家在宪法中创设环境权相比，我国还未确立公民环境权的宪法地位"。[1]在我国，不仅宪法没有明确规定公民的环境权，而且所有的环境保护法律也没有明确宣告公民享有环境权。我国《环境保护法》第 1 条规定："为保护和改善生活环境与生态环境，防治污染和其他公害，保障人体健康，促进社会主义现代化建设的发展，制定本法。"该条规定的是我国环境保护法律制度的立法宗旨，暗含着公民环境权的意思，但没有明确规定公民环境权。而从我国《环境保护法》第 6 条规定的内容来看，我国的环境保护法虽然没有明确宣告公民享有环境权，相反却突出强调了公民保护环境的义务；虽然在规定公民保护环境的义务的同时也指出公民对于污染和破坏环境的行为有权进行检举和控告，但法律对这种检举控告权的设定只是环境权之中的救济权，环境权之"本权"是缺位的。2006 年 4 月，中华环保联合会副秘书长、国家环保总局政策法规司原司长李恒远在接受 CIEN 记者李凤荣采访时指出："当前我国环境维权面临的一

────────────

　　〔1〕　黄锡生：《环境资源法前沿问题研究》，西南师范大学出版社 2005 年版，第 5 ~ 6 页。

个最大的问题，就是我们百姓不太清楚自己有哪些环境权利"〔1〕当然肯定只能是这样。因为我国宪法和法律从来就没有明确赋予"我们百姓"以环境权，我们又如何能够清楚自己到底有哪些环境权利呢？

　　对于我国法律究竟有没有赋予环境权，我国法学界却有一个相反的观点，即认为环境权已然是我国法律上规定的权利。这一环境权观念的倡导者乃是我国著名的法学家蔡守秋教授。蔡守秋教授早在1982发表的学术论文《环境权初探》中就明确提出，环境权包括环境的权利以及保护环境的义务这两个方面，两者统一构成了环境权这个科学的社会主张。为进一步证明自己的这一主张，蔡守秋教授举出了1978年《宪法》第11条规定的"国家保护环境和自然资源，防治污染和其他公害"作为论据，认为该条规定属于"国家环境权"的范畴。为论证环境权是环境的权利与环境的义务的统一体，蔡守秋教授进一步引证了《环境保护法（试行）》的相关条文，认为该法比较多地涉及到国家、法人和公民在保护环境方面的权利与义务。〔2〕值得一提的是，现行的《环境保护法》与《环境保护法（试行）》相比，在基本精神上趋向于环境法"公法化"，它虽然设定了许多环境监督与管理的标准，加强了对环境的保护措施，强化了对环境污染和其他公害的防治，但却有忽视公民环境权的倾向。突出表现在新法抛弃了旧法中"为人民造成清洁适宜的生活和劳动环境"的规定，而正是旧法中这一规定构成了蔡守秋教授

〔1〕 载 http://finance. sina. com. cn/chanjing/b/20060420/14142516668. shtml.
〔2〕 蔡守秋："环境权初探"，载《法学评论》1982年第3期。在该文中，蔡守秋教授引用的我国1978年《宪法》第11条规定的内容，在1982年《宪法》中规定在第26条中，并且在用语上有了实质的变化，表述为："国家保护和改善生活环境和生态环境，防治污染和其他公害。"明显反映出我国推行"生态文明建设"基本国策的意向。

解释出国家承认"人民享有清洁适宜的环境的权利"，即公民环境权的法律基础。这样，为论证我国已经存在法律规定的环境权，蔡守秋教授又必须不厌其烦地在新的环境保护法律条文的夹缝中勉为其难地寻求公民环境权的痕迹。我们不知该为我国《环境保护法》的强势出台而欢呼，还是该为蔡守秋教授失去了一个可以证明国家承认"人民享有清洁适宜的环境的权利"的有力的立法证据而感到惋惜。本来若隐若现、呼之欲出的公民环境权就这样扭身而去了，它消失在我国环境保护法律制度的夜空中。我国公民环境权在夜空中徘徊于不知名的处所这件事情使我们不得不承认这样一个事实：在环境权"实在化"的问题上，我国现行《环境保护法》比起《环境保护法（试行）》确实是倒退了，但我们宁可相信我国环境保护法律制度的这一倒退是为它的奋力挺进而特别作助跑的准备。

　　蔡守秋教授从我国现行宪法和环境保护法中"努力挖掘出"或者"硬解释出"我国有环境权的观点得到了一些学者的支持。比如包晴在其发表的学术论文中引证我国《宪法》第26条和现行《环境保护法》第6条，指出："这些规定反映出我国对环境权的态度，指出了我国环境法律关系主体享有和保护环境条件的权利义务。"[1] 然而，与此同时，蔡守秋教授牵强附会地认为我国存在环境权的观点同时也受到了一些学者的质疑。比如查立新撰文指出：我国宪法没有对公民环境权的明确规定，《宪法》第26条中规定的"国家保护和改善生活环境和生态环境，防治污染和其他公害"被一些学者认为是对公民环境权的默认，但事实上该规定只是确定了国家将环境保护作为基本国策，并不能从中就认定了公民环境权的法律地位。而现行《环境保护

---

　　〔1〕　包晴："浅论环境权"，载《西北第二民族学院学报（哲学社会科学版）》1992年第1期。

法》也同样忽视了公民环境权，它只是在法律上确立了"环境权的部分权能"，仍然回避了公民环境权的"基本内涵"，因而在我国环境法制中，公民环境权仍然是不确定的。[1]

其实，蔡守秋教授倡导上述环境权观念是有良苦用心的。我们今天的法学界同仁们正在对环境诉讼问题特别是环境公益诉讼原告主体资格问题展开深入的研究和热烈的讨论，因为我们都深知所谓"没有救济就没有权利"的道理。然而，如果甚至连权利本身都是不确定的，我们又何谈救济权利的问题呢？蔡守秋教授对于这件事情知道得很清楚：环境权乃是环境法的"基石"，只要这块基石一天还没有落地，环境法的大厦就还悬浮在空中。所以，他宁愿冒被指责为"牵强附会"、"强词夺理"之风险，也要反复申明我国是"有"环境权的。他这样做，根本目的就是为对环境权的救济提供一块可以站得住脚的基地。现在，我国环境权救济果真站稳了脚跟了吗？没有。因为我们脚下并不存在一方供我们进行环境权救济尤其是环境诉讼而落脚的权利土地，我国的环境诉讼和环境诉权在环境权泡沫中沉沦。也许在如此这般的环境诉讼和环境诉权中沉沦的我们会抱怨受到了以蔡守秋教授为代表的学者们欺骗。然而，我们也十分清楚，蔡守秋们的谎言乃是善意的谎言，而正是这种善意的谎言使我们能够满怀信心地寂静地等待那期待已久的环境权在我国法律框架中破土而出。当我国法律上的环境权闪亮登场之际，那一定是个激动人心的时刻，因为我们为迎接环境权的到来已经在那里等候得很久了，太久了，以至于很多人已经从英姿勃发的少年变成了白发苍苍的老人。然而，他们依旧在无怨无悔地等待着。

---

〔1〕 查立新："试论公民环境权"，载《环境保护》1991年第2期。

2006 年 3 月 14 日，第十届全国人民代表大会第四次会议通过的《国民经济和社会发展第十一个五年规划纲要》提出了我国要建设"资源节约型"、"环境友好型"社会。2008 年 3 月 5 日，温家宝总理在第十一届全国人民代表大会第一次会议上所作的《政府工作报告》指出要增强全社会"生态文明观念"，动员全体人民更加积极地投身于资源节约型、环境友好型社会建设。2009 年 3 月 5 日，温总理在第十一届全国人民代表大会第二次会议上所作的《政府工作报告》指出要全面推进"生态文明建设"。这一切无疑都给人们带来很好的讯息，我们似乎已经听到环境权渐行渐近的脚步声，尽管这脚步声听起来很疲惫，但很坚毅。作者坚信，随着我国全体人民生态文明观念的增强和我国生态文明建设的进一步发展，环境权利意识必将日益深入人心，环境权的理论研究必将开花结果，我国在宪法和法律中创设公民的环境权将指日可待。

三、我国法学界在界定环境权问题上的理论争鸣

对环境权的界定包括环境权的概念与环境权的定义两个方面。如果我们通过提问题来追踪和界定环境权，则我们可以提出这样两个问题：①环境权是什么样的权利？②什么样的权利是环境权？第一个问题是归纳环境权的本质特征，是进行概念思维；第二个问题是识别环境权，要通过环境权的定义来回答。

概念和定义是两种不同的逻辑思维形式。概念是反映客观事物的一般的、本质的特征的思维基本形式。人们在认识活动中，把对认识的对象所感觉到的共同特点抽象出来，加以概括，从而形成概念。比如从呼吸的空气、听到的声响、饮用的水、吃的食物、看到的周遭事物、经历的气候变化等，抽出它们的共同特点，就得出"环境"的概念。定义则是对概念的内涵和

外延进行揭示的逻辑思维形式。人们在认识活动中，把蕴藏在概念中的意义准确地展现出来，并确定概念所统辖的事物范围，即划定概念的边界，从而实现对概念的定义。比如，从环境权概念出发，人们揭示出环境权包括环境资源的利用权、环境状况知情权、参与决策权和环境侵害的请求权，并明确环境权的核心是生存权，从而理清了环境权的内涵和外延，就得出了环境权的定义。由此可见，概念与定义的思维方向恰好相反：概念的思维路线是从特殊到一般、从具体到抽象；定义则是从一般到特殊、从抽象到具体；概念的思维方式的根本特征是由"显"入"隐"，而定义的思维方式的根本特征则是由"隐"出"显"；作为思维基本形式的概念，其根本方法是抽象与概括，而作为思维基本形式的定义，其根本方法是揭示和说明。

思考环境权的概念，就是要弄清楚环境权"是什么"的问题，就是明确环境权"属于什么"或者"作为什么而存在"，亦即理清环境权的"归属问题"的答案。如前所述，人类提出环境权的概念并不是在一朝一夕之间完成的，人们对环境权的共同特征的抽象和概括经历了 30 多年的漫长历程。在环境权的概念问题上，法学理论界的认识是基本统一的，即认为环境权是基本人权，其核心是人的生存权。但在环境权的定义即揭示环境权概念的内涵和外延的问题上，则是众说纷纭、莫衷一是，呈现出百家争鸣的态势。在这里，我们讨论我国法学界在界定环境权问题上的理论争鸣，主要指在揭示环境权概念的内涵和外延问题上的理论争鸣。在这一部分内容中，笔者在摆出我国法学理论界对环境权的内涵和外延的各种理论观点之后，将对之进行简要评论，并在此基础上提出自己的观点。

根据法学的一般理论，任何法律权利的要素都包括客体、主体和内容三大部分，而这三个要素之间是相辅相成的关系，它们构成法律权利的统一整体。其中权利的主体是最根本的要素，它关涉法律权利的目的性，是法律权利的能动要素。而法律权利的客体和内容要则以主体为中心展开和发展，从某种程度上讲它们是对主体这个核心要素的附属。因为主体的需求永远是法律权利内容和客体的指向标，虽然法律权利的内容和客体往往受到人类伦理道德的边界阻力而发生"触底反弹"，但伦理与道德永远是法律权利的本质渊源。法律权利的扩张只有一个场所，那就是伦理与道德。这是人类法律权利生成与发展的规律。如果我们把伦理道德权利和法律权利都称为"法权"的话，则法律权利就是已经觉醒的法权而伦理道德权利则是懵懂沉睡中的法权。然而，我们并不能因此就认为法律权利的客体和内容是无足轻重的；相反，它们也是十分重要的，有时甚至是关键的东西。因为任何新产生的法律权利与传统的法律权利的区别往往并不在于权利的主体，而在于权利的内容和客体。无论如何，法律权利的主体都是核心要素，因为法律权利的客体和内容毕竟是为主体设定的。

环境权是新型的法律权利。因此，环境权在其内容和客体方面必然与传统的法律权利迥然有异。然而，由于环境权的内容和客体涉及"环境"和"环境要素"，而它们关涉到"人类"的生存和发展，并且由于环境权是第三代人权的重要内容，这就使得人们关于环境权究竟应赋予谁享有的问题格外突出，从而导致我国法学理论界关于环境权的界定的争论焦点问题集中在环境权主体之上，而环境权的内容和客体反而没有成为争论的中心问题。实际上，这种局面的出现并不奇怪，因为如前所述，对任何法律权利来说，其主体无论如何都是核心要素，而法律权利的客体和内容毕竟是为主体设定的。对于环境权来说，谁该被赋予并享有环境权这个问题解决了，环境权的具体内容和客体也就迎刃而解了。这也许就是环境权问题的特殊之处吧。围绕环境权主体这个焦点问题展开的我国环境权的理论争鸣使我国环境权的理论基本上可以划分为两大派别：复合主体环境权论与单一主体环境权论。

复合主体环境权论是我国最先兴起的环境权理论。复合主体环境权论的根本观点是环境权并不仅仅是自然人享有的法律权利，而且它还是单位（法人和其他组织）、国家乃至自然体要素（比如动物）的法律权利。复合主体环境权论的策源地是武汉大学，以蔡守秋教授和吕忠梅教授为代表。1982 年，蔡守秋教授发表"环境权初探"一文，这是我国环境权理论研究的开山之作。在这篇文章中，蔡守秋教授通过分析研究各国宪法有关环境权的规定，认为从环境权享有者的角度认为环境权大致有三种：其一是国家享有的环境权；其二是法人（即机关、团体和厂矿等企、事业单位）享有的环境权；其三是公民享有的环境权，因此，"环境权包括国家环境权、法人环境权和公民环境权三个部分，它们相辅相成构成了环境权的统一整体"。在阐明国家环境权的时候，蔡守秋教授指出：从国际法的角度来看，国家环境权是国家行使保护本国环境的一切行为的权利，是国家主权的一部分；从国内法的角度来看，国家的环境权主要指的是国家在保护国民生活的自然环境方面的基本职责。在论述公民环境权时，蔡守秋教授认为：首先，清洁舒适的自然环境是人们有效劳动、持续劳动和健康而幸福地生活的基本条件；其次，公民的财产权、劳动权、休息权、生存权等基本人权的实现有赖于环境权的享有。基于以上两点理由，公民应当享有环境权。在谈到法人环境权时，蔡守秋教授认为从环境保护的实际出发，仅仅规定国家及公民的环境权是不够的，而由于环境污染主要是由厂矿企业等排污单位造成的，环境保护也总是表现为某个聚落环境中一群人的共同问题，因此赋予法人环境权具有"承上接下"的特殊作用。在此基础上，蔡守秋教授进一步分析了上述三种环境权在环境权体系中的地位：其中，国家环境权是"产生最早的也是具有指导性的环境权"，公民环境权则是"当前反映最强烈的也是最基础的环境权"，而法人环境权则是由国家环境权与公民环境权所派生的环境权，在环境保护工作中具有不容忽视的重要地位。[1]

　　蔡守秋教授的上述环境权论为我国后来的环境权的理论发展起到了奠基的作用，我国后来的所有环境权论都以此为源头。因为蔡守秋教授率先提出了环境权包括国家环境权、公民环境权和法人环境权的复合主体环境权论，就对后来的复合主体环境权论起到了"定调子"的奠基作用。但同时，蔡守秋教授又指出公民环境权是"当前反映最强烈也是最基础的环境权"，而国家环境权只不过是"产生最早"和具有"指导性"的环境权，而法人环境权则是由国家环境权和公民环境权"派生的"。这样国家环境权虽然被安排在公民环境权之前，而法人环境权虽然在环境保护工作中具有"不容忽视"的作用，但毫无疑问，公民环境权构成了环境权的核心内容。这样，偏爱公民环境权的学者就会进一步突出强调公民环境权，在将其发展到极致之时，单一主体环境权论即脱颖而出，成为独立于复合主体环境权论的环境权理论。

　　蔡守秋教授的环境权论提出以后，得到了一批学者的支持，比如侯明光撰文指出："广义的环境权包括国家环境权、法人环境权和公民环境权"[2]，魏淑芬也将环境权划分为狭义的环境权和广义的环境权，认为狭义的环境权就是指公民享有良好生

---

〔1〕　蔡守秋："环境权初探"，载《法学评论》1982年第3期。
〔2〕　侯明光："论公民环境权"，载《法律科学》1991年第3期。

存环境的权利，而广义的环境权是指国家、法人、公民享有良好环境的权利。[1] 再比如，包晴在《浅论环境权》一文中也主张环境权的主体包括国家、法人、公民，因此环境权分为国家环境权、公民环境权和法人环境权。[2] 李晓阳、刘一粟从国际环境法出发，认为环境权的主体不仅包括国家、法人和公民，甚至国际组织和社会团体也是环境权的享有者，照此观点，则环境权分为国家环境权、国际组织环境权、公民环境权、法人环境权和社会团体环境权。[3] 而韦联春也主张环境权主体包括国际组织，他认为，依据环境权主体的不同性质，环境权可以分为：个人环境权、法人及社团组织环境权、国家环境权和国际组织环境权。[4] 对于这一观点，笔者认为主张国际组织享有环境权的观点是值得怀疑的，而所谓"社会团体环境权"在法学理论上也是个不确切的概念。

进入 20 世纪 90 年代以后，随着国内环境法学理论界对环境权论的日益关注，我国环境法学界对环境权的理论研究进一步深入，人类环境权学说、自然的权利学说、动物权利学说等形成于西方国家的环境权理论被引入我国并得到部分学者的支持，从而使我国环境权理论出现了学术分歧与争鸣。蔡守秋教授进一步发展了自己的环境权理论，把环境权的范围进一步扩大为五种，即：个人环境权（公民环境权）、单位环境权（法人环境权）、国家环境权、人类环境权和自然体环境权，并调整其顺

---

〔1〕 魏淑芬："关于环境权的立法建议"，载《中国环境管理》1995 年第 6 期。

〔2〕 包晴："浅论环境权"，载《西北第二民族学院学报（哲学社会科学版）》1992 年第 1 期。

〔3〕 李晓阳、刘一粟："论国际环境权"，载《法学评论》1992 年第 6 期。

〔4〕 韦联春："环境权的立法保护"，载《法学》1994 年第 6 期。

序，将公民环境权放在首位。[1] 此外，有的学者认为，环境权包括公民环境权、单位环境权、国家环境权和人类环境权，[2] 或者认为"环境权是由公民环境权（属于私权性质）、国家环境权（属于公权性质）、单位环境权、人类环境权等组成的一项复合权利"。[3]

复合主体环境权论的另一个代表是我国著名法学家吕忠梅教授。从吕忠梅教授分别在 1995 年和 2000 年发表的两篇学术论文——《论公民环境权》和《再论公民环境权》的标题就可以看出，吕教授是持复合主体环境权论的。因为当我们谈论"公民环境权"的时候，弦外之音就是还有"其他主体"的环境权，比如国家环境权。吕忠梅教授反复强调环境权的人权属性，认为环境权是"一项基本人权"、是"独立的人权"。[4] 吕忠梅教授以"环境保护是需要政府与市场共同作用的领域"为立论基础，认为在环境保护方面，市场与政府各自的作用都会失灵，需要二者结合起来发挥各自的优势、弥补各自的劣势，将政府的宏观管理与市场方法有效地结合起来，于是就需要相应的法律制度，这就是将国家环境管理权力与公民环境权利相结合的"环境权利制度"。可见，吕忠梅教授主张环境权包括两种类型：公民环境权和国家环境权。并且吕忠梅教授将环境权的类型进一步概括为"两个面向"："个人面向的环境权"，即自然人、

---

〔1〕 蔡守秋主编：《环境资源法学教程》，武汉大学出版社 2000 年版，第248~272页。

〔2〕 王巍娜："论环境权的概念及其属性"，载《甘肃行政学院学报》2004 年第 2 期。

〔3〕 徐晓庆、田义文："论环境侵权的公益诉讼救济"，载《商业时代》2009 年第 2 期。

〔4〕 吕忠梅：《环境法学》，法律出版社 2008 年版，第 81 页。亦可参见吕忠梅："再论公民环境权"，载《法学研究》2000 年第 6 期；吕忠梅："论公民环境权"，载《法学研究》1995 年第 6 期。

法人和其他组织的环境权；"集体面向的环境权"，即国家环境
管理权，对内主要表现为特定公权力主体针对环境管理相对人
实施的环境管理职权，对外表现为在国际交往中维护本国环境
安全、捍卫本国环境利益等的责任和职权。[1]

由上可见，吕忠梅教授虽然将环境权高度概括为"两个面
向"，使我们对环境权有耳目一新的感觉，但仍然没有超出复合
主体环境权论主流的认识范围，即那种认为环境权包括个人
（公民）环境权、国家环境权、法人环境权的传统观点。当然，
吕忠梅教授通过对"集体面向的环境权"即国家的环境管理权
的进一步阐释，使我们对国家环境权的认识有了进一步加深，
因为在国际交往中国家还负有"维护本国环境安全"、"捍卫本
国环境利益"的责任和职权。然而，笔者认为，纵然环境法是
国内法的一个部门，但环境安全不应有国界，环境利益不应分
国别，环境问题永远是"地球村"所有居民共同面临的问题。
在环境保护方面，国家只能是或者明智地认可居民有环境权并
在认可居民有环境权的情况下负有保障环境权实现的义务，或
者不明智地拒绝认可居民有环境权从而对居民的生活环境不负
责任；国家永远不能够、也不应该成为环境权的主体——如果
我们像吕忠梅教授那样反复强调承认环境权是基本人权的话，
因为主张"国家享有人权"这将是一个逻辑错误。"环境权是人
权"的命题是无法否认的。因此，所谓"国家环境权"实际上
就是一种无效的虚无，是学者们吹出来的光彩耀眼的泡沫，而
不是从学者们口中绽放的五彩缤纷的花朵。

吕忠梅教授不仅主张复合主体环境权论，而且主张"复合
性权利"的环境权论。她认为，环境权"兼具各种不同性质的

法权", 是一个不折不扣的"权利束"。按照吕忠梅教授的观点, 首先, 由于环境权的主体包括当代人和后代人, 使得环境权兼有个人权、集体权、国家权、人类权、代际权的性质; 其次, 由于环境权的客体包括具有经济功能和生态功能以及其他非经济功能的环境资源, 使得环境权兼有财产权、人身权以及其他经济性法权和生态性法权的某些性质; 最后, 由于环境权的内容包括合理开发利用环境、享受适宜环境、保护和改善环境等方面, 使得环境权兼有生存权、自然资源权、生命健康权等方面的某些内容。[1] 由此看来, 环境权地地道道是一个"杂烩权"。我们知道, 民法上的所有权包括占有、使用、收益、处分等方面的权利, 但我们明白, 这些都只是所有权的内容而不是所有权本身, 所以我们从来不说所有权是"权利束"; 同样, 我们知道所有权的主体可以是自然人、法人乃至国家, 但我们并不因此就把所有权的性质界定为"复合性的权利", 我们明白, 所有权就是所有权, 并不因为其主体不同就发生改变。如此说来, 我们将环境权说成是"复合性权利", 是"权利束"就没有任何道理。因此, 笔者认为, 环境权就是环境权, 虽然环境权内涵非常丰富, 并且随着时代的发展而发展, 我们确实应该从多方位来全面认识环境权本身, 但不能以此推断出环境权是个"权利束", 是"复合性权利"。任何权利都不是仅仅只有一个"权利空壳", 都应有其丰富的内涵, 而我们洞见了这丰富的内涵则表明我们已经触摸到了权利的生命力、发现了构成权利生命的要素。生命的各种要素以一定样式有机结合在一起才构成完整的、别具一格的生命。我们可以把环境权比作一种别具一格的生命, 而它之所以如此特立独行, 是因为其有着特别的

---

〔1〕 吕忠梅:《环境法学》, 法律出版社 2008 年版, 第 95 页。

构成要素和这些特别要素的特别的结合样式。由此看来,我们可以说环境权是一种别具一格的权利,但无论如何它都不是一种"复合性权利"或者"权利束",因为归根到底,环境权的要素是不能代表环境权的。对我们说来,环境权并不陌生,因为我们从环境权中看到了财产权、人身权、生存权以及其他法权的影子或者"某些内容"。同样,对我们来说,环境权又是极其陌生的。因为环境权并不是上述权利中的任何一种权利本身或者某一种权利的延伸,它是特具一格的崭新的权利,它的名字就叫"环境权"。

对于许多学者来说,将"全人类"也算作环境权的主体似乎高度强调了环境权的重要性。其实这是一种误解。如果我们认可全人类是环境权的主体,那么,环境权的相对方是谁呢?是全人类中的个体吗?如果是这样,我们就会得出有所谓"人类法"或者"世界法"的荒唐结论。环境权只能是法律赋予的权利,而法律永远是国家的法律。法律权利的主体只可能是人类的个体即"个人"或者个人的组合即"组织",而不可能是"全人类"。因此,笔者主张全人类决不是环境权的主体,环境权的主体只能是全人类中的个体,即个人。

关于环境权的种类,有一种比较新颖的说法,即认为环境权还包括所谓的"代际环境权"。笔者认为,这是一个可疑的概念。比如,有的学者直言不讳地宣称:环境权的主体不仅包括公民、法人及其他组织,还包括国家甚至全人类,而且也包括后代人,因此可将环境权分为公民环境权、法人及其他组织环境权、国家环境权、人类环境权等。其中,人类环境权的内容包括:平等享用共有财产权、与后代人共享环境资源权、与其他生命物种共同拥有地球等。[1] 这种观点是值得商榷的。任何法律权利都是确定的，从而任何法律权利的主体都必须是实际存在着的。"后代人"并不是现实的人，谈不上是某种权利的主体，怎么与当代人"共享"环境资源呢？因此所谓"代际权"是一个不确切的概念，所谓作为环境权主体的"后代人"不是一个真实的法律术语。环境权是别具一格的权利。当我们这样说的时候，是指它的内容比起传统的法律权利是特殊的，但并不因此它就与传统的法律原理南辕北辙，在法律基本原理的问题上，环境权绝没有什么"超越"。无论环境权如何别具一格，也不会特别到具备"代际权"性质的地步，因为任何权利作为"法权"无非都是人的权利。因此，还不存在的人，无论如何是不会有"人权"的，当然也不会有作为"一项基本人权"的环境权的。存在着的人要为他们的子孙后代留下一个宜居的环境，这本身就是存在着的人的人权或曰环境权的一个内容。

有的学者否认国家环境权，主张环境权分为民事环境权和社会环境权，其权利主体都是公民和企业。持这种观点的学者认为，民事环境权是企业或公民以自救、自益为目的，依照民法所享有的一种权利，其主要内容包括：宁静权、清洁空气权、清洁水权、通风权、采光权、眺望权、欣赏权和无害环境下生产权。而社会环境权作为公法与私法、公权与私权相互融合的产物，则是企业或公民为了保护环境依法享有的一种权利，它以社会公益为目的，主要内容包括：环境污染报告权、紧急环

---

〔1〕 陈泉生："环境权之辨析"，载《中国法学》1997 年第 2 期；陈泉生："论环境权的种类和内容"，载《福建论坛（经济社会版）》1998 年第 5 期；陈泉生："当代环境法理论基础初探"，载《云南大学学报（法学版）》1998 年第 3 期。

境保护权、环境问题请愿权和环保团体组织权等。[1] 虽然这种环境权论实质上也属于复合主体环境权论，但由于它已经排除了环境权的公权力主体，不承认有所谓国家环境权，因此反映出从复合主体环境权论向单一主体环境权论的过渡趋向。同时，该理论将环境权划分为民事环境权和社会环境权的观点为我们深入认识环境权的性质提供了有益的思想方向，值得肯定。

单一主体环境权论对环境权的界定主要有两个视角：一是人权法的视角，将环境权看做公民的生存权利；二是民法的视角，将环境权看做民事权利。在我国法学理论界，较早主张单一主体环境权论的学者是刘应安和廖德功。他们认为："环境权系指公民有在清洁、舒适、健康和美好的环境中生活的权利"，并明确指出"环境权的实质是公民的生存权"。[2] 这是从人类个体生存权角度对环境权进行的界定。从这个角度对环境权进行界定是单一主体环境权论的主流，比如钟娟认为：环境权是指为防止污染和其他公害，保障人体健康，国家赋予公民在生活环境和生态环境所享有的权利系统，其具体内容包括生活环境权、工作环境权和旅游环境权三项子权利。[3] 又比如，陈仁、姚慧娥撰文指出："所谓环境权是指日照权、通风权、眺望权、达滨权、安静权、欣赏风光权、清洁空气权、清洁水权等。"[4] 有的学者主张环境权是民法上的权利，应承认环境权在民法上的地位，从而坚持单一主体环境权论，并认为环境权应包括下

〔1〕 冀延卿、霍中文："社会主义市场经济与环境权分析"，载《经济经纬》1995 年第 2 期。
〔2〕 刘应安、廖德功："环境权应当成为公民的一项基本权利"，载《现代法学》1986 年第 2 期。
〔3〕 钟娟："公民环境权探析"，载《学术界》1997 年第 5 期。
〔4〕 陈仁、姚慧娥："我国环境法制的理论建设"，载《环境》1995 年第 4 期。

列内容：①公民在良好、适宜、宁静的环境中生活的权利；②参与国家环境管理的权利；③环境自救权（即环境自力救济的权利）。[1]

　　我国法学理论界最著名的单一主体环境权论是福州大学法学院邹雄教授的观点。邹雄教授认为，界定环境权应坚持下列三个原则：①应以法律权利为目标界定环境权；②应以特定"环境"含义为基点界定环境权；③应立足于法学规范界定环境权。邹雄教授认为环境权的客体只能是"环境生态功能"，环境权的主体只能限于自然人，而环境权的内容则是以环境参与权为核心的一系列权能的总和。在此基础上，邹雄教授认为，环境权是自然人享有适宜自身生存和发展的良好生态环境的法律权利。[2]

　　中国人民大学出版社出版的周珂主编的《环境法学研究》一书所持的观点与邹雄教授的观点基本一致。该书的第七专题命名为"环境权与环境侵权研究"。在该部分，详细阐明了该书关于环境权界定的观点。值得注意的是，该专题是由著名环境法学者陈泉生撰写的，而在20世纪末，该学者曾经是复合主体环境权论的一个重要代表，曾撰文指出环境权的主体不仅包括公民、法人及其他组织，还包括国家甚至全人类，而且也包括后代人。然而，陈泉生却在周珂主编的这本书中修正了自己的观点，又成为单一主体环境权论的著名代表。这种变化是可喜的。在书中，著作者首先指出界定环境权的三项原则：应严格以法律权利的概念为基点界定环境权；应在特定的"环境"含义的基础上界定环境权；应立足于法学规范界定环境权。依循上述三项原则，著作者认为，环境权的惟一客体就是"环境生

〔1〕　李艳芳："环境权若干问题探究"，载《法律科学》1994年第6期。
〔2〕　邹雄："论环境权的概念"，载《现代法学》2008年第5期。

态功能"，环境权的主体仅仅限于自然人，而环境权的内容则是以环境参与权为核心、包括日照权、宁静权、清洁水权、清洁空气权、景观权等在内的权能。在此基础上把环境权界定为：所谓环境权，是指自然人享有适宜自身生存和发展的良好环境的法律权利。它在国内法上表现为公民环境权；在国际法上则表现为人类环境权，而不论是公民和人类，均包括当代人和后代人。[1] 这是到目前为止比较科学的环境权界定，其基本内容是非常正确的。然而，这种观点对"自然人"进行扩大解释，认为既包括当代人又包括后代人，是值得商榷的，并且也违背了著作者在一开始确立的界定环境权的三项原则。同时，认为环境权有国际法上的和国内法上的两种，分别是人类环境权和公民环境权，这也是不科学的。因为人类并不是国际法的主体，人类这个笼统的概念甚至不是法律权利的主体。笔者坚持认为，法律权利的主体只能是人类个体及其组织。法律权利的主体绝不可能包括人类整体，因为那样一来，作为法律权利的主体的人类就没有"对方"了，而这是与法律权利的基本法理相矛盾的。

另外，还有一种关于环境权的认识很能迷惑人。这种观点认为：不管是谁都有环境权，包括自然人、法人、其他组织、国家乃至国际组织；环境权的内容表现为向环境排放，只是大家都要保持一个"度"，这个度以环境的"自洁能力"为标准，只要在环境自洁能力的限度内任何个人和组织实体都有权向环境排放废气、废渣、废水，而这样的"环境权利"是无需法律明确规定的，天然就有，是基本人权，是"天然的权利"；一旦一个人或者组织的排放超出了环境自洁能力这个"度"，他

---

〔1〕 周珂主编：《环境法学研究》，中国人民大学出版社2008年版，第88~95页。

（它）就应该承担责任。因此，一部环境保护法只规定"义务"就行了，就可以很好地起到保护环境的最终目的了。因此，只要技术条件具备，进行"排污权交易"未尝不可。作者认为，这种观点的荒谬之处主要表现在以下两个方面：

1. 它认为环境保护法只需要规定环境义务，无需规定环境权利，因为环境权自古就有。这是与法的基本原理格格不入的。在法学领域中谈论权利当然是指法律权利，而法律权利必须由法律宣告，未经法律宣告的或者不需要法律宣告的权利就没有资格以权利为名干预法律生活。如果认为一部环境保护法只要规定环境义务无需规定环境权利，这就把环境保护法看做与刑法相类似的所谓"公法"，而把环境保护法识认为公法是说不通的，这样一来就恰恰宣告要永远消灭公民有法律上的环境权的可能性。这样，不是与把环境权说成是基本人权自相矛盾吗？即使是我国刑法这种公法，也在规定刑法的基本任务时指出要"保护公民的人身权利、民主权利和其他权利"，作为非公法的环境保护法怎么能只字不提环境权呢？那不是要把环境法搞成残缺不全的东西吗？说轻了，这种观点是忽视环境权，说重了它就是蔑视环境权，说穿了它根本不乐意人民享有环境权。

2. 这种观点认为自然的环境权完全在于一个"度"，即环境的自洁能力，而超出这个度就产生环境义务了。这样认识环境权实际上把人们对宜居的环境的享用说成是对环境排放，把环境作为人及其组织"发泄"的对象，实际上就把环境权的内容限制到最狭窄的范围，完全不顾景观欣赏、呼吸新鲜空气、享受安宁、饮用清洁水等方面。环境权在一些人的心中竟然成了"排泄权"了！这无论如何不能使人感到环境是个美好的东西，这种观点恰恰使人想到环境就是污水沟、垃圾堆放点，只要在可容忍的限度内我们人就有权置身环境之外向这污水沟和垃圾堆放点排放废物。1997年12月在日本东京都召开的东京都会议（COP3），其本旨是遏制全球温室效应进一步恶化的，然而，该会议所签署的《京都议定书》却炮制了"排放许可（emission permit）"，它"具体要求建立一种市场运作机制，来达到调节二氧化碳排放量利率的目的，或直接对二氧化碳的排放量进行市场交易。"[1] 这就是所谓"排污权交易"。而上述关于环境权的观点实际上是为臭名昭著的"排污权交易"寻找理论根据。

四、环境权的界定

环境权是法律权利。因此，界定环境权毫无疑问应坚持法的基本原理。然而，环境权是与传统法律权利完全不同的新型法律权利，而这种不同并不体现在环境权的主体方面，而主要反映在环境权的客体与内容方面。但环境权的主体问题是基础，因此它更为关键。准确界定环境权，必须全面弄清楚环境权的主体、客体和内容这三个要素。

（一）环境权的主体

准确地界定环境权，首先就要界定环境权的主体。那么，谁是环境权的主体呢？由于环境权是法律权利，而根据法的基本原理，能够成为法律关系的主体，因此成为法律权利的主体的，只能是人和人的组织、国家和国际组织等。因此，环境权的主体并不能包括所谓"自然体"。河流、森林、大气、动植物等自然体作为环境要素，是不能成为环境权的客体的，但它们不是环境权的客体并不意味着它们是环境权的主体。形而上学的"非此即彼"的思想根深蒂固，导致人们在讨论环境权的主

---

〔1〕〔日〕佐佐木毅、〔韩〕金泰昌主编，韩立新、李欣荣译：《地球环境与公共性》（第9卷），人民出版社2009年版，第49页。

体时要么把环境要素看做环境权的客体，要么把它看做主体。在笔者看来，环境要素既不是环境权的客体，也不是环境权的主体。有人害怕把自然体排除在环境权的主体之外会导致"人类中心主义"。这实际上是一种误解。在环境权的问题上，人类中心主义的危险来自于把环境要素当作环境权的客体看待，而并不来自于单把人及其组织看做环境权主体从而将自然体排除在环境权主体之外。反之，即使我们违背法律的普遍理性而把自然体也算做环境权的主体，但却并不能够担保我们不陷入人类中心主义的错误境地。

　　在排除了自然体环境权主体资格之后，要解决的问题就是环境权究竟应该只赋予自然人还是应当专门赋予自然人的组织还是应当赋予自然人的同时赋予自然人及其组织呢？笔者认为，环境权只能赋予自然人，也就是说，只有自然人才能成为环境权的主体。这是由"环境"的特殊性所决定的。什么是环境法所讨论的"环境"？我国《环境保护法》第2条规定："本法所称环境，是指影响人类生存和发展的各种天然的和经过人工改造的自然因素的总体，包括大气、水、海洋、土地、矿藏、森林、草原、野生生物、自然遗迹、人文遗迹、自然保护区、风景名胜区、城市和乡村等。"毫无疑问，这是对"环境"的科学界定。从上述我国法律上对环境的科学界定中，我们可以看出：环境之为环境，根本上在于它是人类生存和发展的周遭环围。结合我国《环境保护法》第1条规定的"改善生活环境"、"保障人体健康"的立法宗旨来看，环境乃是人生活于其中的周围环境，一切环境要素都是人的生活、健康和发展的环围和境况。这就是环境的特殊性所在。由此也就决定环境权的主体只能是自然人。因为除了自然人之外，一切人的组织尽管可以有"发展"的特征，但无论如何都没有"生活"、"健康"的特征。环境是人赖以生存、生活的环围和境况，而环境权就是法律对自然人在环境的环围和境况中健康、舒适地生活的利益的认可。同时，既然环境权是法律对自然人在环境的环围和境况中健康而舒适地生活的利益的认可，那就决定环境权的主体必须是"生活着的人"即"在世"的自然人，由此也就排除了已经"不在世"和"尚未在世"的人的环境权的主体资格。所以，所谓"代际环境权"只是一种似是而非的法律概念，或者不如说是伦理和道德上的权利概念，绝不是严格的法律术语。此外，由于"人类"没有法律权利的"对方"，因此，环境权的主体也不可能是"人类"。并没有"人类环境权"，所有的只能是"人类个体的环境权"，即自然人环境权。

由此，我们就界定了环境权的主体：自然人是环境权的惟一主体。由此又出现一个问题：既然只有自然人是环境权的主体，那么相应的是否只有自然人才是环境诉权的主体呢？笔者以为，虽然环境权是环境诉权的实体法之根，但环境诉权并不是刻板地与环境权相对应的。除了自然人之外，环保非政府组织和政府部门照样可以享有环境诉权，尽管它们并不是环境权的主体，就如同"其他组织"不是民事权利的主体却可以成为民事诉讼主体从而具有民事诉权一样。关于这个问题，将在第四章进一步阐述。

（二）环境权的客体

环境权一般表现为对环境要素的享用权利，比如日照权、通风权、亲水权、达滨权、眺望权、宁静权、景观权、清洁水权、清洁空气权等。然而，由于环境承载的非排他性，决定了环境权仅仅是对环境要素享用的权利，并不是为了获取其价值或者使用价值的"利用"，更不包含占有、收益和处分的权能。因此，环境权作为法律权利绝不同于民事权利，其客体不可能是物、行为或者智力成果。不仅有体物不能成为环境权的客体，无体物也同样不能成为环境权的客体。既然环境权表现为权利主体对环境要素的享用，"环境生态功能说"的环境权客体论就具有相当的合理性。因为，人们通过环境追求健康、适宜的生活，无非就是享用环境要素的功能，比如朝霞初泛的清晨惬意地呼吸着新鲜空气、在阳光斑驳的庭院小树下休憩、在茂密的林荫道上散步、在清澈的溪流边戏水、在生机盎然的森林中观看奇异的野生动植物、在碧波荡漾的江河湖泊中泛舟、在布满沧桑的历史遗迹中徜徉与沉思、在清风徐来的山巅上一览周遭美景、在开满鲜花的草地上野炊或者露营、在繁星点点的夜空下遐想、在灯火阑珊处静谧地入眠……所谓人在适宜的环境中生存、发展，说的不就是我们如此这般地利用环境要素去生活吗？然而，这一切是否都可以仅仅归结为所谓的"环境生态功能"呢？显然不是。在这里，"环境生态功能"一方面太狭窄了，另一方面太宽泛了，总而言之不适合。说它太狭窄了，是因为诸如清风徐来的山巅、繁星点点的夜空、碧波荡漾的江河湖泊、布满沧桑的历史遗迹根本上是与所谓的"环境生态功能"不着边际的，所以它根本无法把这些东西收入囊中。说它太宽泛了，是因为"生态环境"根本不是专为人准备的环围和周遭，它更多的是指所谓"生物多样性"、"生物种群"、"湿地丛林"、"动物栖息地"、"生物圈"之类的自然状态，已经远远超出了人类生存的狭隘界限，有的人一辈子生活在城市中，但绝不因此就没有环境权，所以"环境生态功能"又把根本与环境权无涉的东西收入囊中。此外，拒绝认可"环境生态功能"是环境权的客体，原因还在于"环境生态功能"很容易成为人们"利用"的东西，比如进行养殖和开发作业、建立"度假村"之类以获取商业利润等。

笔者认为，环境权的客体应该是"环境宜居功能"。所谓"宜居"乃是指人在天空之下，在大地之上得以"诗意地栖居"。人在天空之下、大地之上诗意地栖居并不是说人人都是诗人或者每个人都在吟诗中生活着。这是一种比喻说法，指的是适宜的环境使人受惠，使人有了健康而快乐地生活的环围与境况，从而人感受到生存的幸福，于是产生对生活环境的无限眷恋和喜爱，就像婴儿依偎在母亲的怀抱里一边吮吸着甘甜的乳汁一边深情地仰望着母亲的慈祥的笑靥那样幸福和惬意。这不是十分诗意吗？宜居在根本上就应该是诗意的。我们制定环境保护法、我们呼吁环境权的赋予、我们拿起环境诉权进行环境诉讼、我们进行环境保护群众运动、我们为保护环境而开展的一切行为不都是因为我们的生存环境成了问题、生活得没有一点诗意吗？所以，环境权的客体是"环境宜居功能"。

（三）环境权的内容

关于环境权的内容，即环境权的具体权能问题，笔者完全赞同福州大学邹雄教授和中国人民大学出版社出版的周珂主编的《环境法学研究》一书所持的观点，那就是：首先，环境参与权是环境权的核心内容。因为环境之为环境，具有概括承载性和公共性，而对环境的破坏、对环境权的侵害或者侵害威胁及其处理一般都与环境公共政策有直接联系，对环境公共政策的参与是对环境权进行维护的最有效途径，所以环境参与权应该成为环境权的核心权能。其次，环境权不能包括"使用"或者"利用"环境资源的权能，而只能是"享用"或者"享受"适宜环境的权能；否则环境要素难免沦为一些人追逐商业利益的境地。所谓"排污权交易"就是一种可疑的发明，似乎环境权还包括向环境发泄、排放和糟践环境的权能，并且这种毒害环境的权能还可以用来交换金钱。最后，环境权是一系列权能的总和，并且随着实践的发展而日益丰富其内容。

综上所述，我们可以概括出环境权的概念：所谓环境权，是指自然人享有的宜居环境的法律权利。其主体仅仅限于自然人；其客体是环境宜居功能；其内容是以环境参与权为核心的包括一系列对环境宜居功能享用的权能的总和。

环境权的准确界定，就为环境诉权的确立奠定了可靠的基地。正是由于一个人的以环境参与权为中心的一系列对环境宜居功能的享用权能受到他人的侵害或者与他人发生纠纷，他才获得了法律赋予他的环境诉权，从而具有向行使环境审判权的人民法院提出环境权利保护请求权，发动环境诉讼程序，从而他作为环境诉讼的原告就是与争议中的诉讼标的有"直接利害关系"的适格当事人。

第三章　环境诉权植根于诉讼思维方式

——环境诉权的法系传统之根探析

前面对环境诉权基本理论的分析已经展示出环境诉权作为环境诉讼这种新型诉讼中的诉权深深植根于实体环境权益的土壤之中；环境权则是环境诉权的实体法之根。这一结论为我们认识环境诉权的本质奠定了坚实的理论基础。由此，我们认识到环境诉权在本质上乃是在一个人对环境宜居功能的享用权受到侵害或者威胁时而享有的向法院提出的权利保护请求权。然而，经过对现代世界各国环境诉讼的现状的概要考察，我们不难发现：英美法系国家的环境诉讼程序启动容易得多，而大陆法系国家的环境诉讼程序启动则相对困难。其原因在于不同法系国家对环境诉讼的原告主体资格要求不一样：英美法系国家宽容，大陆法系国家严格。由于起诉资格即原告主体资格是诉权的关键内容，因此，对环境诉讼原告资格的要求的不同，实际上就是对环境诉权的要求不同。导致不同法系国家对环境诉权要求不同的根本原因在哪里呢？作者认为，在于它们各自的诉讼思维方式大相径庭。这就指点我们：环境诉权与诉讼思维方式必定有某种内在的关联。诉讼思维方式作为深层次的诉讼理念，深深地蕴含在法系传统之中。因此，本专题研究在这一部分将着眼于法系传统的历史渊源对环境诉权的基本理论进行思考，以展示环境诉权如何透过诉讼思维方式而凝聚和浮生。

综观现代各国法律制度的现状和历史渊源，最有影响力的莫过于大陆法系和英美法系这两大法系。大陆法系又称民法法系、罗马法系、法典法系、罗马—德意志法系、罗马—日耳曼法系，是以罗马法为基础而发展起来的法律的总称。大陆法系产生于欧洲大陆，以罗马法为历史渊源，以民法著称，以成文法为主要形式。英美法系又称普通法系、英国法系，是以英国中世纪以来的法律，特别是它的普通法为基础而发展起来的法律的总称。英美法系起源于11世纪诺曼人入侵英国后逐步形成的以判例形式出现的普通法。后来，随着英国的对外扩张，英国普通法得到许多国家的效仿，形成英美法系。

　　两大法系在诉讼制度上存在诸多显著区别。比如，大陆法系的诉讼制度实行职权主义诉讼模式，注重发挥法官对诉讼过程的积极干预，要求法官依职权探知案件实情，对于作为裁判基础的要件事实不以当事人主张为限，强调实质公正的诉讼价值。而英美法系则实行当事人主义诉讼模式，注重当事人对程序的主导，要求法官保持中立，在作为裁判基础的要件事实的提出上遵循辩论主义，严格限定法官的审判范围，强调程序正义的价值理念。再如，大陆法系实行参审制：案件的事实认定和法律适用统一由职业法官或者职业法官与陪审员共同判断决定。而英美法系实行陪审制，实行职业法官与非职业人员组成的陪审团分工制度：陪审团负责案件的事实认定，充分发挥陪审员朴素的公正理念在裁决案件中的作用；而职业法官在陪审团裁决的时候给予一定的法律提示，并在陪审团认定案件事实的基础上负责对案件的法律适用。除了上述区别之外，两大法系诉讼制度在诉讼思维方式上也存在明显的区别：大陆法系的诉讼以法律规范为出发点，其诉讼思维方式可以概括为"规范出发型"；而英美法系的诉讼以具体的案件事实为出发点，其诉讼思维方式可以概括为"事实出发型"〔1〕诉讼思维方式与诉权理念紧密联系。大陆法系的规范出发型诉讼思维方式与英美法系的事实出发型诉讼思维方式对待诉权的态度泾渭分明。因此，必然对环境诉权产生深刻的影响。

第一节　规范出发型诉讼思维方式及其法系渊源

一、规范出发型诉讼思维方式在罗马法中的确立及演变

大陆法系的诉讼以抽象的法律规范为出发点，诉讼思维方式可以概括为"规范出发型"的理念。"所谓'规范出发型'，是指在案件发生后，以抽象的法律规范为前提来考察诉讼，讨论该案件是否符合法律规范所规定的构成要件，随之将案件事实按照构成要件的要求作有层次的区分，进而以此为基础展开整个诉讼程序，这一思维理念渊源于古罗马。"〔2〕按照事物的普遍规律，作为出发点的东西是最为根本的东西，它甚至还是事物的归宿。所谓"一个人怎样开始，他也将怎样结束"这句话说的就是这个道理。因此，对于规范出发型的大陆法系诉讼制度和理念来说，作为前提和出发点的法律规范是最为重要的，它是诉讼的核心元素，是"大前提"。规范出发型的诉讼在逻辑运行上，就是一个演绎推理的过程：以法律规范作为诉讼的逻辑推理大前提，以案件事实作为逻辑推理的小前提，从中推导出结论。所以，按照规范出发型诉讼思维方式，作为大前提的

---

〔1〕　陈刚主编：《比较民事诉讼法》，中国人民大学出版社 2001 年版，第 6 页。

〔2〕　李龙、闫宾："解读'规范出发型'诉讼理念——以具体个案为基点"，载《西南政法大学学报》2005 年第 4 期。

法律规范与作为小前提的案件事实之间是一种真包含关系：法律规范包含着案件事实，而案件事实蕴含在法律规范之中；法律规范高于案件事实，案件事实低于法律规范；法律规范是本源，案件事实是末流。从而，在大陆法系的诉讼理念中就必然认为，法律是至上的，权利是法定的，案件事实只有符合法律规定的诉讼要件才能进入诉讼的门槛。这一诉讼思维方式渊源于罗马法的传统。

罗马法，一般泛指公元前 6 世纪罗马国家形成之后至公元 6 世纪中叶东罗马帝国查士丁尼皇帝编纂法典为止的整个历史时期的所有法律总称，它的第一部成文法是公元前 451 年至公元前 450 年在平民反对贵族斗争中产生的《十二铜表法》。为保障对权利的法律救济，罗马法中规定了诉（actio）。按照罗马法的规定，已经发生的案件只有符合法所规定的诉，才可以接受救济；若已经发生的案件不符合法所规定的诉，就不能接受救济。这就是所谓的"有诉才有救济；无诉便无救济"。诉是相应于具体的事实、按照法的规定成立的。而在罗马法时代，实体法与诉讼法是不分的，因而实体上的请求权与诉讼上的请求权（诉权）也尚未分化，诉包含着现代意义上的实体请求权和诉权双重性质。可见，罗马法所说的诉就是诉权。从某种程度上讲，罗马法律是一个"诉权"的集合体，罗马法被现今学术界称为"诉权法"。[1] 既然有诉才有救济，无诉便无救济，则诉就是诉讼的起点。这也就是说，在罗马法中，诉讼是以诉为出发点的。而由于罗马法上的诉是由法所认可的，因此，归根到底，罗马法的诉讼是从法律规范出发的，从而罗马法遵循的是规范出发

---

〔1〕 李龙、闫宾："解读'规范出发型'诉讼理念——以具体个案为基点"，载《西南政法大学学报》2005 年第 4 期。

型的诉讼思维方式。[1]

罗马法的规范出发型诉讼思维方式是在罗马的诉讼实践中逐渐形成的，而其制度上的根源在于罗马诉讼法规定的刻板、僵化和繁琐的诉讼程序规则。在罗马法律发展的历史中，其诉讼制度的发展先后出现了三个程序制度，即法律诉讼（per legis actiones）、程式诉讼（formula）和非常诉讼（extraordiniara actiones）。然而，这三个制度并不是彼此无关地孤立存在的，而是相互影响演进的，甚至有时还同时并行。[2]

（一）法律诉讼与规范出发型诉讼思维方式的形成

所谓法律诉讼，顾名思义就是法律规定的诉讼。在罗马法中，诉讼分为对人的诉讼和对物的诉讼两种。所谓对人的诉讼，是指这样一种诉讼：原告起诉被告，主张被告应给予某物或做某事或者以任何其他方式履行其债务，其诉因是被告根据契约或侵权行为对原告负有债务。这实际上就是债权诉讼。所谓对物的诉讼是指原告起诉被告并不是因为被告对原告负有债务，而是双方就某物发生争执的诉讼。这实际上指的就是物权诉讼。无论是对物的诉讼还是对人的诉讼，都是根据特别法律和市民法而来或者大法官根据其职权实行的诉讼。[3] 因此，在罗马法早期，诉讼本身就是法律的组成部分，理所当然应称为法律诉讼。罗马法的僵化的"法律诉讼"制度造就了规范出发型的诉讼思维方式，具体表现在下列几个方面：

1. 在"法律诉讼"中，诉讼主体由法律明确规定。罗马法

---

〔1〕 陈刚主编：《比较民事诉讼法》，中国人民大学出版社2001年版，第6~7页。

〔2〕 江平、米健：《罗马法基础》，中国政法大学出版社2004年版，第435页。

〔3〕 ［古罗马］查士丁尼著，张企泰译：《法学总论》，商务印书馆1989年版，第205~206页。

发展的早期只有市民法，根据罗马市民法的规定，法律诉讼只能由罗马市民提起，因为只有罗马市民才受到市民法的保护，罗马市民以外的人没有诉权。因此，判断一个人是否有资格作为原告提起诉讼，是从法律规定本身出发的。

2. 在"法律诉讼"中，诉讼的依据由法律规定，而这是诉讼进入实体审理的必要前提。法律诉讼分为"法律审理（in jure）"，即预审和"事实审理（in judicio）"，即复审，两个阶段。在法律审理阶段，由执政官或者裁判官先行确认请求人的权利是否为法律所承认，属于什么性质的权利，相应的诉讼规定以及在事实审理阶段要解决的有关问题。在确认原告请求合法的前提下，执政官或者裁判官即向原告"赋予诉讼（actionem dat）"，然后交与民选法官（审判员或仲裁人）进行实体审理。否则，将被认为没有任何诉讼依据而予以拒绝诉讼（actionem denegat）。[1] 无论是在事实审理阶段还是法律审理阶段，双方当事人和裁判官、民选法官都要使用法定的套语与行动，诉讼程序刻板、僵化，"但却不能忽视正是历史上罗马法的僵化与保守造就并延续了'规范出发型'理念。任何人均必须按照法律范围内存在的权利提起诉讼，按照规范的要求削减、'缝补'事实，并在实现权利的过程中遵循与权利相配备的程序性规定。权利必须以规范为依托，否则将成为无源之水、无本之木。"[2]

3. 在"法律诉讼"中，诉讼有确定和严格的形式，这些形式就是"诉讼（actiones）"，通常又称为"法律诉讼（legis actiones）"。诉讼或者法律诉讼有五种：①誓金法律诉讼（legis

---

〔1〕 江平、米健：《罗马法基础》，中国政法大学出版社2004年版，第437页。

〔2〕 李龙、闫宾："解读'规范出发型'诉讼理念——以具体个案为基点"，载《西南政法大学学报》2005年第4期。

action sacramento）。这种形式的诉讼具有打赌的性质：诉讼开始时，双方当事人各以一定数额的金钱作为赌注投入诉讼，赌注依争讼标的而定，然后双方分别在执政官或者裁判官面前发誓主张权利，再由执政官或者裁判官将案件交由民选法官审理，民选法官经审理后作出判决并宣布当事人一方的誓金收归国库，诉讼便告终结。②指定民选法官或仲裁人诉讼（legis action per judicis arbitrive postulationem）。这种形式的诉讼就是原告请求执政官或者裁判官指定审判员或仲裁人（民选法官）审理裁判其与被告之间争讼的诉讼。"'要求民选法官或仲裁人之诉'似乎是为这些纠纷而设立的：在这些纠纷中，法律关系并不那么确定，因而不能用'是'或'不是'作出裁判。"[1]指定民选法官或仲裁人诉讼需要一定的套语，比如原告对被告宣称："我宣布依据你的许诺，你应付给我…，你承认还是否认？"接着被告表明态度。如果被告否认，则原告就说："鉴于你的否认，我请求执政官（裁判官）提供一裁判员或仲裁人。"③请求给付诉讼（legis action per condictionem）。这种形式的诉讼是由《西利亚法》（Lex Silia）最先为解决数额确定之债而引入的，后被《坎布尼亚法》（Lex Calpurnia）扩大适用于一切以请求给付"确定物（certa res）"为标的之诉讼。尽管该形式的诉讼几乎没有什么程式，但需要原告通知被告在一个特定的期限（30日）内向执法官出庭，以便在那里接受审判员。④拘禁诉讼（legis action per manus injectionem）。这种形式的诉讼是指在对人的诉讼中，当债权人胜诉30日以后，债务人仍然不履行债务的，胜诉的债权人就在裁判官面前以手抓住债务人，并说些套话，以示对债务人的人身已经获得了拘禁权（manus）的诉讼。⑤扣押诉讼

---

〔1〕［意］彼得罗·彭梵得著，黄风译：《罗马法教科书》，中国政法大学出版社1992年版，第94页。

(legis action per pignoris capionem)。该形式的诉讼是为实现扣押这种债或者权利的担保方式而进行的诉讼。虽然没有固定的程式，但必须以债权或者权利的存在为前提条件。

（二）程式诉讼与规范出发型诉讼思维方式

程式诉讼是罗马法诉讼制度的第二个发展阶段。"程式诉讼是指诉讼当事人的陈述经过裁判官审查认可后做成程式书状，交由承审员根据程式所记载的争点和指示进行审判的程序。"[1]程式诉讼最先是由《爱布兹法》（Lex Aebutia）引入司法实践的，到奥古斯都时代，彻底取代了传统的法律诉讼。在程式诉讼中，虽然诉讼仍然分为"法律审理"和"事实审理"两个阶段，但在"法律审理"阶段，执法官的职权有了很大的扩张："这个新的执法官开始采取越来越直接的行动介入法的制定和适用。他取代法的真正渊源，允许在市民法未规定的情况中提起诉讼；但是在某些纠纷中，他不把问题提交给审判员，而是撇开既定的制度自己来做决定（extra ordinem）；这种介入后来为第三代制度提供了机遇。然而，这样的法律则导致废除古老程序，稳固地扩大裁判官的活动范围。"[2]因此，程式诉讼中"执法官"就不像法律诉讼中的"执政官或者裁判官"那样仅仅限于聆听当事人的请求，并在确定原告的请求符合法律规定的情况下，将案件交与民选法官进行事实审理，而是将当事人的陈述做成程式书状，制作一份书面训示，简要列举诉讼请求与反请求和争点，并指示审判员进行审判。执法官做成的书面训示就是程式（formula），它包括人民审判员、请求原因、原告

〔1〕 李静："试析古罗马程式诉讼"，载《安徽警官职业学院学报》2005年第6期。

〔2〕 ［意］彼得罗·彭梵得著，黄风译：《罗马法教科书》，中国政法大学出版社1992年版，第95页。

请求和判决程式等几个部分内容，比如：你将是审判员，被诉的事实是……，（原告）……，判处（被告）……。

在程式诉讼中，执法官的活动范围有了很大的扩展，甚至可以取代法的真正渊源。然而，这却并没有改变罗马诉讼制度中所固有的规范出发型的诉讼思维方式。因为在程式诉讼中，诉讼必须从这样一个法律规定的前提条件——原告的请求是否在程式诉讼的范围之内——出发。当然，对于任何诉讼请求，即使市民法没有规定，只要裁判官（执法官）认为是公正合理的，都可做成程式而认可当事人有诉权。在罗马法的程式诉讼制度中，裁判官可以创造新的诉权这件事情表明古罗马人已经认识到成文法的非完满性，从而借助司法权的强制性对市民法的漏洞进行修复，这体现了罗马司法文化中理性与现实并重、程序正义与实质正义兼顾的诉讼理念。但这并不说明程式诉讼中诉讼的出发点变成了案件事实，因为这时候的法（规范）并不仅仅限于成文的法令，大法官（执法官）的命令也是规范的构成部分，裁判官正是通过对当事人的诉讼请求做成程式，从而直接介入法的制定和适用。所以，在程式诉讼中，规范出发型的诉讼思维方式的本质依然如故。

（三）非常诉讼

非常诉讼，产生于古罗马帝国时期，是指不再像法律诉讼和程式诉讼那样，把诉讼泾渭分明地划分为法律审理和事实审理两个阶段，并分别由裁判官和民选法官负责，而是纠纷案件直接由裁判官统一进行审理和判决的诉讼制度。非常诉讼一开始主要适用于审判遗产信托、抚养费、医生或者律师等的酬金诉讼，后来逐渐扩大其适用范围。"公元294年戴克里先皇帝颁布敕令，赋予各行省所有裁判官以司法独立权。至此，非常诉讼程序正式确立。公元342年，君士坦丁皇帝废除司法程式，非常程式成为惟一的诉讼程序。"[1]

从现代大陆法系诉讼程序制度立场来看，罗马法中的非常诉讼实际上一点儿也不"非常"，是再正常不过的诉讼程序了。在非常程序中，"私人审判"的色彩消失得无影无踪了，因为再也不存在纠纷双方当事人协议选择所谓"民选法官"来对案件的实体问题进行审理、作出裁判了，属于审判权范围内的一切事务一概由裁判官操作，裁判官成为真正意义上的法官。对被告的传唤（evocatio）再也不是由原告本人来执行，而是由裁判官指定司法人员将"召集公审"的书状送达被告，必要时还可以责令被告提供到庭保证（cautio judiciosisti），如果被告拒绝提供担保，则可以强制实行人身拘禁直至审判结束时为止。在非常诉讼程序中，审判开始时原告和被告双方当事人或者其代理人均应到庭，先由原告陈述案情（narratio），然后被告答辩（contradictio），然后各自起誓（jus jurandum calumniae）并记录在案，从而确定案件的案由和争点。在诉讼过程中，按照"谁主张，谁举证"的举证责任分配规则进行举证，以确定案件事实。判决生效后，如果败诉方不履行判决确定的义务，也不再由胜诉方对败诉方的人身或者标的物行使权利，而是由原审法官负责强制执行。此外，在非常诉讼时期，罗马法还确立了上诉制度，并在裁判官告示中明确规定了当事人需缴纳诉讼费用。[2] 所有这一切表明，非常诉讼与现代职权主义诉讼模式下的诉讼程序制度并无二致。

在克服了旧制度程序繁琐和过分注重诉讼形式特别是法定

---

[1] 江平、米健：《罗马法基础》，中国政法大学出版社 2004 年版，第 451页。

[2] 江平、米健：《罗马法基础》，中国政法大学出版社 2004 年版，第 452～454 页。

的套语与行动的弊端之后，非常诉讼恰恰变成相当正常的诉讼程序制度，而这种正常的诉讼程序制度依然如故地从法律规范出发考虑诉讼。非常诉讼程序制度的实行，彻底取消了私人审判，强化了国家审判机关和司法官的司法权威。在非常诉讼中，司法官比较彻底地摆脱了刻板、僵化和繁琐的诉讼程式的束缚，裁判官在诉讼中积极指挥诉讼，在诉讼程序的进行中一改法律诉讼和程式诉讼当事人进行主义的诉讼模式，实行职权进行主义，裁判官甚至可以根据自己的法律意识对证据进行取舍和价值判断。在罗马法诉讼制度发展到非常诉讼时期，法律的权威性得到加强的同时，并没有改变规范出发型的诉讼思维方式，法律规范仍然是一切诉讼的出发点。案件的程序上和实体上的构成要件都隐含在法律规范之中，因而，执法官审理诉讼案件，不管是在当事人诉讼主体资格、案件的可诉性上还是在证据的审查判断、案件的事实认定和第三人权利义务的确定上，依然要以罗马法作为审判推理的大前提，以具体案件作为小前提，得出裁判的结论。

在罗马法的诉讼制度中，非常诉讼是其成熟和发达阶段，而规范出发型是其一以贯之的诉讼思维方式。后世对罗马法的诉讼制度的继承和发展主要就是对其非常诉讼程序制度的吸收和改进，而规范出发型的诉讼思维方式作为其深层的理念必然春风化雨般地渗透到继承了罗马法的国家的法律之中。

二、近代欧洲大陆法系民事诉讼制度对罗马诉讼制度及其诉讼思维方式的继受

为弄清楚现代大陆法系规范出发型诉讼思维方式的法系的渊源，下面将进行简要的"法族谱系"考察。以德国、法国、意大利、瑞士等国为代表的大陆法系国家的民事诉讼制度的形成并不是罗马法自然延续的结果，其间经历了罗马法在西欧整体发展过程的中断、在拜占庭帝国的延续和发展、作为法律文化对西欧后世法律制度的渗透与影响以及罗马法的复兴。

（一）罗马法整体发展在西欧的中断

罗马帝国时代是罗马法发展的鼎盛时期。然而，从公元 2 世纪末到公元 3 世纪末，罗马奴隶社会在经济、政治等方面爆发了全面危机，史称三世纪危机。在三世纪危机中，基督教得到了更迅速的发展，奴隶主、大地主、大商人、官僚，甚至一部分罗马皇帝的亲属也加入了基督教。在此过程中，教会的领导权逐渐转移到大有产者手中，基督教从而失去了作为被压迫者宗教的性质，逐渐蜕变，到罗马帝国后期，出现了基督教会与帝国政权的结合。随着罗马帝国的日益没落，基督教成为欧洲封建社会的主要精神支柱。公元 306 年，君士坦丁成为罗马皇帝以后，面对基督教拥有很大力量的现实，改变了帝国过去迫害的一贯立场，转而争取基督教徒对帝国政府的支持，于是在公元 313 年颁布了米兰敕令（宽容敕令），允许基督教与其他宗教并存，承认基督教的合法地位。性质改变之后，基督教内部发生了"正教"派与"异端"之间的教派斗争。被称为"异端"的，主要反映了基督教下层信徒的思想。他们反对基督教的贵族化，反对教会与国家妥协，反对教会拥有财产，期待庄严、正义的"末日审判"的到来。公元 4 世纪前后，著名的"异端"有阿里雾派、多那图斯派等。当时的"正教"与"异端"之间的斗争突出表现在教义之争和上帝基督的属性之争："正教"派主张圣父、圣子、圣灵三位一体，认为圣父圣子同体，是神而不是人；而"异端"阿里乌派则否认基督的神性，认为基督在圣父之下，具有人性。阿里乌派还反对教会上层成为特权集团，反对这种集团拥有大量土地、财富，因而得到劳动者的拥护，在蛮族中也广泛流传。公元 325 年，君士坦丁亲自召开基督教的尼西亚大会，会议决定基督教必须遵守基督与圣父同体的信条，"正教"派大获全胜。公元 392 年皇帝提奥多西下令严禁异教，以基督教为国教。从 3 世纪开始，产生了一批后来被尊奉为"教父"的神学家，比如奥古斯丁等。而在后来西罗马帝国灭亡之后，正是以神学家为代表的教会神职人员使罗马法的典籍在教会中得以保藏，并对罗马法的思想理念加以阐发和传播。

从公元 3 世纪开始，罗马帝国的大权就旁落于宫廷近卫军之手，罗马帝国陷入了政治和军事危机之中，自此以后，罗马帝国即处于时分时合的分裂状态。宫廷近卫军原本是罗马帝国第一个拥有"imperator（大元帅）"头衔和"Augustus（奥古斯都，意为'神圣'、'庄严'）"称号的君主盖乌斯、尤利乌斯、恺撒、屋大维亚努斯建立用来保护皇帝的，然而，它后来却成了罗马帝国政治混乱的始作俑者，而皇帝则成了禁卫军的傀儡。例如公元 217 年，罗马帝国卡拉卡拉皇帝就被禁卫军所杀，而代之而立的却是凶手马克里怒（公元 217～218 年），从公元 235～284 年的短短 50 年间，宫廷近卫军就先后废立了 24 个皇帝。公元 284 年 11 月 17 日，宫廷近卫军队长戴克里先（公元 284～305 年）被士兵们推举为罗马帝国新的皇帝。戴克里先在位期间实行军事政治改革，"他把帝国分为四个部分，由四个统治者治理，实行所谓'四帝共治制'。在四个统治者中，两人称'奥古斯都'，为正职，由戴克里先、马克西米安充任；两人称'恺撒'为副职，由加列里阿、君士坦西阿充任，正职缺位时，由副职递补。"[1] 正是由于戴克里先设立了两个"奥古斯都"，就使原来统一的罗马帝国分为东罗马和西罗马两个部分，为罗

---

〔1〕 崔连仲主编：《世界史（古代史）》，人民出版社 1983 年版，第 396 页。

马帝国的分裂埋下了祸根。公元305年戴克里先和马克西米安在同一天宣布退位，由他们的女婿继位，不久罗马帝国即陷入群雄争霸的内乱局面。公元306年，君士坦丁在军队的支持下，当上了西罗马帝国的"奥古斯都"，经过长达18年的帝位争夺战以后，君士坦丁终于在公元322年恢复了帝国的统一。公元330年，君士坦丁把帝国首都迁到东方的拜占庭，改名君士坦丁堡，号为新罗马。公元337年，君士坦丁皇帝死后，他的几个儿子即开始了长期的权力争夺的斗争，罗马帝国再度分裂为东、西两个部分。到了提奥多西皇帝（公元379~395年）时，曾一度恢复统一的残局。然而，好景不长，公元395年，提奥多西死后不久，帝国最高统治集团根据提奥多西的遗嘱，将帝国版图划分为东西两部分，由提奥多西的两个儿子分别统治：东罗马帝国以君士坦丁堡为首都，由18岁的长子阿卡狄乌斯统治；西罗马帝国以拉韦纳（位于意大利东北部）为首都，由年仅10岁的次子霍诺利乌斯执掌。而作为皇徽的鹰也画上了两个头。帝国终于分裂。西罗马帝国的领土包括意大利、高卢、不列颠、西班牙等地，通行拉丁文化。

从公元4世纪起，罗马各地的奴隶、隶农、贫民起义风起云涌。"当帝国政府已经被各地人民起义打击得焦头烂额的时候，境外的蛮族发动了波涛相逐的强大进攻。"[1]公元476年9月，帝国的日耳曼雇佣兵首领奥多雅克（亦译为"奥多阿克"）废黜了最后一个罗马皇帝幕洛（公元475~476年），西罗马帝国灭亡。随着西罗马帝国的灭亡，罗马法的整体发展进程在西欧戛然而止。

---

〔1〕　周一良、吴于廑主编：《世界通史（上古部分）》，人民出版社1962年版，第373页。

(二) 罗马法在拜占庭帝国的延续和发展

分裂后的东罗马帝国 (Easten Roman Empire) 或拜占庭帝国 (Byzantine Empire) 的领土包括希腊、小亚细亚、叙利亚、巴勒斯坦和埃及，在文化上主要以希腊文化为主宰。西罗马帝国灭亡之后，奥多雅克名义上承认东罗马帝国的最高权力，但实际上已经成为意大利半岛的主宰。由于狄奥多西二世 (公元408~450年) 加固了君士坦丁堡的城防，使得这座城市成为蛮族攻不破的城池。公元476年西罗马帝国灭亡之时，东罗马帝国的利奥一世 (公元457~474年) 与哥特人谈判，结束了哥特人对东罗马帝国的威胁，但他也不打算重新征服西罗马帝国了，从而拜占庭成为唯一的罗马人帝国。在西罗马帝国的废墟上，奥多雅克的统治存在不久，公元493年即为东哥特人所灭。

然而，东罗马帝国并没有忘记它的西部的根。公元527年，拜占庭产生了一位著名的皇帝——优士丁尼一世 (公元527~565年)。在优士丁尼一世和他的杰出将军贝利萨留的领导下，公元555年，拜占庭帝国摧毁东哥特王国，控制了意大利半岛南部，东哥特王国存在了60多年就走完了它的历史进程。在夺回了意大利的大部分地区的时候，优士丁尼乘西哥特内乱之机，占领西班牙的东南部。与此同时，科西嘉、撒丁尼亚、巴利阿里群岛以及达尔马提亚等地，也先后并入拜占庭版图。优士丁尼还下令修建了东罗马帝国基督教象征的圣索菲亚大教堂。然而，长期的征服与扩张，削弱了帝国的军事和财政力量，导致拜占庭帝国迅速衰弱。到优士丁尼二世上台 (公元565~578年) 以后，公元571年再次爆发了帝国与波斯之间的领土纠纷，波斯军队攻破德拉城，拜占庭赔款求和。此时中东的阿拉伯人乘机崛起，并于公元7世纪以圣战为名开始了对波斯和拜占庭的全面进攻，致使拜占庭帝国进一步衰落。后来的十字军东征

（公元 1096~1291 年）使拜占庭遭到前所未有的重创。与此同时，塞尔柱突厥人开始崛起，公元 1300 年，奥斯曼一世登基成为他们的苏丹，宣布成为独立的回教国家爱尔米国，并随即不断找拜占庭的麻烦。1326 年，奥斯曼夺取拜占庭在小亚细亚的重镇布鲁萨，并迁都至此，开始称为奥斯曼帝国（土耳其）。穆罕默德二世（征服者）在位期间，更是向拜占庭帝国大举进攻，公元 1453 年，奥斯曼土耳其军队攻下君士坦丁堡，随后把圣索菲亚大教堂改为清真寺，君士坦丁堡从此不复存在，取而代之的是伊斯坦布尔。

公元 438 年，东罗马帝国皇帝狄奥多西二世在位时，曾将帝国的法律汇编成一部统一的法典，即《提奥多西法典》，包括 4 世纪初以来的皇帝法令，共 16 卷。然而，这部法典没有重视罗马法学家的学说和理论在罗马法发展中的重要地位，到了优士丁尼时代已经不符合当时社会的需要。

优士丁尼皇帝即位之初，即着手编纂法典。优士丁尼皇帝颁布一项敕令，任命由特里波尼安等 10 名法学家组成编纂委员会，审定自罗马共和国以来的历代法令和元老院决议，删除失效的内容，协调相互冲突部分，于公元 529 年完成《优士丁尼法典》，它是将历代罗马皇帝颁布的敕令进行整理、审定和取舍而成，共 10 卷。以后又编成《优士丁尼法学总论》（《法学阶梯》），它以盖尤斯的《法学阶梯》为基础加以改编而成，是阐述罗马法原理的法律简明教科书，也是官方指定的私法教科书，具有法律效力；《优士丁尼学说汇纂》（《法学汇编》），将历代罗马著名法学家的学说著作和法律解答分门别类地汇集、整理，进行摘录，凡收入的内容均具有法律效力；《优士丁尼新律》，收录公元 535~565 年优士丁尼皇帝在位时颁布的敕令 168 条。以上 4 部法律汇编被统称为《国法大全》或者《民法大全》。

"这是欧洲历史上第一部系统完备的法典，对以后欧洲各国的法律有重大影响。"[1] 特别在后来公元 11~15 世纪罗马法复兴中，《国法大全》成为"注释法学派"最主要的研究对象，为罗马法在近代的运用奠定了基础。值得注意的是，这部法典是用拉丁语写的，而当时拉丁语已被认为是一种古老的语言了，甚至许多写这部法典的人都不会说这种语言。这也从一个侧面表明东罗马帝国对罗马法律传统文化的挂怀以及优士丁尼皇帝重建罗马奴隶制帝国的雄心壮志。

（三）罗马法在西欧的复兴与欧洲大陆法系的形成

公元 9~12 世纪，西欧大陆普遍建立了封建制度，终于渡过了黑暗的中世纪漫漫长夜，迎来了近代历史的灿烂曙光。随着经济贸易的发展，一大批新兴工商业城市如雨后春笋般在西欧大地上兴起。商品经济的勃兴，必然需要一种能够正义而有效地调整商品经济关系的法律制度。但当时的西欧各国已有的法律制度却与商品经济和社会生活很不适应，没有一个国家的法律制度能够胜任调整商品经济关系的任务。而被誉为"商品生产者社会第一个世界性法律"[2] 的罗马法则是资本主义社会以前调整商品生产者之间关系的最完备法律，它虽然产生于资本主义社会之前，但它却包含着资本主义时期的大多数法律关系。[3] 这样，收藏于寺院和学校等处的尘封已久的罗马法进入欧洲人的视线并引起法学家们的高度关注和浓厚兴趣。"1088年，意大利法学家伊纳留斯（Irnerius，约公元 1055~1130 年）创立波伦那（Bologna）大学法学院，传授罗马法，以《国法大

---

〔1〕 周一良、吴于廑主编：《世界通史（中古部分）》，人民出版社 1962 年版，第 51 页。

〔2〕《马克思恩格斯全集》第 4 卷，人民出版社 2005 年版，第 248 页。

〔3〕《马克思恩格斯全集》第 36 卷，人民出版社 2005 年版，第 164 页。

全》为课本，于原文中或原文后的空白处加以注释说明，并纠正其矛盾，使前后一贯。因此，形成前期注释法学派（The School of Glossators，公元 11 ~ 13 世纪），为罗马法的复兴奠定了基础。"[1] 从 11 世纪末、12 世纪初开始，西欧各个国家和自治城市掀起了波澜壮阔的罗马法复兴（Revival of Roman Law）运动，前后经历了注释法学派时期、评论法学派时期和人文主义法学派时期三个阶段。在罗马法的复兴运动中，德国是采用罗马法最为积极的国家。在皇帝马克西米连一世（公元 1493 ~ 1519 年）统治期间的 1495 年，神圣罗马帝国在美茵河畔的法兰克福设立了最高法院作为常设的最高审判机关。[2] 马克西米连一世发出公告，宣布帝国法院的审判以共同的法律为基础，由 16 名法官共同执行。法官中至少有 8 名法学博士，他们必须精通罗马法，而另外 8 名则是从罗马法赋予其特权而对罗马法深有好感的贵族中遴选。足见近代德国对罗马法的重视，也难怪大陆法系又称为"罗马—德意志法系"。

在罗马法复兴运动中，人们不仅学习和研究罗马法的典籍，从而培养和输送了大批法学家和学生，而且还把罗马法的基本原则和概念运用到法律实践中去，从而促成了欧洲大陆法系的诞生。1840 年颁布的《法国民法典》即是以《法学阶梯》为蓝本，从基本原则、具体内容、体系结构和法律术语等方面全面继受罗马法。而 1900 年施行的《德国民法典》更多是接受《学说汇纂》的影响，有"现代罗马法"、"现代学说汇纂"之称。法德两国的民法体系，又先后为瑞士、意大利、丹麦、日本等国家效仿，从而在世界范围内形成了大陆法系。

---

〔1〕 何勤华主编：《外国法制史》，法律出版社 2001 年版，第 100 页。
〔2〕 〔德〕罗森贝克等著，李大雪译：《德国民事诉讼法》，中国法制出版社 2007 年版，第 25 页。

（四）大陆法系国家民事诉讼法对罗马法民事诉讼制度及其诉讼思维方式的继受

在大陆法系诉讼制度的形成过程中，德国的民事诉讼制度具有代表性，集中体现了大陆法系诉讼思维方式与罗马法诉讼思维方式之间的一脉相承关系。所以，下文以德国法为视角探究大陆法系国家民事诉讼法对罗马法民事诉讼制度及其诉讼思维方式的继受。德国于 1877 年制定了统一的《德国民事诉讼法》，形成了近代德国民事诉讼制度。德国民事诉讼法有两个历史根源：一是日耳曼诉讼法；一是罗马教会诉讼法。

1. 德国民事诉讼法对日耳曼民事诉讼法的继受。作为德国民事诉讼法历史渊源之一的日耳曼诉讼法，是日耳曼人在建立法兰克王国过程中形成和发展起来的诉讼制度。原居住在莱茵河下游的法兰克人，在公元 3 世纪时越过莱茵河，进入高卢，公元 4 世纪时，遂以罗马同盟者的地位定居于高卢东北。西罗马帝国灭亡之后，法兰克人转入进攻，法兰克的一个部落酋长克洛维联合其他部落，于公元 486 年在苏瓦松击败了罗马军队，夺得了塞纳河与卢瓦河之间的土地。高卢境内的法兰克势力从此强大。公元 496 年，克洛维率领三千亲兵接受洗礼，与基督教教会的力量相互结合，继续扩大领土，歼灭其他酋长，统一各部落，建立墨洛温王朝（公元 481～751 年），成为法兰克人的第一个国王，到公元 6 世纪中叶，法兰克王国已经成为西欧日耳曼人中最强大的国家。从公元 6 世纪后半期开始，法兰克王国经历了数百年的封建化过程。公元 752 年，宫相矮子丕平利用教会的支持，篡夺法兰克王位，墨洛温王朝覆灭，代之而起的是强有力的加洛林王朝。为报答教皇，矮子丕平于公元 754 年和公元 756 年两度进攻与教皇敌对的伦巴德人把夺来的从拉文那至罗马的土地送给教皇，这就是教会史上所谓"丕平献土"。查理（公元768~814年）即位以后，经过一系列的征服战争，使得法兰克王国的版图大为扩张，西南至厄布罗河，北达北海，东至易北河和多瑙河，南面包括意大利大部，全境与西罗马帝国相差无几。公元799年，罗马教皇立奥三世被罗马贵族所驱逐，奔赴查理求援。查理即进军罗马，恢复教皇权位。立奥三世为报答查理，于公元800年圣诞节在罗马圣彼得大教堂为之加冕，号为"罗马人皇帝"，法兰克王国自此成为"查理帝国"。查理大帝的儿子虔诚者路易斯统治时期（公元814~840年），封建大领主不再服从国王的统治。路易斯死后，他的三个儿子之间发生内战，日耳曼路易和秃头查理联合反对他们的哥哥罗退耳。公元842年路易和查理在斯特拉斯堡城下发表反对罗退耳的誓词，誓词用罗曼斯语和条顿语两种语言写成。在日耳曼路易和秃头查理的联合压力下，罗退耳被迫让步。三人于公元843年在凡尔登缔结和约，将帝国一分为三：莱茵河以东的地区归日耳曼路易，称东法兰克王国；些耳德河、缪司河以西的地区归秃头查理，称西法兰克王国；罗退耳承袭皇帝的称号，辖境北起北海，从莱茵河下游以南包括尼罗河流域，直到意大利中部。自此，近代西欧三个主要国家——德意志、法兰西、意大利——的疆域开始形成。

在克洛维时代，法兰克王国把日耳曼人的习惯法用文字记载下来，形成"萨利克法"。然而，法兰克王国的日耳曼法绝不是日耳曼习惯法的简单继续，而是渗透着罗马法精神的法律制度。因为，西欧诸蛮族国家在由习惯法向成文法转变过程中，一般都采用拉丁语编纂法律，而拉丁语正是罗马法律文化的载体。不仅如此，罗马法中许多通俗实用的内容，也为日耳曼法所接受。在西欧，随着西罗马帝国的覆灭，虽然罗马法的整体发展进程中断了，然而，罗马法作为文化形态却继续影响着中古西欧的法律制度的发展。西欧封建制度下的法律制度，实际上是日耳曼法和罗马法并存、融合的产物，呈现出日耳曼蛮族实行自己的习惯法而罗马人则继续沿用自己的罗马法的局面。并且，"在并存、融合的状态下，制度上不占优势的罗马法却在文化上占据着优势；在融合过程中，罗马法居主导地位。"[1]

作为德国民事诉讼法历史根源之一的日耳曼诉讼法，其发展前后经历了最初程序和后期程序两个阶段。日耳曼最初诉讼程序的主要特点是：首先，诉讼程序是口头和公开的，实行辩论主义，具有很强的形式主义，而法院的作用范围很小。诉讼程序的启动因氏族成员受到伤害而没有得到公正的解决而开始，属事实出发型诉讼。原告自己传唤被告，然后在部落首领召开的百人大会上公开提出诉讼，原告的主张必须用准确的词语进行正式的表述，被告必须对此逐一进行回答，而没有抗辩的机会，在此基础上由民选团作出判决，而法官即陪审团的任务只是"保护"法庭，即宣布审判开始、指挥诉讼、宣告民选团作出的判决。其次，实行神示证据制度。如果被告否认原告的主张，并提出证据，法官就会决定证据程序的展开。如果被告提出的证据不能洗清对自己的指控，法官就被建议人要求作出庄严的宣誓并处以罚款。这种判决不能被撤销，当事人和利害关系人只能对判决建议进行指责，但他必须同时提出改善意见，在他和第一建议人之间通过决斗来进行判决。被告通过证人提供证据，但主要还是通过宣示，而无人身自由的人（后来也适用于自由民）则通过神示证据，即水审、火审、决斗来

---

〔1〕 张晓校："中古西欧封建法律文化的罗马法律文化基因"，载《齐鲁学刊》2004 年第 6 期。

证明。[1]

随着王权的加强，日耳曼诉讼的后期程序发展中，法官具有更高的权威，这时传唤被告由法官实施，对证据的调查也由法官来进行。在王权法庭和后来的民众法庭上，当事人相互质询的情形消失了，代之而起的是当事人的主张和请求向法院提出。作为裁判基础的重要事实都需要通过证据程序的固定规则进行证明。确认之诉与确认判决开始出现。在执行中，私人提供担保的执行需要征得法院的同意，并逐步被法官的执行程序所取代。[2]

2. 德国民事诉讼法对意大利教会的民事诉讼法的继受。查理帝国分裂后，意大利就为承袭帝号的罗退耳所统治；而东法兰克王国逐渐形成日耳曼王国，最初包括萨克森、士瓦本、巴伐利亚、法兰克尼亚四个实际独立的公国，后来又并取洛林公国。公元 855 年，罗退耳死后，其领土又经分割，其中意大利北部称意大利王国，而帝号在公元 875 年转归西法兰克王秃头查理，秃头查理死后而废。在意大利王国中，伦巴底、弗里乌尔和味罗那经常混战，争夺徒有虚名的王冠。公元 911 年，日耳曼的加洛林王朝结束，王位于公元 919 年转入萨克森公爵亨利一世（公元 919～936 年）之手，亨利一世死后，奥托一世（公元 936～973 年）继位后，一面抑制各大公爵，一面以教会封建主为王权的支柱。从公元 951 年开始，奥托一世开始进兵意大利。为取得北意大利主教的支持，他把许多先前属于伯爵的特权授予主教。公元 961 年，奥托一世利用教皇乞兵定乱之

〔1〕〔德〕罗森贝克等著，李大雪译：《德国民事诉讼法》，中国法制出版社 2007 年版，第 21～22 页。
〔2〕李大雪："德国民事诉讼法的历史嬗变"，载《西南政法大学学报》2005 年第 2 期。

机，再度进军意大利，征服反对教皇的罗马贵族。教皇于公元962 年在罗马为奥托加冕，称"神圣罗马帝国"皇帝。教会势力在神圣罗马帝国时代进一步扩张。[1]

在中古西欧居于统治地位的天主教会所制定的教会法也受到罗马法的强烈影响，因为"作为中古时代欧洲唯一知识阶层的教会神职人员，在教会法的制定和实践中，既是法律的制定者，也是执行者。他们深谙拉丁语，大多熟知罗马法，因此在制定法律、运用法律过程中自然会将罗马法的一些原则、概念等运用到教会法中……在中古西欧罗马法和教会法之间存在着并存和相互竞争、罗马法向教会法渗透的关系"。[2]

教会最初只负责宗教事务的审判，解决神职人员的纠纷，后来也管辖世俗的审判，解决私人的婚姻、家庭、捐赠和遗嘱纠纷，于是产生了源于罗马法和受日耳曼法影响的北意大利法的意大利—教会诉讼。意大利北部城市的自治章程、宗教立法和世俗与宗教法庭的司法实践推动了意大利—教会诉讼的进一步发展。教会诉讼有两大特点：①实行书面诉讼。原告起诉必须根据日耳曼法制作诉状，诉状只包含权利主张，没有事实。诉状的副本在首次期日由法院正式向被告送达。而被告必须对程序的合法性提出抗辩或者同样提交正式的、必须作成公证书的反主张，没有公证书就不能进行判决。书面诉讼的好处在于它使人更加容易审查宗教裁判，有利于对其进行监督，从而可以避免法官的恣意擅断侵害当事人。②实行官员诉讼，体现职权主义诉讼模式。在教会诉讼中，原告提起诉讼之后，法官即

〔1〕 周一良、吴于廑主编：《世界通史（中古部分）》，人民出版社 1962 年版，第 36～45 页。
〔2〕 张晓校："中古西欧封建法律文化的罗马法律文化基因"，载《齐鲁学刊》2004 年第 6 期。

依据原告的诉讼请求发出命令，再由一个低级官员将被告传唤到庭，如果被告拒绝诉讼或者缺席，法官可以通过宣布其不受保护或者逐出教会而强制他参加诉讼。法院配备专门人员对双方当事人提出的主张进行记录，并遵循"卷宗内没有的东西，就不予考虑"的规则。③程序繁琐。原告的主张必须逐个地、简明扼要地写清楚，以便被告逐一承认或者反驳。有争议的主张由当事人提供证据证明，而证据的采信有严格的程序，举证结束后当事人必须表示没有其他东西提交法庭了。为了不因多个争点产生混淆，法院实行法定顺序原则，每一程序都有独自的、严格规定的期日。这一程序由于其严格的规则和强制彻底解决每一个争点而广为流行。基于以上三个特点，意大利教会诉讼遵循规范出发型的诉讼思维方式是不言而喻的。

14、15 世纪，德国发生了大规模的罗马法的继受。然而，值得一提的是，"德国继受的罗马法并非优士丁尼大帝的罗马法大全，而是受过教会法影响并经后期注释法学派注释过的实用化的罗马法。"[1] 神圣罗马帝国是公元 962～1806 年统治西欧和中欧的封建帝国，其全称是"德意志民族神圣罗马帝国或日耳曼民族神圣罗马帝国（德语：Heiliges Rö misches Reich deutscher Nation，拉丁语：Sacrum Romanorum Imperium nationis Gemanicae）"。其本来就与意大利及其教会有千丝万缕的关系，而且在德国也像在意大利那样，长期存在宗教法庭管辖婚姻、订婚、遗嘱和捐赠等案件的情况，宗教法庭在这些案件中也按照意大利—教会诉讼来进行审判。因此，在 14、15 世纪德国发生的大规模罗马法继受运动中，意大利—教会诉讼很容易被德国所接受。"大量广为流传的撒旦诉讼，即撒旦诉耶稣的诉讼文

---

〔1〕 李大雪："德国民事诉讼法的历史嬗变"，载《西南政法大学学报》2005年第 2 期。

书也促进了意大利教会诉讼在德国法的接受。而直接的推动力量却是来自国内蓬勃发展的土地主关于自己遗产的诉讼。这些法院排斥了原来的陪审法庭，因为后者不能转为专业的法庭。它们被在波伦尼亚接受过培训的法学博士所领导，对他们而言，在那里传授的意大利教会程序才是真正的程序，在实践中他们会理所当然地适用这些程序。"〔1〕这也表明，在德国诉讼制度对罗马法的继受过程中，同时进行着对与罗马诉讼制度相冲突的传统日耳曼诉讼因素的抛弃。

在继受意大利教会诉讼的基础上，神圣罗马帝国最高法院又根据罗马法的精神颁布一系列诉讼规则，逐步完善德国近代的诉讼制度。如 1500 年帝国最高法院规则规定诉讼是书面的和不公开的，起诉、抗辩、答复和证人审理都必须是书面的；1507 年帝国最高法院规则规定，执政官应当将所有的诉讼材料和行为记录在案；1555 年帝国最高法院规则规定上诉必须全面进行书面审理。通过原告书面起诉和被告对起诉的书面答复，争议就被固定下来，但只有在双方宣誓以后，才进行真正的诉讼和事实调查。同时，1654 年帝国敕令又借鉴萨克森诉讼（其渊源是奥古斯特一世侯爵的 1572 年宪法和 1622 年的萨克森法院规则）对帝国诉讼进行了重大改革，放弃了安置程序和诉讼宣示，要求原告在诉状中简明扼要、客观清晰地陈述事实，被告在第一次期日就对诉状中所有的地方做出确定的答复，并提供担保进行抗辩，抗辩不实将被处以没收担保，如果被告不按要求进行，法庭可以根据原告的证据作出裁判，而不是剥夺被告的公民权，改革还引入了同时原则，并严格执行。在此改革的基础上，法院的实践和法学家的学说构成了普通诉讼（gemeiner

---

〔1〕 ［德］罗森贝克等著，李大雪译：《德国民事诉讼法》，中国法制出版社2007 年版，第 25 页。

Prozess），它包括帝国法院诉讼和萨克森诉讼的元素，是非公开的、书面的，借助可上诉的证据判决程序被分为两段，即主张程序和证据程序，证据的判断实行法定证据规则，诉讼程序进行得非常缓慢，等等。后来，经以普鲁士为代表的德意志各邦国的改革，并借鉴法国民事诉讼制度，引进口头原则、直接原则和辩论原则以及自由心证证据制度，最后终于形成了近代德国的民事诉讼体系。

三、我国遵循的诉讼思维方式

在重点探讨世界其他国家的诉讼思维方式的时候，我们也不应忽视对本国诉讼思维方式的考察。从我国的当今法律现实来看，我国的诉讼思维方式确定无疑地是遵循以法律规范为诉讼的出发点的原则的，因为我国现代的法律制度除了香港特别行政区以外，包括台湾地区、澳门特别行政区和祖国大陆在内的法律制度一概可以归入大陆法系法律的行列，其根源在于我国在清末修律的时候，所颁布的大清刑律、民律草案、商律草案、刑事民事诉讼法、法院编制法、监狱律草案等一系列部门法就是以欧洲大陆法系国家的法律为蓝本的。我国在清末修律的时候，曾派出两批学者分别到英美和欧洲大陆国家学习，1902 年任命沈家本与伍廷芳为修订法律大臣，主持晚清修律活动，在修律的指导思想上虽然认为要"参考各国成法，体查中国礼教民情，会同参酌"，[1] 但最终主要参照欧洲大陆法系国家（还包括亚洲的日本）的法律进行律法改良，为后来我国法律制度的发展定了基调。

再从我国法律传统上看，我国的诉讼思维方式毫无疑问也

---

〔1〕　薛梅卿主编：《新编中国法制史教程》，中国政法大学出版社 1995 年版，第 311 页。

属于规范出发型的。"在中国这一有着悠久成文法传统的国度，裁判案件应在'规范出发型'理念指导下进行。"[1] 这一点从我国法律自古以来以成文法为基本渊源的历史事实和历代法律思想家的观点就可以清楚地看出。比如，春秋时代郑国政治家和思想家子产在郑国执政期间实行改革，以实现"都鄙有章，上下有服"等的理想状态，于是他"铸刑书"，公布成文法，使上下有章可循。[2] 这成为中国法制史上的一大创举。又比如，唐太宗李世民在位期间，曾提出"据律论罪"、"守文定罪"的著名法律思想。贞观六年（公元632年）12月，李世民在与侍臣们论安危之本时，鼓励臣下对皇帝不守法令的做法要敢于直言进谏，不应等闲视之。他对侍臣们说："朕比来决事或不能皆如律令，公辈以为事小，不复执奏。夫事无不由小而致大，此乃危亡之端也。昔关龙逢忠谏而死，朕每痛之。炀帝骄暴而亡，公辈所亲见也。公辈常宜为朕思炀帝之亡，朕常为公辈念关龙逢之死，何患君臣不相保乎！"[3] 由此可见，我国自古以来就奉行规范出发型的诉讼思维理念。

第二节 事实出发型诉讼思维方式及其法系渊源

一、日耳曼人的由来与日耳曼人国家的建立

受原始时代自然条件和各地彼此隔绝的状况的影响，人类

---

〔1〕 李龙、闫宾："解读'规范出发型'诉讼理念——以具体个案为基点"，载《西南政法大学学报》2005年第4期。

〔2〕 张国华主编：《中国法律思想史》，法律出版社1982年版，第36~37页。

〔3〕 （宋）司马光编著：《资治通鉴·唐纪十》，中华书局2007年版，第2347~2350页。

逐步形成了种族上的差异，主要表现为肤色、发型、眼睛、鼻子、身材等体质外表上的差异，人类学家据此将现代人类划分为不同的人种。现在，一般认为世界上有四大人种，即欧罗巴人种，或称白种人或高加索人种；蒙古人种，或称黄种，包括印第安人；尼格罗人种，或称黑种；澳大利亚人种，或称棕种。日耳曼人属于欧罗巴人种。

远古时代，在现今伊朗和印度北部的中亚地区就居住着一个自称"雅利阿（Arya）"的部落集团，他们就是雅利安人。公元前3000年代，雅利安人过着游牧生活，处于父系氏族部落和军事民主制时期。为了寻找新的水源和牧场，雅利安人四处迁徙。"大约从公元前2000年代后期起，属于印欧语系的雅利安人的部落，便一批一批地从西北方侵入次大陆……'雅利安'是这些入侵者的自称，在'吠陀'中原意是'高贵者'，本来不是民族名称。他们是许许多多的操印欧语言的游牧部落。"[1]

公元前3000年代末至公元前2000年代初，居住于黑海沿岸的一支雅利安人进入巴尔干半岛东北部，接着陆续分批进入希腊，被称为希腊人。公元前2000年代初，原先居住于东欧草原西部的一支著名的雅利安人，沿多瑙河向西挺进，翻过阿尔卑斯山进入意大利，是为拉丁人，而生活在意大利的拉丁人中就有罗马人。与此同时，另一些雅利安人则继续向西和北两个方向迁徙，从而形成了西欧的凯尔特人（汉语根据语音亦译为"赛尔特人"、"克尔特人"、"盖尔特人"或"居尔特人"）和北欧的日耳曼人。

从公元1世纪末到3世纪，随着日耳曼社会生产力的发展，各个部落开始结成联盟，其中较为重要的有东哥特、西哥特、

---

〔1〕　刘家和：《世界上古史》，吉林人民出版社1980年版，第174页。

汪达尔、法兰克、阿勒曼尼、盎格鲁、撒克逊、伦巴底等。从公元 3 世纪开始，这些部落开始向罗马边境渗透。经过一个多世纪的渗透，日耳曼各部落人口不断增长，日益感到土地不足，于是开始了"民族大迁徙"。他们运用武力，带着家人、车马、牲畜等一批批越过帝国边境，其过程到 6 世纪后期才基本结束。西哥特人于公元 376 年进入罗马，这是日耳曼民族大迁徙的开端。一开始，西哥特人作为罗马帝国同盟者移入帝国境内麦西亚一带，但西哥特人遭到罗马帝国官吏和奴隶主的压榨，他们不堪忍受，起而反抗，而罗马的奴隶、隶农、贫民和士兵也纷纷加入西哥特人的队伍。公元 401 年，阿拉里克率领西哥特人攻袭意大利。公元 410 年，在城内奴隶起义的支援下，阿拉里克攻陷罗马，并继续向南意大利推进，不久阿拉里克死去。西哥特人于公元 412 年北移，进入高卢西南部。公元 419 年，他们以土鲁斯为中心，建立了第一个蛮族国家。随之，汪达尔人和阿兰人在该萨利克的率领下，于公元 439 年攻陷迦太基城，建立汪达尔王国。原居住在奥得河和维斯杜拉河之间的勃艮第人约在公元 457 年以里昂为中心建立勃艮第王国以及盎格鲁·撒克逊和裘特各部落在公元 5 世纪中叶起在不列颠建立几个很小的王国。公元 476 年，蛮族雇佣兵奥多阿克废黜西罗马帝国最后一个皇帝，西罗马帝国灭亡。然而，奥多阿克的统治存在不久，公元 493 年即被东哥特人所灭，建立东哥特王国。然而，在日耳曼人建立的国家中，以法兰克王国最为强大、持续时间达三百六十多年。[1]

---

〔1〕 周一良、吴于廑主编：《世界通史（中古部分）》，人民出版社 1962 年版，第 16 ~ 19 页。

二、日耳曼法的形成及其特征

在早期日耳曼人中也存在法，但并不存在如罗马法那样的成文法。日耳曼法起源于日耳曼部落习惯。由于日耳曼人各部落的习惯大同小异，所以各个王国的法律的基本精神也是大体相同的，后世称这些法律为日耳曼法。法兰克王国是西欧封建制度的典型代表和中心，日耳曼法的主要代表就是法兰克王国的法律制度。

以法兰克王国为主要代表的日耳曼人建立起的各个王国，在公元 5 世纪将过去的不成文的习惯汇纂为成文法典，形成"蛮族法典（Leges Barbarorum）"。在西哥特的尤列克（Euric the West Goth）统治时期（465～484 年），达到鼎盛，当时即编纂了西哥特法，这是日耳曼第一部习惯法汇编。"从现存的只言片语来看，这部法典绝对称得上鸿篇巨制，它应当是由国王尤列克（Euric）大致在公元 470～475 年间为西哥特人而制定的。"[1] 在法兰克王国克洛维统治时期，则出现了《萨利克法典》（Lex Salica）。"萨利克法大约在克洛维时期才用文字记载下来，以后续有增补。"[2] "《萨利克法典》虽不是最早，但仍算古老；它属于未开化的原始的法。"[3] 勃艮第王国国王广多巴德（King Gundobad）于公元 5 世纪末颁布了《勃艮第法典》（Lex Burgunionum）。"《勃艮第法典》是最有影响的蛮族法典之一，因为即使在法兰克人征服勃艮第王国之后，它仍然在勃艮

---

〔1〕 ［英］梅兰特等著，屈文生等译：《欧陆法律史概览》，上海人民出版社2008 年版，第 6 页。

〔2〕 周一良、吴于廑主编：《世界通史（中古部分）》，人民出版社 1962 年版，第 22 页。

〔3〕 ［英］梅兰特等著，屈文生等译：《欧陆法律史概览》，上海人民出版社2008 年版，第 6 页。

第人中发挥其效用，后来查理曼颁布的法规也部分地吸收了它的制度。"〔1〕由于日耳曼人的国家是在西罗马帝国的废墟上建立和发展起来的，罗马法的传统已经深深扎根在罗马帝国的大地之上，加之罗马法富于理性并具有确定实用的优点，必然对日耳曼人产生巨大的影响。同时，由于各个日耳曼王国陆续颁布的蛮族法典仅仅适用于日耳曼人，为了实现王权的统一，各个日耳曼王国又制订了一种既适用于日耳曼人又适用于罗马人的法典，比如公元6世纪初的西哥特人的《西哥特罗马法》、《阿拉里克罗马法辑要》，勃艮第人的《勃艮第罗马法》，东哥特人的《狄奥多里克法令》等。这样，日耳曼法在自我完善中日渐发达。

日耳曼法与罗马法、教会法并称西方现代法律的三个历史渊源。日耳曼法在其长期的历史发展中形成了自己独立的精神和特质，其特征主要表现在以下几个方面：

1. 日耳曼法中没有抽象的法规，只有针对具体生活关系规定的解决具体案件的规则。既然没有抽象的法律规范，整个法律的体系就缺乏"基本原则"的规整，就必然是凌乱的，体现为习惯法的记载和汇编。然而，我们并不能因此就说日耳曼法是一盘散沙。因为虽然日耳曼法没有抽象的法律规范统辖它的整个法律体系，但它的任何法律规范都贯彻着一种统一的"法的精神"，这就是所谓的"民族精神"。这种民族精神就是一种"忠诚"——对家族、氏族、部落、村落、领地等"共同体"的忠诚。"总之，从一定意义上说，日耳曼法律就是为了维护家庭和亲属关系，为了维护氏族、村落及后期的领地这些共同体的安宁。如果这些关系和安宁遭到侵犯，最初的反应就是以家

---

〔1〕 李秀清：《日耳曼法研究》，商务印书馆2005年版，第32页。

庭成员和亲戚的身份、村落成员或邻居的身份寻求报复。"[1]日耳曼法具有极为深厚的民族精神，虽然在概念的完整性和理论的周密性方面逊色于罗马法，但其富于地方色彩，适合民众生活，纯粹建树于民众确信之上，必然也具有本身的特长。[2]

2. 日耳曼法以判例法作为法的主要渊源，在判例的积累中法律走向成长与发达。日耳曼法的灵魂在于其法的精神、民族精神，而这种精神渊源于日耳曼古老的习惯法。因此，日耳曼法非常重视传统，并突出地追随传统。所谓法的传统，无非就是日耳曼民族以往在处理相同或者相似的争讼事件时所作的判断及其所体现的法律正义观念。这种判决的先例及其所反映的法律正义观念并不是人们理性的创造和设想，而是实实在在存在着的传统。这传统实际上也是"事实"，是一种别具一格的日耳曼民族具体生活的事实。所以，日耳曼人在处理法律争讼事件的时候，对于如何判断，他们首先在以往对于相同或者近似情形下的判决先例中寻求答案，而这同时也就是寻求法律。并且，日耳曼民族在处理当前法律纠纷案件的时候，如果没有现成的先例可供参照，就将按照其民族精神之中普遍的公正理念进行判决，并考虑到为日后同等情形创造可供适用的规范。日耳曼法中先例具有至高无上的地位，而正是在判例日复一日、年复一年的积累中，形成了日耳曼法的体系。日耳曼法的法典就是日耳曼人自古以来的判例的汇集。所以我们可以说：尽管日耳曼法在法的体系上缺乏系统性，但它实际上乃是一个"形散而神不散"的有机整体。并且，在法律的成长和发达上，日耳曼法较之罗马法具有无可比拟的优越之处：罗马法由于预设了抽象的法律规范，从而就形成了一个法律生长的一个外延性

---

〔1〕 李秀清：《日耳曼法研究》，商务印书馆2005年版，第455页。

〔2〕 李宜琛：《日耳曼法概说》，中国政法大学出版社2003年版，第14页。

框架，法律规范一旦在现实的生活面前失灵，罗马法面临的就是"突破"现有的法律框架而形成新的法律框架，这样到一定时候又要重新打破已经成型的法律框架，法律的发达呈"蜕变式"，难免在新旧法律更替时考验社会公众的心理承受力，影响法律生长的连续性。而日耳曼法以民族精神为内核，不存在法律生长的外延框架，法律的成长和发达呈"分蘖式"，体现为法律本身的自我扩张，这就避免了新旧法律更替带来的阵痛，新的法律规范的产生很容易为人们所接受，使法律发达具有严丝合缝的连续性。这也从一个侧面说明了现代在继承了日耳曼法的英美法系中环境诉讼制度和环境诉权的确立为什么比较容易，而在继承了罗马法的大陆法系中环境诉讼和环境诉权的产生为什么如此地步履蹒跚。

3. 日耳曼法是以团体为本位的法，是适用于日耳曼人的"人法"。"日耳曼人的生活价值在于求全体之自由与和平，尤其忠于团体的荣誉高于其他价值。"[1] 日耳曼法虽然也重视个人的权利与自由，但个人权利与自由的实现被视为共同体自由与和平的组成部分甚至被看做共同体权利和自由本身，个体永远被视为团体的一员才真正具有存在价值。所以日耳曼法以团体为本位。日耳曼法并不像罗马法那样强调个人的意思自治，而是强调人的自由、平等与和平，在立法者和法官的眼中，更多的是"人民（persons、people）"、"公民（citizens）"而非"市民（Members of the public）"、"自然人（Natural）"。"日耳曼法上并无所谓'人'之抽象概念。凡国民之一员，皆具有取得国法上权义之资格。且团体不惟为各个人之总和，且系独立享有人格之实在体，而非法律拟制之个人。其各个人于其个人之地

---

〔1〕 李秀清：《日耳曼法研究》，商务印书馆 2005 年版，第 452 页。

位而外，更具有其团体构成员之地位。成员之人格，与团体之
人格，其关系盖在不即不离之间。团体之目的及利益，非仅为
其自身之利益及目的，且亦为构成员全体之目的与利益。无论
团体个人，皆于为自己生活而外，更兼为他人而生活。"〔1〕 由
于日耳曼法高度珍视民族精神的凝聚作用，非常重视对家族和
血统关系的忠诚与维系，所以，在法的效力范围上，日耳曼法
仅仅适用于日耳曼人。这就是说，日耳曼法之为日耳曼法乃在
于它是日耳曼人的法。体现在管辖上，就是实行"属人管辖原
则"或者"属人主义"。孟德斯鸠认为，日耳曼法的属人性渊源
于日耳曼民族的风俗。无论日耳曼部族是分开居住还是混合生
活，它们都是自由、独立的，因为每个人都是本部落的习惯和
风俗裁判的产物。当这些部族离开它们的家乡之前，它们的法
律精神就已经打上了属人的烙印了，而随着它们对罗马的征服，
它们的属人的法律精神也被带到了它们的征服地。〔2〕

4. 日耳曼法强调法的外在形式。日耳曼法起源于日耳曼民
族的风俗习惯，这种习惯法在很长的时间里并没有被汇编成法
典，而是通过口耳相传流传于后世。因此，日耳曼法在语言形
式上采用比较容易传诵的体裁样式，常以言简意赅的韵文或者
寓意深刻的成语作为载体。又由于日耳曼法来源于具体的生活，
法律就是生活，因此，为使每一法律行为成为活生生的"活
法"，就要讲究以生活的方式读解法律，用他人能够看到或者听
到的"手口动作"表示出来，以昭公信。比如在日耳曼民族中

---

〔1〕 李宜琛：《日耳曼法概说》，中国政法大学出版社 2003 年版，第 12 ~ 13
页。
〔2〕 关于日耳曼法的属人主义的个性的详细论述可以参见 ［法］孟德斯鸠著，
张雁深译：《论法的精神》（下），商务印书馆 1997 年版，第 214 页；李秀清：《日
耳曼法研究》，商务印书馆 2005 年版，第 457 页。

普遍存在的信约（Fides facta），其成立必须具备一定形式，以定型化的手头动作或者口头语言进行，才能生效：首先，准备订立契约的当事人必须一同到达约定的场所，然后用特定的文句表达订约的意思，再互相以右手相握，契约才告成立。[1] 再比如，选举国王时，众人将选出的国王高举坐在盾牌之上，高高抬举绕圈游行，以示民众的拥戴；转让土地时，让与人把土地上的土块或者象征权力的矛、箭、手套等公开交给受让人并说一些套话，或者双方当事人各偕同友人或证人围绕标的土地的疆界步行一匝，最后让与人跳出该土地周围所设篱笆，象征其退让。[2] 在日耳曼的诉讼中，当事人的决斗、水审、火审特别是宣誓等在很长一段历史时期都是诉讼证明的重要方式，甚至在当今的英美法系的法庭上，手抚《圣经》宣誓仍然是证人作证的必经程序。

三、日耳曼法遵循事实出发型诉讼思维方式

由于日耳曼法以团体为本位，发生争讼事件被视为家族、村落、部族的自由和安宁的破坏，因而日耳曼的诉讼带有民众共同解决争讼事件的性质，往往采取司法集会的形式审判纠纷案件。诉讼中，对案件的审理和裁判不特是法官垄断的事情，自由民都有权参与，而且能够直接参与案件的实质性裁决过程。现今英美法系陪审制度就起源于这一司法传统。并且，日耳曼诉讼中，法官并不必须一律由国王任命，还存在当事人在证人作证的情况下通过书面方式将案件的审判权赋予特定的人的司法传统。在日耳曼的诉讼中，认可公众对诉讼的参与权表明日

---

〔1〕 关于日耳曼法之中的要式契约的详细论述，可参见李宜琛：《日耳曼法概说》，中国政法大学出版社 2003 年版，第 116 页。

〔2〕 李秀清：《日耳曼法研究》，商务印书馆 2005 年版，第 449～450 页。

耳曼法对团体自由与和平的高度重视，说明日耳曼诉讼制度的目的在于维护公共生活的安宁。从而公共生活的安宁、和平与秩序就成为诉讼首先要关照的起点和归宿。而公共生活的安宁与秩序并不是什么法律问题，它地地道道是一个事实问题。所以，事实就成为日耳曼诉讼的出发点。

日耳曼法作为一种习惯法，是从祖先开始代代相传的和平与正义的秩序，并在民族的法律信念中逐步确立的东西。由祖先传下来的法是神圣不可侵犯的，是被人们发现的东西。"罗马法系先有抽象的法规之存在，其法规原为编制而成之裁判规范，故系先有论理存在，因其论理而生出事实。法官之裁判，即以法规为大前提，裁判事实为小前提，纯为法律理论之运用。反之，日耳曼法则纯以具体的生活关系为根据，其法律大部基于习惯，绝少成文法典。故系事实之存在，先于论理，因其事实，而生出论理。其裁判也，多本于祖先遗教，故老于记忆，以确定其生活关系。因此，不特为争讼事件之判断，且为他日同种情形可得适用之规范焉。"[1] 这也就是说，对于日耳曼法来说，法是从案件中被发现的，而裁判正是从案件中发现法的程序。对于十分珍视共同体的自由与和平的日耳曼人来说，发生了盗窃、侵权、杀害以及其他形式的权利纷争，就意味着破坏社会秩序的事实存在；而一旦出现破坏社会秩序的事实，人们出于对共同体安宁与秩序的向往，就要发出悲叹。而什么是悲叹？德语里表示悲叹的单词是"Klage"，而"Klage"除了有"悲叹"、"抱怨"、"发牢骚"等意思之外，还有"诉苦"、"起诉"、"控告"、"起诉书"等意思。可见作为行为的"悲叹"就是起诉、控告，就是诉讼，即着手动用裁判去寻找法。这说明，日

---

〔1〕　李宜琛：《日耳曼法概说》，中国政法大学出版社2003年版，第11～12页。

耳曼的诉讼是以事实为出发点的；从具体案件的事实出发，就是日耳曼诉讼法独有的思维方式。这种诉讼思维方式与罗马法中形成的诉讼思维方式正好相反：前者从已经发生的具体争讼事实出发，从大量的判决先例中归纳出适用于案件的法理，在此基础上作出判决，遵循归纳推理的诉讼思维逻辑路线；而后者从法律规范出发，把它作为推理的大前提，以已经发生的纠纷事实作为推理的小前提，推出裁判结论，遵循演绎推理的诉讼思维逻辑路线。

四、英国法系的形成及其对日耳曼诉讼思维方式的传承

依循其法律形成和发展的历史脉络，英国法系（system of common law，亦称"普通法系"、"英美法系"）展现自身为从日耳曼法的渊源处流出的水。英美法系起源于公元 11 世纪诺曼人入侵英国后逐步形成的以判例法形式出现的普通法。奠基于日耳曼诉讼传统的英美法系的诉讼也必然遵循事实出发型的诉讼思维方式。

先期进入不列颠的是凯尔特人（Celt，拉丁文为 Celtae 或 Galli，希腊文为 Keltoi）。凯尔特人原来为公元前 2000 年前后活动在中欧的一些有着共同的文化和语言特质、有亲缘关系的民族的总称。主要分布在当时的高卢、北意大利、西班牙、不列颠与爱尔兰。在古罗马时代，生活在中欧的凯尔特人与生活在欧洲北部波罗的海沿岸和斯堪的纳维亚地区的日耳曼人并称为蛮族。两者都是雅利安人的支派。凯尔特人操凯尔特民族语言，日耳曼人操日耳曼语言，同属印欧语系。

公元前 27 年，罗马元老院授予恺撒甥孙和养子屋大维"奥古斯都"（尊崇的意思）和大元帅尊号，罗马共和国结束，进入罗马帝国时代。在罗马帝国时代，居住在不列颠的凯尔特人被

罗马帝国征服，可见英国人的祖先曾经被罗马化。而日耳曼人却被限制在莱茵河以东地区，始终没有受到罗马人的统治，因而也没有被罗马化。

公元 376～568 年，散居在罗马帝国境外的日耳曼人开始民族大迁徙，深入罗马帝国腹地。日耳曼人之中的盎格鲁（Angles）和撒克逊（Saxons）两个民族结合成盎格鲁—撒克逊（Anglo‐Saxon）民族，与裘特人等日耳曼部落一起入侵不列颠，征服过程从公元 5 世纪开始到 7 世纪长达一百五十多年。盎格鲁·撒克逊人和裘特人在征服不列颠以后，建立了日耳曼人的一些小国。公元 7 世纪初期，这些小国合并为 7 个王国，各国相互争雄，达 200 年之久，英国的这段历史称为"七国时代"。[1] 从此，盎格鲁·撒克逊人取代了凯尔特人在不列颠的地位。今天的英国人中的部分就是盎格鲁—撒克逊人的后裔。

继盎格鲁—撒克逊人之后再入主不列颠的是诺曼人。诺曼人（Norsemen 或 Northmen，意指"北方人"，又称"维京人"）是日耳曼人中的一支，属于公元 8～11 世纪自北欧日德兰半岛和斯堪的纳维亚半岛（丹麦、挪威及冰岛）等原住地向欧洲大陆各国进行掠夺性和商业性远征的日耳曼人。诺曼人入侵后，其中在不列颠群岛、西欧、南欧等地定居的诺曼人很快被当地居民同化。入侵英国的丹麦人是诺曼人的一支，公元 9 世纪后期，诺曼人在英国的东北部建立"丹麦区"，公元 10 世纪初叶，在法国北部建立诺曼底公国。丹麦人对英国的入侵从 8 世纪开始，延续长达 300 年之久，公元 1017 年征服整个英格兰。丹麦国王卡纽特大帝（Canute the great，公元 1017～1035 年）把英格兰、丹麦、瑞典、挪威都置于统治之下，形成一个并不巩固

〔1〕 周一良、吴于廑主编：《世界通史（中古部分）》，人民出版社 1962 年版，第 45 页。

的"帝国"。卡纽特大帝死后，帝国瓦解，盎格鲁—撒克逊贵族
恢复王统。新王忏悔者爱德华（公元 1042～1066 年）曾长期流
亡诺曼底，即位后起用很多诺曼底的教俗封建主，并和诺曼底
公爵联盟。公元 1066 年，忏悔者爱德华死后，英格兰贤人会议
选举了爱德华的内弟哈罗德为国王。诺曼底公爵威廉借口忏悔
者爱德华曾许以继承王位，遂在当年 9 月率领大军渡海，发动
征服英国的战争。其时哈罗德刚刚平息了卡纽特大帝的后代、
挪威王国的哈拉尔三世对英格兰王位的挑战，在国内的地位还
没有巩固，加之他的少数骑兵未经休整、步兵则仓促从南方召
集，因此根本不敌威廉的重甲骑兵和训练有素的弩手。威廉于
公元 1066 年 10 月 14 日在哈斯丁斯战役中取得了对英格兰的决
定性胜利，哈罗德及其两个弟弟均战死。威廉随即率领大军进
攻伦敦，征服整个英国，并于是年圣诞节加冕英格兰国王，是
为英王威廉一世（King William I，公元 1066～1087 年），绰号
"征服者（Conqueror）"。

　　近代英国法律源自于日耳曼法。在威廉公爵征服英格兰之
前的公元 7～11 世纪，盎格鲁—撒克逊王国颁布了一系列日耳
曼法典，如公元 7 世纪初肯特王国的《埃塞尔伯特法典》、公元
7 世纪后期肯特王国颁布的《洛西尔和埃德里克法典》、《威特
雷德法典》、公元 7 世纪末伊尼王国颁布的《伊尼法典》、公元
8 世纪后期麦西亚王国的《奥法法典》等，此外还有丹麦人入
侵后克努特（卡纽特）大帝仿照盎格鲁—撒克逊王国颁布若干
法令而形成的《克努特法典》。与其他地方的日耳曼法典相似，
这些法令多为对既存的盎格鲁—撒克逊习惯法的记录与汇编，
不具有系统性。用盎格鲁—撒克逊语言表达出来的盎格鲁—撒
克逊的法律没有受到凯尔特人法律和罗马征服不列颠时期流传
下来的法律的影响，而基督教传入所带来的罗马法对其影响也

相对较小。所以，盎格鲁—撒克逊的法律能够以相对地道的形式成为清晰表现日耳曼法律观念的代表。虽然盎格鲁—撒克逊的日耳曼法并不是英格兰普通法的基础，但应该承认它在许多方面蕴含着后来发展起来的法律制度的萌芽因素。[1]

英王威廉一世为巩固自己的王权，遂仿照诺曼底公国的制度改组了英格兰的中央行政机构和司法机构，同时抵制罗马教皇的压力，顽强地保留了他对英格兰各主教的任命权。盎格鲁—撒克逊的法律作为整体似乎停止了在英格兰土地上的演变和存在，然而它在长期发展中形成的法律观念和司法经验却作为新制度建立和发展的基础继续发挥其影响。威廉一世征服英格兰以后将许多新事物带入了大不列颠这个孤岛，如陪审制度等，与同根的盎格鲁—撒克逊的法律观念相融合，后来英国法律自成体系，就是以此发端的。随着英国的强大和向全世界的扩张，英国法律也被带到世界其他国家和地区，后者效仿英国法律制定本国或者本地区的法律，从而形成了与大陆法系并驾齐驱的英美法系。

英美法系保持了日耳曼法的事实出发型的诉讼思维方式：在诉讼中，以已经发生的具体案件事实作为诉讼的出发点，遵循先例拘束原则，运用归纳方法对以往已经判决的案件中的法律事实进行分析、归纳，将前后两个案件中的法律事实划分为实质性事实和非实质性事实，然后比较它们是否相同或相似，并找出先例中包含的规则（法律）。如果两个案件中的实质性事实即要件事实相同或者相似，则先例中包含的规则或原则就可以适用于当前的案件，这就是所谓"先例拘束原则"。这样，诉讼的逻辑思维过程就呈现为由具体的案件事实，到先例（法

---

〔1〕 李秀清：《日耳曼法研究》，商务印书馆 2005 年版，第 80~102 页。

律),再到判决的思维路径。当然,先例拘束原则并不是绝对的。在英美法系中,真正绝对的是自古流传下来的公平正义的法律精神。因此,法官在审判案件的过程中,要以蕴藏在日耳曼民族法律精神之中的传统的正义观念为最高指导,根据实际情况对待先例,自由抉择是遵循先例、避开先例还是推翻先例。

第三节 不同的诉讼思维方式下
环境诉权基调的调谐

一、大陆法系规范出发型诉讼思维方式对环境诉权的调谐

大陆法系的诉讼思维方式是以法律规范为诉讼出发点的,诉讼过程就是演绎推理的过程,即以法律规范为大前提,以具体案件事实为小前提,从中推导出当前案件的判决结论。这样的诉讼思维方式反映出"法律至上"、"法典之外无法源"、"法律体系逻辑自足性"的思想,反对法官造法。从诉讼目的和诉讼价值观角度看,这种诉讼思维方式必然主张保护实体权利或者维护法的秩序的诉讼制度目的观,必然认为法律既是生活规范,又是裁判规范,因而法官必须"依法审判",以确保法的确定性和安全,并着力追求实质正义的诉讼价值。

在大陆法系规范出发型诉讼思维方式的视野下,判断一个人是否享有环境诉权,首先就要判明法律是否赋予他这方面的诉权。在德国,法律只赋予环保非政府组织提起环境诉讼,除此之外的任何个人与组织一概没有环境诉权。当然,如果一个人的人身权利或者财产权利因环境侵害或者环境破坏而受到侵害或者与他人发生纠纷,则他仍然享有诉权,可以根据民事诉讼法提起诉讼,但这根本不是行使环境诉权而是行使民事诉讼诉权。日本建立起发达的"公害审判"制度,但在公害诉讼和审判中绝没有环境诉权在发挥作用，所存在的只是民事诉权。因为日本法律从来没有赋予公民环境诉权。而在大陆法系中，法律明确赋予一个人或者组织一定的诉权是有前提条件的，那就是他（它）必须具备法律规定的程序上的权利保护要件，包括保护必要要件和当事人适格要件。对于环境诉权来说，其中保护必要要件实质上是不成问题的，因为环境纠纷无法通过诉讼外的途径彻底加以解决，这是一个事实问题。然而，并不能够因此就认为一个人的环境诉权本身就具备保护必要要件。因为环境纠纷当事人有承受法院判决的利益，这一点只是"事实上"的判断，而大陆法系的诉讼是以"法律"为出发点的，一个人是否有权承受法院裁判由法律决定，这一点往往从诉讼法的空间效力中的"对事的效力"方面体现出来。所以，保护必要要件虽然与实体法没有直接的联系，但它要由诉讼法明确规定。诉权的诉讼上权利保护要件之中的当事人适格要件，是指当事人就特定的诉讼标的有实施诉讼的权能。当事人适格与否取决于其对作为诉讼标的的实体法律关系或者实体法上的权利有管理权和处分权。这样，当事人适格要件就直接与实体法和实体权利联系起来了。比如，1975 年法国《新民事诉讼法典》第 31 条规定："对某项诉讼请求之胜诉或败诉有合法利益的人均享有诉权，但法律仅赋予其认定有资格提出或攻击某种诉讼主张或者有资格保护某种特定利益的人以诉讼权利之情形，不在此限。"[1] 再如，我国《民事诉讼法》第 108 条规定原告的资格条件是"与本案有直接利害关系"。我国《行政诉讼法》第 2 条规定："公民、法人或者其他组织认为行政机关和行政机关工作人员的具体行政行为侵犯其合法权益，有权依照本法向

---

〔1〕 罗结珍译：《法国新民事诉讼法典》，中国法制出版社 1999 年版，第 9 页。

人民法院提起诉讼。"实际上也是要求原告与案件有直接利害关系。可见原告的当事人适格条件是对作为诉讼标的的实体法律关系或者实体法权利享有权利。在德国的诉讼法中,虽然占主导地位的是形式当事人概念,即当事人是指以自己名义起诉被诉的人,但是,这并不意味着德国诉讼法中的当事人概念与实体权利毫无关系,"因为与己无关的诉讼在民事案件中是不允许的"[1]。《德意志联邦共和国民事诉讼法》第 56 条第 1 款规定法院应当依职权审查诉讼要件(实体判决要件)[2],同样也说明了这一点。既然在大陆法系国家诉权通过当事人适格要件与实体法律关系或者实体法权利联系起来了,则环境诉权与其他一切诉权一样,其有无最终取决于实体法律关系或者实体权利的有无,从而判断一个人或者组织有无环境诉权的最终标准就是看其是否在环境纠纷案件中存在实体环境法上的权利或者利益。罗马法诉讼制度中的"有诉才有救济,无诉便无救济"的原则依然如故。如此,在现今的大陆法系中,个人和组织之环境诉权的有无依赖于两件事情:其一是环境诉讼法明确赋予环境诉权,其二是实体环境法赋予环境权。而这两件事情在日本一件也没有完成,所以,日本根本不存在环境诉权;在德国,只做了第二件事情的一部分,即将环境参与权赋予环保非政府组织,使之成为环保非政府组织的"业务";在我国,只有模糊的"控告"规定,公民环境权还不知在何方。然而,大陆法系国家的程序法并不是"不愿意"赋予公民环境诉权,而是还没有赋予环境诉权的"实体法律"前提。因此,环境诉讼还不具

---

〔1〕 [德] 罗森贝克等著,李大雪译:《德国民事诉讼法》,中国法制出版社 2007 年版,第 246 页。

〔2〕 [德] 汉斯－越阿希姆·穆泽拉克著,周翠译:《德国民事诉讼法基础教程》,中国政法大学出版社 2005 年版,第 81 页。

备可以由之上路的出发点。如果必须有这个出发点的话，这出
发点只能由环境诉讼法和实体环境法创造出来。

二、英美法系事实出发型诉讼思维方式对环境诉权的调谐

英美法系的诉讼思维方式是以具体案件事实为诉讼出发点
的，诉讼过程就是归纳推理的思维过程，即从当前发生的争讼
案件的事实和以往已经判决的先例的案件事实出发，首先归纳
出先例中包含的规则（法律），然后归纳出当前案例与先例各自
的实质性事实和非实质性事实，并归纳出它们的实质性事实的
相同之处与不同之处，以确定二者的实质性事实是否相同或者
相似。如果当前案例与某个已决案例的实质性事实相同或者相
似，就按照先例拘束原则适用先例中包含的法律规则，从而作
出判决。在没有相同或者近似的案例的情况下，法官则根据民
族精神中蕴含的公平正义观念作出裁判，甚至有时即使存在相
同或者相似的先例，但法官如果认为依据先例裁判不利于实现
当前生活的安宁，则可以绕开甚至推翻先例。这样的诉讼思维
方式着眼于对现实生活自由与和平的维护，认为法律存在于生
活之中，而不拘泥于成规，因此并不反对法官造法。从诉讼目
的角度看，英美法系的事实出发型诉讼思维方式必然主张纠纷
解决的诉讼目的观和程序正义的诉讼价值观，认为只要当事人
在诉讼中得到了公正的对待，其结果也应当被当作公正的，从
而法官应当具有更大的自由裁量权，一切都要围绕当前案件的
公正解决。

在英美法系事实出发型诉讼思维方式的视野下，判断一个
人或者一个组织是否享有环境诉权，根本上在于事实上是否需
要这样的诉权来解决他（它）与别人之间已经发生的环境纠纷，
而不在于法律上是否明确赋予其环境诉权，更不在于法律是否

赋予其实体环境权。所以，在英美法系国家，环境诉权与环境权并无必然联系，环境诉权完全可以不需要实体环境权作为自己的基础。比如，加拿大《环境保护法》规定，除法律另有规定以外，所有 18 岁以上的加拿大居民都有权提起环境保护诉讼，以对抗除"受到保护的人"，即以加拿大名义的女王陛下、部长、代表部长的任何人或者受部长指令的人之外的任何人的环境犯罪行为或者任何造成重大损害的行为，只要该居民预先向环境部长或者卫生部长申请要求调查相关犯罪行为。不仅如此，加拿大《环境保护法》还规定任何人都有权参与已经开始的环境保护诉讼程序，加拿大检察总长还有环境保护诉讼的上诉权。而加拿大《环境保护法》对于起诉的居民是否有环境权则没有明确规定，只是笼统地规定了"公众参与"的背景。在英美法系国家，虽然人们也思考当事人"因何提起诉讼"这个诉权理论问题，但人们并不明确区分诉与诉讼程序的概念。美国著名法学家 G. 勒斯克认为：社会的每一个成员都有权通过法院强制实行对于社会的其他成员的任何请求。如果某人有一项请求，并确有正当根据认为这项请求是合乎实际的，那么他便有权向法院起诉以实现这一请求。[1] 由此可见，根据英美法系国家的诉讼观念，一个人是否拥有环境诉权，关键在于是否有正当根据认为其在环境诉讼中提出的请求是合乎实际的。所以，在环境诉讼中，当原告起诉时法院绝不会去查明他是否有法律明确赋予的环境诉权，而只是从具体案件事实出发，判明他的请求是否合乎实际。在英美法系国家，判断是否有环境诉权的存在只有两项指标：其一是主张环境诉权的必须是社会成员；其二是确有正当根据认为社会成员提出的环境诉讼请求是合乎

---

〔1〕 常怡主编：《比较民事诉讼法》，中国政法大学出版社 2002 年版，第 136 页。

实际的。在美国，除美国联邦政府之外的任何公民、法人、合伙、政府部门以及其他法律实体有权对任何破坏环境的个人和组织实体提起环境公民诉讼。对于原告行使环境诉权的救济方式，美国的环境公民诉讼和加拿大的环境保护诉讼都以发出禁令责令停止侵害或者破坏行为、采取补救措施等环境公益救济为基准，而不注重损害赔偿。这恰恰体现了英美法系国家通过环境诉权的行使实现环境保护主旨。在英美法系国家，环境诉权不是环境诉讼的起点，它也不是由法律创造的。保护环境现实需要本身即产生环境诉权。

第四章　环境诉权的确立与运行机制

——我国环境诉权的订定及其运作构想

环境诉权并非仅仅说出当事人对于法院的空洞的诉讼地位，它作为权能自有其具体的内容。这具体的内容由环境诉权的基本理论导出，而这基本理论则幻化为确定环境诉权及其内容的指导思想。环境诉权及其内容需要通过运行才能得以实现，而环境诉权的运行就是投入具体的诉讼程序。环境诉权及其内容的真实存在需要相应的程序制度保障，而这程序制度保障就是环境诉讼法或者起码是环境诉讼特别程序法。

第一节　确定我国环境诉权及其内容的指导思想

诉权的基本内容并不是随意安排的，而是国家司法制度的制定者基于一定的司法价值考量所做出的理性选择。经理性选择而确立的诉权的基本内容，在具体实施过程中把其所蕴藏的司法价值理念投射出来。一定的司法价值理念是诉权的灵魂，是诉权运行的目标；诉权则是一定的司法价值理念的载体，是司法价值理念借以实现的样式。而这里的司法价值理念乃是一种指导思想。笔者认为，确定我国环境诉权的基本内容，应遵循以下指导思想：

一、确定环境诉权的基本内容必须坚持程序法治原则

我国的诉讼思维方式根本上是以法律规范为出发点的；离开法律规范将无从着手进行任何诉讼，更谈不上什么诉权。因此，环境诉权的内容必须明确具体地载于环境诉讼法律制度之中，必然奉行"诉权法定"原则，这样才能奠定环境诉权的支点。具体说来，对于如下这些问题，都必须由环境诉讼法律制度明明白白地加以规定：哪些个人和组织可以提起环境诉讼？哪些个人和组织不能提起环境诉讼？哪些个人和组织可以成为环境诉讼的被告？不可对什么样的个人和组织提起环境诉讼？可否设置免受环境诉讼的环境破坏、环境侵害或者环境侵害危险行为？哪些破坏环境、环境侵害或者环境侵害危险行为得作为例外情况从而免受起诉？提起环境诉讼的原告必须具备什么样的资格？当事人在什么样的时效期间内可以提起环境诉讼？原告行使环境诉权可以提出什么样的诉讼请求？环境诉讼的被告可否提起反诉？其他社会组织和个人可否参与环境诉讼？如果其他社会组织和个人可以参与已经开始的环境诉讼，则他们参与的条件是什么？又有哪些权能？当事人在环境诉讼中如何承担举证责任？国家对环境诉讼是否收取诉讼费用？诉讼费用如何预交？诉讼费用如何承担？等等。国家不承认环境诉权则已，一旦承认就必须通过明确具体的法律规范而承认到底；否则，将直接违背我国"社会主义法治"之大体。

我国目前没有建立系统完善的环境诉讼法律制度和实体环境法律制度，对于环境诉权问题，法律规范则语焉不详，缺乏明确具体的规定。然而，在我国现阶段，环境纠纷大量发生，很多环境案件无法通过诉讼外的纠纷解决制度加以彻底解决，必须借助国家公权力通过诉讼才能得到根本的救济。基于这样

的现实，法学理论界、司法实务部门以及普通人民群众戮力同心、献计献策，展开了轰轰烈烈的环境公益诉讼的实践探索，而探索的重点则是致力于"突破"现有法律框架中对原告主体资格限制之坚冰，为环境纠纷进入司法轨道扫清道路。令人欣慰的是，经过努力，目前法院已经试验性地受理了相关的政府部门和环境保护组织的提起的环境公益诉讼，使得一些社会关注度很高的案件得以进入司法程序，并且法院作出了判决。与此同时，为体现对环境纠纷进行司法解决的重视，许多地方的人民法院甚至专门设立了环境保护法庭。这种探索是富于开创性的，它对于化解因环境破坏、环境侵害或者发生环境侵害危险而产生的社会矛盾，对于加强保护环境和保障人民群众健康地生活和工作具有十分重要的意义，同时也有力地推动了我国环境纠纷司法救济制度的逐步建立和发展。然而，现阶段所进行的环境公益诉讼实践是在没有法律规范明确规定的情况下展开的，是在我国缺乏确定的环境诉讼法律制度的背景下采取的权宜之计。实践中环境公益诉讼得以展开，并不意味着以后环境诉讼和环境诉权都要如此在"法外"运作，也不意味着环境诉权必然要与对现行法律的"突破"联系起来。在我国这样一个具有悠久尊崇成文法的传统的国度里，法律应该永远为诉讼和诉权设置边界。

对法律的"突破"意味着脱离法律，意味着行动者及其行动从法律的场所扭身而去，去往那并不受法律控制的地方，而这就恰恰意味着对法治的背叛与否定。程序法治应该成为我国环境诉讼和环境诉权的最高价值理念。但在出现法律空白而社会纠纷的解决又势在必行的时候，我们也决不能为保全现有法律的权威而放弃对社会共同体自由与和平的追求。在这种场合，人们的目光必然转向现有的法律体系，必然要对它做点什么。

于是，就有了司法实践中为解决环境纠纷而对现有法律的"突破"。然而，立足于我国的法律现实，与其说我国现今环境公益诉讼的实践探索要"突破"法律，毋宁说要"突入"法律——使本不属于我国法律词汇的环境诉权成为我国法律语言本身。当然，这种环境诉权向法律的"突入"并不是将它"楔入"现有的法律规范之中，或者在现有的法律条文中"硬"解释出环境诉权来；而是制定载有环境诉权及其内容的新的法律规范，作为我国法律体系的新成员而"突入"。这也就是说，环境诉权的"突入"法律，并不是环境诉权本身突进法律规范之中，而是载有环境诉权的法律规范突入我国法律体系之中。因为，我国法律与大陆法系国家的法律一样，也有一个外延性框架，法律的生长和发达的生命过程体现为一次次的"蜕变"或者"熔铸"，而不是"分蘖"或者"扩张"。

笔者确信这样的"突入"一定会发生。也许，随着将来我国环境诉讼制度的建立及其对环境诉权的设定，将会使我国法律整体面临又一次"蜕变"———一种脱胎换骨的浴火重生。因为环境诉讼和环境诉权同传统的民事诉讼与民事诉权、行政诉讼与行政诉权、刑事诉讼与刑事诉权大异其趣；它乃是别具一格的诉讼和别具一格的诉权。但无论什么样的法律规范和法律权利的"突入"，无论它们如何"突入"，无论我国法律经此"突入"之后如何"蜕变"，绝不应当更改我国法律必具外延性框架的生命样式，这就是所谓的"成文法至上"、"法典之外无法源"、"法律体系逻辑自足性"所说的道理。在此，我们同样可以这样说："环境诉讼法典与实体环境法典之外无环境诉权"，"环境诉权法定"。因此，确定我国的环境诉权及其具体内容必须坚持"程序法治"的原则。

二、确定环境诉权的基本内容必须正确处理环境诉权与实体环境权之间的关系

诉讼法是诉权出场呈现的法域；惟有在诉讼法之域，诉权才以诉权的名义出场呈现。然而，纵然惟有在诉讼法之域诉权才以诉权的面目出场呈现，但诉权的本质之域并不在于诉讼法。既然诉权的本质之域并不在于诉讼法，那它一定在于实体法了？但如果我们承认诉权的本质之域在于实体法，这将是个明明白白的错误，因为这将退回到否认程序法独立存在的老路上去，而这是不合时宜的，也是不能允许的。因此，我们不能因此就误以为诉权的本质之域在于实体法。诉权的本质之域既不在于诉讼法，也不在于实体法！上述这个结论是十分令人惊讶的。但是，令人惊讶的结论并不意味着一定违背逻辑，从而无可挽回地站到真理的反面；相反，真理很可能正是以令人惊讶的方式说出它自己。人们已经习惯于形而上学地对待一切：只要预先确定了事情的两个极端，则一切就都可以毫不费力地一分为二，非此即彼。对于诉权的本质之域来说，则要么在于实体法，要么在于诉讼法；除此之外，都是鬼话。而如果有人主张诉权的本质之域既不在于诉讼法，也不在于实体法，人们的第一反应可能就是：说者已经离开了讨论诉权本质之域的话题，或者他在偷换概念。然而，诉权的本质之域既不在诉讼法也不在实体法这件事情本身并不表明诉权的本质就与诉讼法与实体法再无瓜葛了。相反，诉权的本质仍然与诉讼法和实体法血肉相连地牵系着。

诉权的本质既不在实体法之域，也不在诉讼法之域，却又与它们血肉相连地牵系着。但诉权究竟是如何与诉讼法和实体法血肉相连地牵系着的呢？或者说，诉权的本质之域究竟在何处呢？诉权的本质在诉讼法与实体法之间，这"之间"就是诉

权的本质之域。诉讼法与实体法的"之间"是它们彼此贯通的关节，而诉讼就是在这个关节地带展开的，从而诉权之本质（而非诉权本身）必然出自这个关节地带。以中村宗雄、中村英郎父子为代表的日本诉讼法学界的中村学派认为法律体系具有"阶层构造"，主张"诉讼乃实体法与诉讼法交互作用之场"。而这诉讼法与实体法综合作用的"场"不就是指诉讼法与实体法的"之间"这个关节地带吗？场也好，关节地带也罢，都表明诉讼既不在实体法之域展开，也不在诉讼法之域进行；诉讼的战场摆在实体法与诉讼法之间。对于诉讼法与实体法关节相连的"之间"或者诉讼法与实体法综合作用的"场"即当事人双方较量身手与法院居中裁判的诉讼战场，通常我们也可以用"关系"来表达。这就是说，诉权本质之域在于诉讼法与实体法之间的关系。诉讼法与实体法之间的关系究竟是一种什么样的关系呢？在这个问题上，诉讼法学理论界大体有三类学说，它们是："主从说"、"平行说"和"位阶说"。"主从说"有两种对立的观点：一种观点认为，实体法是主法，诉讼法是助法，实体法是目的，诉讼法是手段，诉讼法存在的价值就是为了实现实体法规定的权利或者维护实体法秩序。这是传统观点。因其往往导致否认程序法的独立存在价值，现在已经为人们普遍抛弃。另一种观点认为，程序法的地位高于实体法，认为恰恰是通过广义的诉讼才形成了实体法本身，即所谓的"诉讼法乃实体法发展之母体"。"民事诉讼制度的目的是为了回应社会的一种本能性的功能要求，即解决私人间纠纷的要求。在这里，完整的私法实体法并不一定必然存在。但即使如此，社会仍通过一定程序在不断地解决纠纷，并通过这样的解决过程逐渐地形成了实体法规范。"〔1〕 这是反对传统观点而发展起来的一种极端形态，它把以往的传统观念中的"主人"与"奴婢"的地位完全翻转过来了。这种观点十分具有迷惑性，在这种学说的推动下，我国诉讼法学界曾掀起了一场轰轰烈烈的"程序正义"大讨论。虽然这种观点对于人们树立程序法独立价值的理念功不可没，但由于它否定了"权利既存"，与现代法治理念格格不入，从而走向了另一个极端，也是不可取的。

　　关于程序法与实体法之间的关系的"平行说"是比较客观的观点，因为它承认了实体法与诉讼法同时独立并存的现实，认为诉讼法与实体法二者不应是主从关系，而是在诉讼中密切联系的两个独立的法律部门。"平行说"对程序法与实体法之间的关系在表述上大体有三种具体说法，即"形式与内容说"、"双轮说"和"交错说"。"形式与内容说"一般依据马克思的经典论述加以阐发。1842 年底马克思在第六届莱茵省议会辩论中提交的《关于林木盗窃法的辩论》一文中指出："审判程序和法两者之间的联系如此密切，就像植物的外形和植物的联系，动物的外形和血肉的联系一样。审判程序和法应该具有同样的精神，因为审判程序只是法律的生命形式，因而也是法律的内部生命和表现。"〔2〕 人们往往根据马克思这个经典论断得出程序法与实体法之间是形式与内容的关系，形成了所谓"形式与内容说"。对于马克思这个经典论断有两点必须明确：其一，马克思这里阐述的是审判程序和法的"联系"，而不是二者的"关系"，因为"关系"包含"区别"与"联系"两个层面。因而，以马克思这段论述取代实体法与程序法之间的关系是有失偏颇

　　〔1〕 ［日］谷口安平著，王亚新、刘荣军译：《程序的正义与诉讼》，中国政法大学出版社 1996 年版，第 67~68 页。
　　〔2〕《马克思恩格斯全集》第 1 卷，人民出版社 2005 年版，第 178 页。

的。其二，马克思这里是从审判程序和法的"精神"层面阐释二者之间的联系的，而马克思所指的"精神"显然是从阶级分析的立场出发，强调"法是统治阶级意志的集中体现"，而非社会"公意"，特别是法并不体现作为被统治阶级的无产阶级的意志，因而法是有其阶级立场和阶级局限性的。可见，马克思无意于阐释程序法与实体法之间的关系，他在意的是法的"阶级本质"。所以，把马克思的上述论断作为论证程序法与实体法之间的关系的"法宝"，显然是人们的一厢情愿。因此，笔者不赞同"形式与内容说"。

持"平行说"的学者对实体法与程序法之间究竟是怎样"平行"的第二种表述是所谓的"双轮说"。"双轮说"源起于日本，认为实体法与诉讼法"如同一辆车的两个轮子，对诉讼都起作用，在它们之间不可能存在主从关系"[1] 这种观点得到诉讼法学界普遍赞同，比如我国学者认为："实体法与程序法是解决民事纠纷的两个不可缺少的车轮。"[2] "双轮说"很形象地摆明了程序法与实体法不可偏废的平行关系，从而避免了陷入那种要么重视实体法、轻视程序法，要么不恰当地拔高程序法的地位的危险，因而很容易被人们接受。然而，"双轮说"的缺陷就在于：它借助一个第三者——解决纠纷这件事情——才把实体法与程序法勾连起来，突出的是"二者缺一不可"和"不分主从"，而没有说明二者的"之间"，即关系究竟怎样，起码没有说明二者之间的"内在"关系，因为"缺一不可"只是二者的外在关系。而解决纠纷本身不是法律，它是行动，从而不能表达诉讼法与程序法之间的关系。况且我们对"双轮说"

---

〔1〕 〔日〕兼子一、竹下守夫著，白绿铉译：《日本民事诉讼法》，法律出版社1995年版，第8页。

〔2〕 王锡三：《民事诉讼法研究》，重庆大学出版社1996年版，第42页。

还可以进行这样的"狡辩"：为什么只是两个轮子？街道上南来北往的除了两个轮子的车以外，还有很多三个轮子、四个甚至更多轮子的车，甚至还有独轮车，它们不是也走得很好吗？

"平行说"的第三种有代表性的观点就是"交错说"。它认为程序法与实体法关系表现为二者在调整社会关系时相互交叉和渗透："民事诉讼法与民事实体法既有制度和立法上的分离，又有理论和价值目标上的一致性。在调整社会关系时，实体法制度和诉讼法制度尽管设计、安排不同，但由于法律的性质、历史传统、立法政策等因素的影响而往往出现两法交叉调整或相互渗透的现象……民事诉讼法与民事实体法的交错主要体现于两个环节：证据法和司法救济法。以诉讼法为参照系，可以发现证据法在案件事实方面与实体法交错，司法救济法则在民事权利的法律保护方面与实体法交错。换言之，证据法和司法救济法兼跨实体法和诉讼法两大领域。此外，诉讼主体与民事主体在民事立法上也出现了一定程度的交叉。"[1] 笔者以为，既然承认诉讼法与实体法都是独立的法律部门，就不能承认二者之间还会有"交叉调整或者相互渗透现象"的所谓"交错"。诉讼法就是诉讼法，实体法就是实体法，两法怎么可能交错调整呢？实际上，"交错说"所说的"交错"并非法的交错，而是"法律文本"的交错。决定法的性质的并不是法律文本的名称，而是法律规范本身。在立法技术不发达的情况下或者受特定立法政策的影响，一部法律中完全既可以包含诉讼法规范，又可以包含实体法规范，这是司空见惯的事情，其极端表现就是"诸法合体"。因而，法律规范"交错"的出现，并不能说明在诉讼法与实体法独立的基础上二者之间的关系，它反倒暴

---

[1]　肖建国：《民事诉讼程序价值论》，中国人民大学出版社 2000 年版，第 431～432 页。

露了诉讼法与实体法都还不够独立的缺陷。真正独立的诉讼法与实体法应该呈现为彼此不同的"两个世界"。

　　在实体法与诉讼法之间关系的问题上，日本中村学派主张"位阶说"。"位阶说"着眼于法律规范的具体化与个别化的过程，否认诉讼法与实体法是并驾齐驱的关系，认为在法律体系中，实体法、诉讼法、裁判构成了不可逆转的位阶关系：诉讼法是程序法，并规制具体的诉讼；实体法是抽象的规范，它借助裁判实现与具体事实的连接，即实体法通过诉讼这个"媒介"实现具体化。这里所谓"不可逆转"，意思是实体法必然要从抽象的规范向具体化转化，而要实现这种具体化，就必须以诉讼为媒介，而诉讼又是由作为程序法的诉讼法来规制的，于是乎实体法理就"包摄于"诉讼法理，这是不可逆转的；而裁判乃是诉讼法与实体法"综合"的阶段，是实体法理包摄于诉讼法理之后的诉讼的最后阶段，这也是不可逆转的。于是诉讼法、实体法与裁判的关系就是：实体法位于最下位，因为它要经由诉讼朝向诉讼法而被后者"包摄"；诉讼法处于实体法上位，因为它经由诉讼这个媒介自上而下地包摄了实体法理，然而诉讼法本身不是最高层，因为在它之上还有包摄了实体法的综合体；包摄了实体法的诉讼法来到裁判阶段就不再是诉讼法本身了，它演变为综合体，这就是所谓的"场域"，于是裁判展现自身为最高层。而在个别化、具体化过程中，法律规范如此这般一步步与事实相结合，在时间上是不可逆转的。这就是日本中村学派的法律体系的"阶层构造"。[1] "位阶说"看到了"主从说"在解决诉讼法与实体法之间关系问题上的"非主即从"的缺陷，同时也知道，以"平行说"观点把诉讼法与实体法看做"并驾

───────────

〔1〕〔日〕中村宗雄：《学问的方法与诉讼理论》，成文堂 1976 年版，第 24 页。

齐驱"的两条平行线则难以找到二者的"交汇点"。它采用"让包摄"的办法，并且以时间的不可逆性为根据让诉讼法包摄实体法，从而坚持一元论。"位阶说"显然不同于"主从说"：在前者看来并不存在诉讼法与实体法"谁主谁从"的关系，因为包摄了实体法的诉讼法已经不是诉讼法了，它构成了综合的"场域"，而这"场域"属于最高阶层的"裁判论"——诉讼法与实体法相互之间无主从，也不平行（原因在于它们处于不同的时间），而是以"共同体（场域）"的样式归属于裁判论。也就是说，诉讼法与实体法是裁判论所统辖的分别来自不同时空的"下属"。这样，我们就清楚了"位阶说"的真正意图：为防止诉讼法与实体法的"主从之争"与二者不分伯仲因而无所作为的"并驾齐驱"，让它们都变成第三者——裁判论——的随从，并且让他们不在同一时刻见面，都在不知不觉中成为那综合体——场域——的元素。这实际上根本就是在回避诉讼法与实体法之间的关系问题，并且重又建立了另外一种主从关系——裁判论为主，实体法与诉讼法的综合之场域为从的主从关系。笔者认为，虽然"位阶说"发展了著名的"民事裁判构造论"，但没有真正解决诉讼法与实体法之间的关系问题，因此，也是不能令人赞同的。

关于诉讼法与实体法之间关系的理论观点已尽如上述，然而其中没有一种学说尽如人意，足见该问题之繁难。诉讼法与实体法之间的关系这个问题必须得到准确的回答，我们总不能用"密切联系"之类的含糊用语敷衍了事。然而目前却无路可走。但勉强赞同其中一种观点，笔者又心有不甘。笔者相信，这个问题的正确答案必定还是有的。也许因为回答这个问题不适合采用惯常的思想路线，因而前辈们与那正确的答案擦肩而过？经仔细翻阅诉讼法学文献，笔者发现了一个特别的表述，但这个表述并不是直接论述诉讼法与实体法的关系的，而是阐述诉讼法学与实体法学之间的关系的，但显然触到了诉讼法与实体法的关系。这个表述是："民法学与民事诉讼法学是'姊妹'科学，两者是相互依存不可分离的。"[1]"姊妹"二字赫然映入笔者眼帘，这给笔者带来无限启发。也许诉讼法与实体法之间也是"姊妹"关系或者其他某种"血脉"关系？关系之为关系包括区别与联系。诉讼法与实体法都是独立的法律部门，各自有自己的调整对象和领域，因此它们的区别自不待说。关键是"联系"而且是"内在联系"。"内在联系"往往归结为两个联系着的东西的纽带，即勾连两者的"关节"，也就是通常所说的"共相"。若说诉讼法与实体法是"姊妹"法，则它们的共相就在于姊妹之"姊妹性"，即有共同的血缘——来自同一渊源。然而，姊妹必然是"并驾齐驱"的，二者的共相在两者之"外"，虽然她们相互之间绝不是什么"外人"。在姊妹关系中，作为共相的"第三者"在姊妹之外，因此，姊妹之间的联系的纽带或者勾连的关节即共相恰恰表明二者之间的"外在关系"。如此一来，将诉讼法与实体法之间说成是"姊妹法"关系，就是"外在地"说明它们之间的关系。关键是"内在关系"。而两样东西的"内在关系"关键在于其"共相"都在本身之内，即那"第三者"作为连接的纽带或者勾连的关节的恰恰在两者之内。我们知道，父母与子女的"之间"即关系是"直系血亲"关系，这血缘的纽带在他们各自"之内"。于是，笔者突发奇想，认为某种父母与子女之间的关系在支配着诉讼法与实体法。但实体法与诉讼法之间绝不是母法与子法之间的关系，然而，它们的"之间"却分别与它们是流与源的（用比拟说法就

〔1〕　常怡主编：《民事诉讼法学》，中国政法大学出版社1999年版，第7页。

是子女与父母）关系，而这与"位阶说"恰好相反——后者认为诉讼法与实体法都"位卑于"裁判论。

实体法与诉讼法的"之间"是什么呢？那作为实体法与诉讼法共同之子又是什么呢？是诉权。诉权由程序法规定，它在程序法之中现象。然而，诉权由实体法权利奠基，诉权之根深深扎在实体法之中。实体法权利是诉权的胚根，诉权是实体法权利这胚根上长出的植株。如果说私法诉权说认为诉权是实体法权利在诉讼法领域的"变形"或者"延伸"，则私法诉权说这样的观点本身并没有错。只是必须清楚诉权本身不是实体法权利，而仅仅是渊源于实体法权利。我们可以说实体法权利是诉权的母体，但不能说实体法是诉讼法的母法，也不能说诉讼法从属于实体法。诉讼法使诉权成之为诉权，诉讼法首次命名了诉权，因而造就了诉权。所以，诉讼法是诉权的母法。实体法是实体权利的母法，而实体法权利又是诉权的胚根。所以，诉讼法是诉权的父法。这样，实体法与诉讼法之间的关系就明确了：实体法是诉权之父；而诉讼法是诉权之母。所以，诉讼法与实体法都是诉权的渊源。

通过上面的分析，我们的结论是诉权的本质之域在于诉讼法与实体法关节相连的"之间"，即在于诉讼法是诉权之母而实体法是诉权之父。这样，环境诉权的本质之域在于环境诉讼法与环境实体法相互贯通的"之间"，即环境诉权同时渊源于实体环境法和环境诉讼法。因此，确定环境诉权的内容就必须正确处理环境诉权与实体环境权之间的关系，决不能认为环境诉权是与实体环境权没有任何干系的东西。一方面必须明确环境诉权是环境诉讼法上的权利或者权能，决不能用实体环境权取代环境诉权或者将二者混同起来；另一方面，又应当认识到环境诉权扎根于实体环境法之中，与实体环境权有"血肉相连"的关系。对此，可以作这样一个比喻：环境诉权是实体环境权之子——它独立地存在于环境诉讼法领域，但它与生俱来就烙上了实体环境法的烙印，带着实体环境权的基因。环境权有它自己的世界，即实体环境法之域；环境诉权也有它自己的世界，即环境诉讼法之域。然而，环境诉权又是环境权之子。这就是环境诉权的本质。因此，我们确定环境诉权的具体内容，即环境诉权的生命样式，就必须关照实体环境权，即正确处理它与实体环境权的关系。具体说来，从环境诉权的诉讼上权利保护要件来看，在确定环境诉权的原告主体资格的时候，就必须遵循"直接利害关系"或者"法律上的利害关系"这个当事人适格的基本准则；否则就会使环境诉权成为无源之水、无本之木。从实体上的权利保护要件来看，必须规定以环境诉讼当事人主张的实体环境法上的权利或者法律关系的存在状态为标准来判定当事人是否享有胜诉权；否则，胜诉权的获得与否就丧失了公正的基础。

三、环境诉权基本内容的确定必须以保护环境作为根本宗旨

环境诉权是当事人用以发动和推进环境诉讼程序的力量，环境诉讼程序是用来解决环境纠纷的法律程序，环境纠纷的频繁发生和持续存在反映了环境问题的严重性和紧迫性。在环境诉权和环境诉讼牵系的一系列行为和事件中，环境既是基础又是核心。环境是基础，乃在于它是环境破坏、环境侵害、环境侵害危险、环境危机、环境灾难、环境纠纷、环境诉讼和环境诉权等行为和事件得以演绎的境域。环境是核心，乃在于它是上述环境诉权及其所牵系的所有行为和事件所指向的对象和围绕的中心。然而，环境从不介入也不可能介入上述种种事件和行为，它只是这些事件和行为共同牵系的东西。但环境却又是

人类赖以生息繁衍的环围和境况。人们破坏环境，因破坏环境而产生环境问题、造成环境侵害或者制造环境侵害危险，因破坏环境而引发环境危机甚至环境灾难，这一切必然引起人们之间的环境争端和纠纷。而当环境纠纷当事人寻求司法救济的时候，环境诉权便前来与人们照面，便映入眼帘。人们围绕环境问题而进行的上述一切活动无非就是为了生存本身，为了生存能有一个适宜的环围和境域。

一些人以破坏环境、侵害环境或者带来环境侵害危险的样式去存在。另有一些人则以行使环境诉权、保护环境宜居功能的样式去存在。这样，环境诉权就指示着一种斗争，一种围绕着是毁坏环境的宜居功能还是保护环境的宜居功能而展开的搏斗。而环境诉权就是这场战斗的双方使用的武器。行使环境诉权对于原告来说，就是为维护自己的环境权即保护环境的宜居功能而追究被告的法律责任。对于被告来说，行使环境诉权就是针对原告的环境破坏或者环境侵害或者环境侵害危险的指控为自己剖白。由此可见，保护环境是双方行使环境诉权共同指向的对象，即双方行为的共同标的：原告行使环境诉权通过指控和追究对方有环境破坏、环境侵害和招致环境侵害危险的行为从积极方面指向环境保护，被告行使环境诉权则通过剖明自己没有实施环境破坏、环境侵害和招致环境侵害危险的行为从消极方面指向环境保护。所以，保护环境是环境诉权主体争讼的共同支点和基地，是当事人行使环境诉权的法律正义。在任何诉讼中，从来没有人为非正义而战。因为诉讼当事人竭尽全力想要得到的就是代表法律正义的判决。

由上可知，在保护环境这个问题上，环境诉讼的双方当事人是不可能发生分歧的。然而，当事人行使环境诉权最终究竟能否达到保护环境的效果，则取决于法律所规定的环境诉权及其具体内容。如果法律对环境诉讼的原告主体资格加以严格限制，则环境诉权就不容易为一般人所接近，就会使许多环境纠纷不能进入司法程序，从而不利于环境保护。如果法律对环境侵害或者环境破坏规定普通甚至更短的诉讼时效，则主体的环境诉权就会因为错过短暂的时效而丧失法律的强制保护，环境保护的愿望必然落空。如果在环境诉讼中实行举证责任的一般规则，即"谁主张，谁举证"，原告就很难完成对要件事实的证明，就会使本来能够胜诉的案件以败诉收场，从而使事实上破坏了环境的被告逍遥法外，也不利于环境保护。如果不允许志愿者参与环境诉讼，只靠原告孤军奋战，则不能彰显环境公益诉讼的公益性，这不仅不利于保障社会公众对环境保护的参与，也不利于维持环境诉讼原告为保护环境而战的热情和信心。如果对环境诉权的行使像民事诉讼诉权的行使一样进行诉讼收费，同样会使保护环境的愿望落空。因此，确定环境诉权的基本内容必须以保护环境为宗旨，在坚持规范出发型诉讼理念和环境诉权法治的前提下，适当借鉴英美法系事实出发型的诉讼思维方式，从保护共同体的和平与安宁出发安排环境诉权的内容。同时，我国还可以借鉴日本公害审判与环境运动相结合的保护环境模式，把开展环境群众运动看做环境诉权的延伸和发展，发挥新闻媒体对环境保护的舆论导向作用、鼓励和引导人民群众对环境保护的诉求，充分调动社会大众保护环境的积极性。

第二节 我国环境诉权的具体内容设计

一、环境诉权的主体及其资格

我国环境诉权的主体主要就是指环境诉讼的原告、被告和第三人，此外还应包括作为国家法律监督机关的人民检察院和作为环境诉讼"参与人"的志愿者。

　　就环境诉讼的原告的主体资格来说，笔者认为应坚持以"直接利害关系"与"法律上的利害关系"相结合的标准加以确定。所谓"直接利害关系"，实际上是有关环境诉讼原告主体资格的诉讼标的标准，它直接关联着实体环境法，确切地说，它与环境权紧密联系。凡是与环境纠纷的诉讼标的有直接的实体法上的利益的，即享有环境起诉权，从而有资格成为环境诉讼的原告；反之，则没有环境诉讼的原告主体资格。而这里所谓的"实体法上的利益"就是指享有实体环境权益，即环境权。环境权一般是指权利主体享受健康、舒适的环境的权益，其核心是环境参与权。环境权不能以环境或者环境要素作为权利的客体，其客体也不能是所谓"环境生态功能"，而只能是"环境宜居功能"，因而环境权之中并不包括"利用"或者"使用"环境要素的权能。环境权的性质决定了只有自然人才能够成为这种权利的主体。所以，环境诉讼的原告只能是对争议中的诉讼标的享有环境权的自然人。法人和其他组织，一般没有环境诉权，其根本原因在于它们不是环境权的适格主体。那种认为国家、法人、国际组织乃至诸如野生动植物等自然体也是环境权主体的观念是站不住脚的。法律也不应该赋予上述这些人的组织甚至自然体以环境权，因为环境权对它们来说根本不适合。纵然自然体之中的野生动植物也是生物，也需要健康舒适的环境，但它们不可能成为法律关系的主体。而法人和其他组织绝不可能有呼吸新鲜空气、引用清洁水、安静地入睡、欣赏自然及人文历史景观等需要。在环境纠纷案件中具有直接利害关系的原告只能限于自然人，即公民。

　　然而，判定某个公民与具体的环境纠纷案件是否有直接利害关系从而是否有资格成为环境诉讼的原告并不是只要求具有公民资格就够了，因为环境乃是人生活于其中的环围和境况。所以，准确地说，只有居民才具有环境诉权。由于环境破坏、环境侵害或者环境破坏与侵害危险波及的空间范围是可以确定的，因此凡是在被诉行为波及的空间范围内生活的居民，包括固定的和临时在此生活的居民，都无一例外地拥有环境诉权。至于景观的破坏所引起的环境纠纷，环境诉权的拥有者不包括潜在的游历者，应以景区周边的居民和实际到达景区的人为限，例外可以包括确已筹划妥当准备前来欣赏景观的外地人。所以，环境诉讼的原告主体资格与特定的空间地域范围紧密联系。

在一定条件下，自然人之外的组织或者机关也有资格成为环境诉讼的原告。其原告主体资格的条件就是"有法律上的利害关系"。非政府的环保组织（环保 NGO）以环境保护为自己的业务范围，其存在就是为了进行环境保护。所以，地方的环保组织对当地发生的环境破坏、环境侵害或者环境侵害危险行为拥有环境诉权，而全国性乃至全球性的环保组织对于我国领域内发生的一切环境案件都享有诉权。保护环境是我国政府的环境保护部门的职责范围内的事情，它也有资格成为环境诉讼的原告。国务院和各地方人民政府作为综合性行政机关则不应拥有环境诉权。人民检察院作为国家法律监督机关，其地位比较特殊，在民事诉讼、刑事诉讼和行政诉讼中，它都是诉讼主体，享有诉权。因此，人民检察院也必然有环境诉权。不过，笔者认为，人民检察院在环境诉讼中不宜作为原告，否则，一方面与人民检察院的职能不符，另一方面也会不当地增加人民检察院的工作负担，毕竟环境诉讼不是"公诉"。但人民检察院有权发动环境诉讼再审程序是毫无疑问的。

环境诉讼的被告以环境诉讼起诉状记载为准来确定，凡被诉者即享有环境诉权。不过，环境诉讼的被告还存在一个"适格"问题。也就是说，并不是所有实施环境破坏、环境侵害或者环境破坏与侵害危险的行为的个人和组织都可以作为环境诉讼的被告。在环境诉讼中，应坚持"国家行为免于诉讼"的原则，对于军事、国防、外交中的国家行为引起环境冲突的，不通过诉讼解决。此外，享有外交特权和豁免权的个人和组织，也不能成为环境诉讼的被告，除非其明确放弃司法豁免权。除此之外的一切组织和个人，包括各地人民政府及其职能部门的环境侵害行为，都可以提起环境诉讼。

　　环境诉权主体问题的一种特殊情形就是作为环境诉讼"参与人"的所谓"志愿者"的环境诉权问题。笔者认为，为动员社会各界投身于环境保护的事业中，法律应明确规定志愿者拥有环境诉权。不过，志愿者的环境诉权不能是独立的，因为他们不是环境诉讼的当事人，而只是环境诉讼的"参与人"，不具有环境诉讼的原告或者被告资格，也不是环境诉讼的第三人，当然不应享有撤诉、和解、变更和放弃诉讼请求，以及提起上诉等权利。志愿者只能拥有环境诉权的一部分权能，比如有权调查证据、提供证据、向被告和证人发问、质证、在当事人双方和解谈判时参与讨论、参与法庭辩论等。但志愿者作为环境诉讼的"参与人"，其地位不同于传统诉讼法上的"其他诉讼参与人"，后者专指诉讼主体之外的诉讼代理人、证人、专家辅助人、鉴定人、翻译人员等，他们只参与案件事实的调查程序，提供"客观的"信息或科学意见或者帮助当事人向对方提问，而前者还要介入"请求事项"的诉讼活动，并不以提供"客观的"信息或科学意见或者帮助当事人向对方提问为限。总而言之，作为环境诉讼的"参与人"的志愿者是一类特殊的环境诉权拥有者，是其权能受到限制的一类特殊的环境诉讼主体。从主体资格上看，志愿者只能是有诉讼能力的自然人，但其资格不以地域范围为限。

二、原告行使环境诉权的诉因和诉讼请求事项

环境诉讼中原告行使环境诉权应包括两类诉因：一类是实体上的诉因，这是一切诉权行使都必备的诉因；另一类是程序上的诉因，它并不是行使任何诉权的必备前提，而是环境诉权的必备诉因。

原告行使环境诉权的实体上的诉因包括发生环境破坏、环境侵害、环境破坏与侵害危险三种情况。但如果被告是行政主体，而被诉行为又属于不可诉的抽象行政行为的，则不具备实施环境诉权的诉因。应该强调的是，行使环境诉权不以实际发生环境破坏或者环境侵害为要件，只要有证据表明某种行为将来有发生环境破坏或环境侵害的危险，也应承认实体上的诉因存在，此即所谓环境诉讼中的"预防性诉权"。由于环境诉讼制度的根本目的在于保护环境，如果实体上的诉因可以通过诉讼前的警告或起诉威慑或者环境保护行政部门的处理而消隐，则没有必要赋予当事人环境诉权。因此，笔者认为，可以在起诉之前设置一个程序性门槛，增加一个程序性诉因，以防止诉权的滥用。我国可以借鉴美国和加拿大的环境诉权制度，规定原告提起环境诉讼应该具备前置性的程序诉因，即一般情况下当事人在起诉之前实施了"起诉告知"行为或者向国家环境保护行政主管部门提出了调查申请或要求提供相关信息申请；否则，原告提起的环境诉讼即被认为没有程序上的诉因。只有全面规定环境诉权行使的实体上和程序上的诉因，环境诉权制度才算完善。

实体上的诉因和程序上的诉因对于真实存在的环境诉权来

说，缺一不可。因此，人民法院收到环境诉讼的起诉书以后，在审查起诉阶段，应同时审查环境诉权的实体上与程序上的诉因，同时具备才能受理。经审查认为原告提起的环境诉讼不具备程序上的诉因的，受诉人民法院应以诉讼请求没有保护必要为由裁定不予受理。经审查认为原告提起的环境诉讼不具备实体上的诉因的，如果属于人民法院受理民事诉讼或者行政诉讼的范围，告知当事人提起民事诉讼或者行政诉讼；如果属于刑事案件，告知起诉人到公安机关报案、举报或者控告，若符合自诉条件的告知当事人提起刑事自诉；如果当事人坚持行使环境诉权的，受诉人民法院则应以诉不合法为由裁定不予受理。如果人民法院受理后才发现原告的起诉不能同时具备实体上和程序上诉因的，应一律裁定驳回起诉。

从诉的类型上说，环境诉讼可以是给付之诉、确认之诉和变更之诉（形成之诉）之中的任何一种形态或者混合形态，但一般是给付之诉。这就是说，环境诉讼的原告可以提出给付请求、变更请求、确认请求或者混合请求。然而，行使环境诉权的原告所主张的给付主要不应是给付金钱或者替代物；否则，就不符合环境诉讼的性质，而是民事诉讼。环境诉讼之中的给付请求首先应该是停止破坏、侵害环境或者有环境破坏、侵害危险的行为，即请求人民法院向被告发出保护环境的"禁令"。具体来说，可以是请求判决被告停止工程建设、停止排放行为、停止使用不符合国家规定标准的防治污染设施，也可以是请求判决被告采取环境治理措施以恢复被破坏的环境如植树、植草并养护等，还可以是请求判决被告公开向居民致歉。当然，如果被诉行为确已造成了权利人人身的现实损害，也可以请求判决被告进行金钱赔偿。但是，因被告的不当影响环境的行为造成原告财产损失的纠纷，本质上属于民事纠纷，即所谓"运用破坏环境方法侵害财产权"的纠纷，所以不应作为环境诉权的内容，可以在环境诉讼中提起"环境附带民事诉讼"，但这已经不是行使环境诉权的问题了。

在环境诉讼中，单独的确认之诉和变更之诉（即形成之诉）往往是针对行政主体的不当影响环境的行政行为而提出的诉讼请求。比如，针对建设管理部门就某项可能导致将来在施工后出现环境侵害或者破坏的建设工程的审批行为，针对政府相关职能部门实施的排污许可或者对排污许可证交易进行登记、核准或者鉴证的行为，针对政府部门开发土地、矿藏、森林资源、建设水电站等规划行为，针对政府关于变更自然保护区的范围或者怠于行使自然保护职权的行为等，原告就可通过请求人民法院判决被告撤销相关决定或者宣告认定被告构成职权抛弃即行政不作为来进行救济。

此外，笔者认为，在环境诉讼中，原告有权请求人民法院判决被告支付律师费用，以充分保障原告行使环境诉权。

三、原告行使环境诉权的时间限制

原告行使环境诉权的时间限制主要应包括诉讼时效期间和"起诉告知"两项内容。诉讼时效期间是法律明确规定的对权利进行强制保护的期间。对于我国环境诉权行使的诉讼时效期间，笔者认为应借鉴美国、德国等国的立法经验，采取比普通民事权利更长的保护期限。现代法理认为市场主体都是理性的"经济人"，对于自己的私权应该积极行使，怠于行使自己的合法权益超过法定诉讼时效期间，即视为"自然权利"，不受法律的强制保护。法律强制保护环境权也和强制保护民事权利那样，应该有个确定的时效。但环境权的诉讼时效期间应该比民事权利的普通诉讼时效期间更长。理由是：首先，环境权并不能等同于传统民商法上的"私权",它是人们生存的基本权,短期内不可轻易判定权利人已经放任法律权利向自然权利的蜕变。其次,一般说来,环境破坏、环境侵害或者环境破坏与侵害的危险并不像民事权利侵害或者纠纷那样发生迅速和显而易见,它往往带有某种"渐进性",在不知不觉中发生。而环境并不是私人的财产,人们可能虽然已经知道存在环境侵害,但由于一开始危害并不明显被觉察或者觉得尚可容忍,从而导致权利人维权意识的觉醒需要一段时间。最后,诉讼毕竟不是人们轻易就实施的事情,从某种程度上说,它是一种不得不从事的"负担"即"讼累",因此,没有一定的把握,人们不会轻易投入诉讼,因而需要前期的取证工作。而由于环境侵害往往在较为隐蔽的情况下进行,这就给先期取证带来一定困难,需要较长的时间才能完成。因此,法律应给予环境权更长期限的强制保护,比如规定自权利人知道或者应当知道之日起3年或者5年。

原告行使环境诉权实施环境诉讼的目的并不在于对被告进行"惩罚"、"追索"或者与被告"解除"法律关系,而在于"纠正"、"补救"或者"预防"被告的环境破坏、环境侵害或者环境侵害与破坏危险行为以维护环境宜居功能。因此,环境纠纷发生以后,权利人没有必要直接向人民法院提起诉讼,而要通过"起诉告知"的威慑作用,给予涉嫌破坏环境、侵害环境或者制造环境破坏或侵害危险的个人、组织一个合理的期限进行行为选择。同时,权利人通过送达和公开"起诉告知",还可以吸引广大人民群众和媒体的关注,争取公众舆论的支持,有利于在将来的诉讼中占据优势地位。如果被告知者在这段期间内自行实施了纠正、补救或者预防措施,从而排除了危害,就已经实现权利人的愿望,诉因便因此消失,环境诉权也就不应存在了。反之,如果经过诉讼告知,对方仍不纠正、补救或采取预防措施，或者提出异议，则环境诉权就真正成为现实备用的权能，权利人即有资格向人民法院提起环境诉讼。这是对环境诉权的公正而合理的限制，可以充分发挥环境诉权的先期威慑作用，亦可以节约诉讼资源减轻当事人讼累，更可以防止诉权的滥用。起诉告知的期间不宜过长，也不宜过短。美国的法律规定，环境公民诉讼的"起诉告知"期间为60日，但有关毒性污染物或者紧急事件除外。对此，我国可以予以借鉴，明确规定环境诉讼起诉前要向对方送达书面的"起诉预告"，起诉预告期不宜过长，以15日到30日为宜；否则很可能起到相反作用，比如对方湮灭证据等。同时规定，对于紧急情况或者非常重大的污染行为，为了争取起诉时间，可以免除当事人的诉讼告知义务。

四、确立举证责任倒置规则和盖然性占优势证明标准

环境纠纷案件本身涉及很多专业技术问题，比如环境影响评价标准，这是普通群众不太熟悉的领域。同时，环境侵害、环境破坏或者环境侵害与破坏危险行为往往又具有隐蔽性的特征，在证据占有和获取方面，被告方往往具有很大的优势。这就导致环境纠纷案件中原告很难调查取证和进行诉讼证明。环境诉讼制度要体现保障广大人民群众对环境公共政策的参与权，以实现保护环境的根本宗旨。因此，根本说来，环境诉讼不可能推行"武器自备"的绝对平等的攻击与防御；否则，很难全面实现法律正义。鉴于环境诉讼中原告取证难的问题，如果法律对于环境诉权的行使像对待民事诉讼那样一般实行"谁主张，谁举证"的举证责任分配规则，则原告的举证责任就显得过重，而掌握技术从而距离证据较近和控制着危险领域的被告的举证责任则显得过轻，使攻守力量失衡，从而受害人就会因为难以

调查取证胜诉前景不乐观而打消起诉的念头，不利于调动群众行使环境诉权的积极性。鉴于环境诉讼中原告证明难的特点，如果坚持传统诉讼证明的"高度盖然性"标准，对同一事实双方当事人提出相反证据的，要求人民法院采信证明力"明显高于"另一方的证据，就使本来应该胜诉的原告面临巨大的诉讼风险，最终很有可能品尝败诉的苦楚，不利于实现实体公正。

为真正实现诉讼公正尤其是实质公正，我国对环境诉权的行使要合理分配举证责任并确立切实可行的诉讼证明标准。确切地说，就是要确立举证责任倒置规则和"盖然性占优势"的诉讼证明标准。明确规定，对程序上的权利保护要件，原告要负责证明当事人适格要件和保护必要要件确实存在，这方面的诉讼证明无需辩论程序，只需经人民法院依职权予以审查确认。对于实体上的权利保护要件，要在辩论程序中完成诉讼证明，法律应要求原告只需提出表面的和简单的证据，证明被告的行为已经或很有可能造成环境污染、破坏、侵害或者有相应的危险，诉讼请求即可成立。如果被告进行事实抗辩或者事实反驳，则需要证明自己没有实施造环境污染、破坏、侵害或者有相应的危险的行为，或者虽有上述行为，但根据现行法律规定是免责的；否则，就要承担败诉的风险。

第三节　我国环境诉权运行的程序机制构想

环境诉权的实现不能长期依靠民事诉讼法、行政诉讼法和刑事诉讼法，必须建立推行保障环境诉权的专门程序制度，比如制定专门的环境诉讼法或者环境诉讼特别程序法。但所谓"特别程序法"表明它只是某种基本程序制度的特殊组成部分，并没有实现程序的独立性。因此，笔者认为我国应建立专门的环境诉讼程序制度。与此同时，根据环境诉讼本身的特点，还要成立专门行使环境审判权的人民法院系统，即环境法院体系。

一、我国应制定独立的环境诉讼法

我国著名法学家吕忠梅教授认为："专门环境诉讼是相对于传统的环境民事诉讼、环境行政诉讼和环境刑事诉讼而言的诉讼种类，它的标志性特点就是将传统的三大环境诉讼合而为一，也就是对环境纠纷实行整体式的诉讼救济。因此，专门环境诉讼是指因产业活动或其他人为原因导致自然环境的污染或破坏，并因此对他人人身权、财产权、环境权或公共财产造成损害或损害之虞而发生争议，在法院进行诉讼活动的总称。它是具有预防、激励、政策形成的功能，融保护私益和公益于一体的专门诉讼。专门环境诉讼是自成一体的诉讼制度，类似于海事法院所管辖的海事诉讼和知识产权法庭管辖的知识产权诉讼。"[1] 吕忠梅教授基于环境纠纷的特殊性，发出建立专门环境诉讼制度之呼吁具有深刻的理论和现实意义。吕教授深深地知道借助传统的民事诉讼程序、行政诉讼程序和刑事诉讼程序来进行环境诉讼使环境诉讼处于尴尬地位，有"寄人篱下"之感。因此，她主张将环境民事诉讼、环境行政诉讼和环境刑事诉讼三大诉讼合而为一，建立专门环境诉讼制度。为促进环境纠纷的司法救济，适应当代环境诉讼的发展趋势，实现环境诉讼的独立是非常必要的。不过，吕忠梅教授设计的专门环境诉讼制度内容本身值得商榷。按照吕教授的观点，环境诉讼要对环境纠纷实行"整体式的诉讼救济"，即凡是因环境破坏或者污染而引起的争议，不管是人身权的争议，还是财产权的争议，抑或环境权

---

[1] 吕忠梅：《环境法学》，法律出版社2008年版，第202页。

的争议，其诉讼都由环境诉讼制度来进行调整，要使环境诉讼发挥预防、激励、政策形成功能，成为融合保护私益、公益于一体的专门诉讼。笔者认为，这样设计出来的"专门环境诉讼"一点都不"专门"。要求环境诉讼什么权利都救济必然导致它什么都是，却惟独不是它自己。这无异于取消环境诉讼本身。

既然要求环境诉讼成为"专门"的诉讼形式，它就必须有专门的救济对象。而专门的救济对象反过来又可以确保环境诉讼制度的独立地位。那么，什么是环境诉讼专门的救济对象呢？当然只能是环境权。专门而独立的环境诉讼法，只能以环境权为救济的惟一内容；否则不仅有僭越法域之嫌，而且其结果必然导致环境诉讼法本身的淡化甚至消解。笔者认为，设计我国的专门的环境诉讼制度应该从以下几个方面入手：

1. 确立我国环境诉讼法的特有基本原则。环境诉讼法必须确立人民法院统一、独立行使审判权原则，以事实为根据、以法律为准绳原则，当事人在适用法律上一律平等原则、使用本民族语言、文字进行诉讼原则，诉讼权利同等和对等原则等"共有原则"。但由于环境诉讼法是与民事诉讼法、行政诉讼法和刑事诉讼法不同的专门诉讼制度，它必然有自己独有的基本原则。笔者认为，这样两个原则应该成为我国环境诉讼法的"特有原则"：①志愿者参与环境诉讼原则。这是从环境公共政策参与权这个环境权的"核心权能"导出的原则。我国民事诉讼法、行政诉讼法和刑事诉讼法之中都允许案外第三人参与诉讼，但在这三种诉讼中，案外第三人是以证人、鉴定人、翻译人员、诉讼代理人等"其他诉讼参与人"身份被要求参与诉讼的，并不是这些人为表达自己意愿而主动参与诉讼。但环境诉讼法应当允许为表达自己意愿的案外第三人参与诉讼，因为志愿者参与环境诉讼是环境诉权的特殊内容，必须有相应的程序保障。实际上，作为环境诉讼参与人的"案外第三人"根本说来并不在"案外"，因为他们有环境参与权，只是他们并非具体环境纠纷的当事人罢了，但他们与具体环境纠纷案件"都有份儿"。不过，这里的"志愿者"应仅指有诉讼能力的自然人，但可以不限于我国公民。②有限的处分原则。在民事诉讼中，当事人是民事实体权利的主体或者管理者，而私法奉行"意思自治"的原则，允许当事人处分自己的私权。民事纠纷是私权纠纷，因此，民事诉讼法明确规定了处分原则。在民事诉讼中，当事人可以通过处分自己的诉讼权利而处分自己的实体权利，并且可以在调解协议中直接处分自己的实体权利。我国的行政诉讼法和和刑事诉讼法都没有处分原则，我国并不实行外国的"辩诉交易"制度等，这表明"公权"不容让与、不得处分是我国法律坚持的原则。环境诉讼法救济的是环境权，而环境权不是"公权"，因此具有处分的空间；但又不是"私权"，因此，当事人的处分权必须得到限制。这就决定了环境诉讼当事人对环境权命运的决定只能体现为"有限的处分权"。环境诉讼中的有限处分原则表现为：环境诉讼当事人处分实体权利和诉讼权利一方面要尊重参与环境诉讼的志愿者的意愿，另一方面要接受人民法院的职权审查，不能容忍环境诉讼的原告为获取不当利益或者"私益"与被告之间作损害环境公益的交易。这就是说，环境诉讼法应允许当事人处分诉讼权利和实体权利，但前提是维护环境公益。所以，环境诉讼法应坚持"有限处分原则"，这是环境诉讼法区别于其他诉讼法的特有原则。

2. 确立我国环境诉讼法特有的程序制度。

首先，从审判组织制度上看，在我国，无论是民事诉讼法，还是行政诉讼法，还是刑事诉讼法，都规定实行合议制与独任制相结合的体质，并且，随着法院司法改革的深入，在司法实践中为提高诉讼效率，独任制的适用范围有逐步扩大的趋势。然而，由于环境纠纷案件涉及较强的专业技术性，涉及的利害关系人范围较大，社会关注度较高，与社会公益息息相关，加之环境诉讼中证据的审查判断比较复杂，单凭一个审判员独任审理难以保证审判的质量。因此，笔者认为，我国的环境诉讼法应规定人民法院审判环境纠纷案件一律实行合议制，全部由审判员组成合议庭对案件的程序和实体问题进行审理并作出裁判，以充分发挥集体的智慧和力量，完成环境纠纷案件的审判工作。

其次，建立完善的环境诉讼和解和调解制度。环境诉讼要突出体现效率与公平并重的原则，准确切入经济发展和环境保护之间的平衡点，既要保护广大人民群众的环境权益，又要照顾社会经济的持续稳定发展，实现社会的和谐。在环境纠纷案件中，破坏环境的主要是一些经济组织，它们以经济利益为主要驱动杠杆，又承载着大批的劳动者的就业。环境诉讼的最终目的是排除环境危险、消除环境妨害、恢复环境的宜居功能，而这些事情的最终落实还要靠环境侵害者的力量，因为他们有经济实力和技术力量作为后盾。而被告为了能够继续维持其生产经营者的能力和资格，往往也主动提出和解建议。这样，和解在环境诉讼中就具有突出重要的价值。因此，从务实的态度出发，环境诉讼法应规定人民法院在审理环境纠纷案件中要将促进和解作为一个"重心"，并规定完善的诉讼和解程序。在环境诉讼中决不能一味强调经过权威判决解决纠纷，法院调解应该更加受到重视。但在环境诉讼中，人民法院进行调解要严格审查当事人的和解协议内容是否损害环境公益，是否违背"有限触犯"的原则。环境诉讼中的和解与调解制度的价值取向不在于双方都作出让步，而在于使被破坏了的环境宜居功能得以早日恢复，同时使被告早日摆脱诉讼，集中精力进行合法的生产经营。

再次，要建立环境诉讼有别于其他诉讼制度的诉讼收费制度。环境诉讼不能像刑事诉讼那样不收取诉讼费用，而应像民事诉讼和行政诉讼那样收取诉讼费用，因为环境诉讼并不是"公诉"。我国现行诉讼收费制度规定的诉讼费用收费标准对于财产纠纷案件是根据争议的诉讼标的金额，对于非财产争议案件，实行按件收费。由于环境纠纷案件中原告的诉讼请求不以请求被告金钱赔偿为主，因此一般只能按件收取诉讼费用。具体的案件受理费的征收标准应比照收费较高的专利纠纷案件收费标准收取，甚至可以确立更高的诉讼费用征收标准。为了保障原告行使环境诉权，在诉讼费用的支付方式上，对于除了律师费用之外没有请求其他金钱赔偿的环境诉讼案件，一律不要求原告预交诉讼费用。对于原告提出金钱损害赔偿的环境诉讼案件，人民法院根据案件实际情况，如果认为请求赔偿的金额适中、合理，也不要求原告预交诉讼费用；如果认为原告提出的赔偿金额不现实，人民法院应进行"释明"，说服原告变更诉讼请求，提出合适的赔偿请求金额；如果原告坚持提出自己认为合适的较高赔偿金额的，人民法院应要求原告预交诉讼费用，以防止原告滥用环境诉权。不要求预交诉讼费用的，由人民法院在终局判决中判令当事人承担。

最后，应建立环境诉讼案件交付执行制度。由于环境纠纷并不是当事人之间"私权"争议，而是涉及到社会公众的环境公益，因此，环境诉讼案件判决生效以后，应该履行给付义务的败诉一方在规定的期限内不履行人民法院生效裁判所确定的内容的，无需对方当事人向人民法院提出强制执行的申请，人民法院即可依职权直接交付执行机构予以强制执行。这一方面体现了环境诉讼制度的根本目的，另一方面也反映了我国人民司法的人民性。

二、建立环境人民法院行使环境审判权

环境诉讼法的施行应具备专门的司法资源，这主要是指人民法院和司法人员。为实施我国的环境诉讼法，应建立一个类似海事法院的审理环境纠纷案件的专门人民法院体系。目前，我国在环境公益诉讼的实践探索中，无锡市、昆明市等地的人民法院率先设立了"环境保护法庭"，这对于审判环境纠纷案件具有十分重要的现实价值和制度价值。环境司法专门化、专业化是环境诉讼实践发展的大趋势。然而，笔者认为，没有必要在现有的人民法院内部普遍设立环境保护法庭，同时，环境保护法庭在具体运作上必然会出现这样那样的问题，比如有的地方的人民法院设立环境保护法庭之后，在较长的时间内并没有受理环境纠纷案件，面临所谓"零立案"的尴尬局面，从而导致机构闲置并使人怀疑到底有没有使环境司法机构专门化的必要。因此，笔者认为环境司法机构的专门化应采取设立专门环境法院的思路，这样一方面可以彻底实现专门化，另一方面可以避免发生负面影响。

环境诉讼与海事诉讼有相似之处，即都是专业性很强的诉讼，因此，都需要设立专门的司法机构行使审判权。为更好地审判环境纠纷案件，我国应当成立专门的环境人民法院。然而，由于环境纠纷与海事纠纷有着明显的不同，主要表现在环境纠纷的发生地并不像海事纠纷那样就有明显的地域性，可以说，我国领域内的任何地方都有可能发生环境纠纷。因此，不能单单在特定的地区设立一级环境法院。为了便于当事人诉讼，便于人民法院审判和执行，并使人民群众能够更容易接近司法，

笔者认为我国的环境司法体系应该兼顾专业性和地域性，建立环境初审法院、环境上诉法院两级专门环境人民法院，加上作为我国最高审判机关的最高人民法院，形成环境诉讼人民法院的体系。

环境初审法院为环境法院系统中的基层人民法院。环境初审法院不应按行政区划与普通人民法院的辖区相对应而设立，可以考虑在几个相邻的县或者县级市之间设立一个环境初审法院，而对于设区的市可以根据市的规模在几个市辖区之间设立一个环境初审法院。这样设立环境初审法院，一方面可以避免有的环境初审法院长时间内"零立案"的尴尬，也可以排除地方保护主义因素对环境司法的干扰，有利于实现公正司法。环境初审法院的办案经费可以由其所属的省、自治区、直辖市的地方财政负担，如果某个环境初审法院的审判辖区是跨省级，则由相关的省、自治区、直辖市地方财政共同负担。根据实际需要，可以考虑设立环境初审法院的派出法庭，以使环境司法更容易为人民群众所接近。环境派出法庭不是一级独立的审判机关，它是设立它的环境初审法院的组成部分。环境初审法院管辖本院辖区内发生的一切环境纠纷案件，但法律规定由上级环境法院管辖的除外。环境初审法院的派出法庭主要负责环境纠纷案件的收案工作，与一般的派出法庭在职能上应有所区别。环境初审法院审理环境纠纷案件作出的判决，当事人在法定期间内不上诉的，即发生法律效力；如果案件需要强制执行的，无需当事人申请，审判该案的环境初审法院即负责执行。

环境上诉法院可以根据实践经验设在环境纠纷容易发生的地区，但不应以省级行政区划为参照，可以考虑跨省级设立环境上诉法院，可以称为"大区环境法院"。笔者以为，环境上诉法院的数量不宜过多，以10个以内为宜；否则，很容易造成司法资源的闲置与浪费。这样设置环境上诉法院是现实可行的，同时又可以排除地方因素的干扰，有利于环境上诉法院独立行使环境审判权。环境上诉法院的办案经费应由中央财政直接承担，这样也有利于其独立司法。环境上诉法院审判当事人不服其所辖的环境初审法院的判决或者裁定而提起的上诉案件，并行使本院辖区内重大、复杂的环境纠纷案件的第一审管辖权。环境上诉法院所辖的环境初审法院认为自己受理的某一环境纠纷案件影响重大，要求向环境上诉法院转移管辖权的，环境上诉法院经审查认为可以由本院进行第一审的，即取得对该案的管辖权。此外，环境上诉法院还可以管辖最高人民法院指令其管辖的本属最高人民法院管辖的第一审环境纠纷案件。环境上诉法院对本院管辖的第一审环境纠纷案件的生效裁判，如果当事人在规定期限内不履行判决确定的义务的，无需当事人申请即负责强制执行。

在环境诉讼中，由其职能决定，最高人民法院主要负责指导全国的环境司法工作，包括统一环境司法政策、进行环境司法解释、答复环境初审法院与环境上诉法院在具体适用法律解决环境纠纷案件过程遇到的疑难问题等方面。除此之外，最高人民法院还应管辖在全国范围内有重大影响的第一审环境诉讼案件。但是，为保障环境纠纷当事人的程序利益特别是上诉权，最高人民法院受理的第一审环境纠纷案件的范围应严格控制，而且，一旦出现需要由最高人民法院进行第一审审判的环境纠纷案件，最高人民法院可以考虑成立特别法庭，以保证当事人正当的、充分的救济机会。

结　语

　　环境是人类赖以栖居和生活的场所，它是一切美妙东西的庇护者和载体，人类意愿诗意地居住在环境中，并充满对未来的幻想和憧憬。然而在近现代，为获取生存和发展的资源，人类无节制地向大自然索取，展开了对自然进攻的强大攻势，结果出现了环境问题，并愈演愈烈。危机四伏的环境问题如此强烈地牵动着每一个现代人的心弦，以至于人们开始考虑运用法律手段调整人与环境的关系。但实际上并不存在人与环境的法律关系，也无法用法律手段调整人与环境的关系；所存在的恰恰是因环境而引发的人与人的法律关系，法律手段能够作用的领域是人与人在对待环境中的法律关系。环境权理念的提出和环境权由应然权利向实在的法权的蜕变表明人与人之间因如何对待环境的关系已经进入了法的轨道。然而，法律权利之为法律权利，不仅因是为它是法定的，而且因为它是可以通过程序进行救济的，而司法的救济则是国家公权力介入的最有效的和最终的救济。但是，环境纠纷要进入司法程序，前提是当事人拥有诉讼权，即环境诉权。所以，环境诉权的产生是必然的，就像必然产生环境权一样。因此，环境诉权绝不是臆想和杜撰出来的，它是在环境危机的现代社会背景下一定要萌发的一粒法权的种子，虽然现在我们还没有看见环境诉权作为一棵法权的植株摇曳于现代的法律园地。但这环境诉权之法权的种子本身并不是环境诉权而是环境权。环境诉权已经临近，它的脚步声越来越真切，并在天宇中透射出耀眼的光芒。那光芒并不是眼睛看得见的，它实际上根本不是什么光线，而是激荡在民众心中的意愿。但也正因为它深蕴于民意之中震荡着并愈发猛烈地激荡着，才使它比可见的光线更加光芒四射。环境诉权投射光芒并不是要灼烧什么，而是要照亮人类的居家之所，要为在黑夜中迁徙的人们指引道路。我们在为环境诉权即将到来而欢庆的同时，也应该为它的正常运作准备点什么。准备点什么呢？除了为保障环境诉权的运作准备好完备的环境诉讼程序制度以及专司环境审判权的环境法院还会有别的更重要的事情吗？

图书在版编目（CIP）数据

环境诉权初探 / 蔡维力著. —北京：中国政法大学出版社，2010.1

ISBN 978-7-5620-3404-9

Ⅰ.环...Ⅱ.蔡...Ⅲ.环境保护法 - 行政诉讼-研究-中国　　Ⅳ.D925.304

中国版本图书馆CIP数据核字(2009)第214117号

书　　名	环境诉权初探	
出版发行	中国政法大学出版社(北京市海淀区西土城路25号)	
	北京 100088 信箱 8034 分箱　　邮政编码100088	
	zf5620@263.net	
	http://www.cuplpress.com (网络实名：中国政法大学出版社)	
	(010)58908325(发行部)　58908285(总编室)　58908334(邮购部)	
承　　印	固安华明印刷厂	
规　　格	880×1230　　32 开本　　8.875 印张　　200 千字	
版　　本	2010 年 1 月第 1 版　　2010 年 1 月第 1 次印刷	
书　　号	ISBN 978-7-5620-3404-9/D・3364	
定　　价	22.00 元	

本社法律顾问　北京地平线律师事务所